W0262765

X.media.press

Springer
Berlin
Heidelberg
New York
Barcelona
Hongkong
London
Mailand
Paris
Tokio

Markus Beier
Jahrgang 1972. Studium an
der Universität Freiburg und
der Medienakademie Fried-
richshafen. Nach Tätigkeiten
als Berater für Medienproduktionen Beginn bei der
I-D Media AG im Sommer
1996. Von 1996 bis 2000 Konzeption und Consulting in
Web-Projekten für Swatch,
Sony-Europe, Bertelsmann,
Intel und Deutsche Telekom.
Im August 2000 Wechsel in
die Geschäftsleitung bei der
MetaDesign AG, Berlin. Autor
zahlreicher Fachbeiträge und
regelmäßiger Sprecher auf
Konferenzen.

Vittoria von Gizycki
Dipl.-Kffr., Dr. rer oec. Promotion in Berlin am Lehr-
stuhl für Dienstleistungs-
und Businessmarketing der
Technischen Universität.
Seit 1995 intensive Beschäf-
tigung mit Medien- und
Multimediamarketing. Ab
1997 Stellvertretende Ge-
schäftsführerin des Interna-
tionalen Design Zentrums
Berlin e.V. Von 1999 bis 2001
Tätigkeit als Consultant für
Strategische Kommunikation
und Usability bei der Meta-
Design AG. Lehrbeauftragte
für Marketing an der Fach-
hochschule für Technik und
Wirtschaft, Berlin und Senior
Consultant für strategisches
Marketing bei Kirchner,
Robrecht + Partner, Berlin.

Markus Beier Vittoria von Gizycki (Hrsg.)

Usability
Nutzerfreundliches Web-Design

Mit 131 Abbildungen und 24 Tabellen

Springer

Markus Beier

MetaDesign AG
Leibnizstraße 65
10629 Berlin

Vittoria von Gizycki

Kirchner, Robrecht + Partner
international management consultants
Schlüterstraße 38
10629 Berlin

ISSN 1439-3107
ISBN 978-3-540-41914-3   ISBN 978-3-642-56377-5 (eBook)
DOI 10.1007/978-3-642-56377-5

Die Deutsche Bibliothek – CIP-Einheitsaufnahme
Usability – nutzerfreundliches Web-Design/Hrsg.: Markus Beier; Vittoria von
Gizycki. Berlin; Heidelberg; New York; Barcelona; Hongkong; London; Mailand;
Paris; Tokio: Springer, 2002
(X.media.press)

Dieses Werk ist urheberrechtlich geschützt. Die dadurch begründeten Rechte, insbesondere die der Übersetzung, des Nachdrucks, des Vortrags, der Entnahme von Abbildungen und Tabellen, der Funksendung, der Mikroverfilmung oder der Vervielfältigung auf anderen Wegen und der Speicherung in Datenverarbeitungsanlagen, bleiben,
auch bei nur auszugsweiser Verwertung, vorbehalten. Eine Vervielfältigung dieses
Werkes oder von Teilen dieses Werkes ist auch im Einzelfall nur in den Grenzen der ge-
setzlichen Bestimmungen des Urheberrechtsgesetzes der Bundesrepublik Deutschland
vom 9. September 1965 in der jeweils geltenden Fassung zulässig. Sie ist grundsätzlich
vergütungspflichtig. Zuwiderhandlungen unterliegen den Strafbestimmungen des Urheberrechtsgesetzes.

http://www.springer.de

© Springer-Verlag Berlin Heidelberg 2002
Ursprünglich erschienen bei Springer-Verlag Berlin Heidelberg New York 2002

Die Wiedergabe von Gebrauchsnamen, Handelsnamen, Warenbezeichnungen usw. in
diesem Werk berechtigt auch ohne besondere Kennzeichnung nicht zu der Annahme,
daß solche Namen im Sinne der Warenzeichen- und Markenschutzgesetzgebung als
frei zu betrachten wären und daher von jedermann benutzt werden dürften.

Umschlaggestaltung: KünkelLopka, Heidelberg
Satz: MetaDesign AG, Berlin
Gedruckt auf säurefreiem Papier   SPIN: 10832580   33/3142   543210

Vorwort

Das Medium des World Wide Web ist ohne Zweifel den Kinderschuhen entwachsen. Bandbreiten, Akzeptanz und Verbreitung sind in den letzten fünf Jahren stark gestiegen, während sich gleichzeitig konsequent die Zugänge vereinfachten und verbilligten. Mit dieser Entwicklung einher ging auch eine entscheidende Veränderung in der Benutzung, der Usage, des World Wide Web. Das Benutzerbild des experimentierfreudigen „Surfers" ist dem eines umworbenen, kritischen, verwöhnten und zeitsensitiven Suchenden gewichen. Web-Seiten unterliegen durch das stetige Feedback, durch Interaktion, aber auch Nicht-Interaktion dieses Nutzertypus einer Notwendigkeit zur Anpassung. Statt einer Spielwiese für Entwickler ist Kunden- und Nutzerorientierung gefragt. Dem Trial- and Error-Prinzip der Anfangsjahre wird heute nur noch wenig Verständnis entgegengebracht. Entsprechend konsequent war in den letzten Jahren der Schritt, den Begriff der „Usability", der Nutzbarkeit, konsequent auch für die Gestaltung von Web-Seiten einzuführen. Von den ersten Erfahrungswerten soll dieses Buch berichten und gleichzeitig eine Anregung darstellen, ohne dogmatisch Richtlinien oder Gestaltungsvorgaben erstellen zu wollen. In den Beiträgen der zwölf Autoren werden verschiedene Aspekte der Nutzerfreundlichkeit im Web-Design beleuchtet. Vom strategischen Aspekt der Nutzer-Recherche über Wahrnehmungspsychologie bis hin zu Testmethoden.

Im Einzelnen:
- Theoretische Grundlagen
  Wahrnehmungspsychologische Grundlagen und Modelle zur vereinfachten Ermittlung von Nutzerassoziationen werden beleuchtet.
- Methodenüberblicke
  Es wird ein Überblick und Evaluierung verschiedener Methoden für User Research und Usability getätigt.
- Praxisaspekte
  Rentabilität von Usability-Tests, Darstelllung verschiedener Ansatzpunkte für eine nutzerfreundliche Website, Bedeutung von Navigation, Einsatz von Animationen und die Usability für Mobile Devices stehen im Fokus.
- Fallstudien
  Beispielhaft werden verschiedene Praxisfälle dargestellt – bol.de, immobilienscout24.de, ebay.de – und Usability-Verbesserungen aufgezeigt.

Dank geht in erster Linie an alle Autorinnen und Autoren, die mit ihrem hohen Engagement und Einsatz dieses Buchprojekt erst ermöglicht haben. Gedankt sei auch Stefan E. Bischof für die logistische Koordination und Orhan Tançgil für die Gestaltung und die aufgebrachte Geduld.

Allen Mitarbeitern bei der MetaDesign AG, die rund um Alexander Nagel im Satz und Korrektorat direkt bei der Erstellung des Buches geholfen haben, und natürlich allen Metanern und Nicht-Metanern, die durch ihre Arbeit indirekt dieses Buch beeinflusst haben, sei ebenfalls gedankt.

Stellvertretend für eine Vielzahl von Kollegen, Freunden und Bekannten, die uns mit Anregungen und ihrem Schaffen inspiriert haben, seien genannt Richard Trtanj, Christian Bachem, Udo Blenk, Elizabeta Gorgievska, Yannick Hervy, Bernd Kolb, Regine Haschka, Joachim Jalowy, Carsten Steffen, Thomas Fellger, Wolf Siegert, Sabine Fischer, Margit Wegener, Thomas Klein, Angie Smets, Markus Plömacher und Henning Stiegenroth – und natürlich Jakob Nielsen.

Wir wünschen allen Lesern Anregungen für erfolgreiche Projekte und freuen uns über Reaktionen.

Berlin, im Oktober 2001
Vittoria von Gizycki
Markus Beier

Markus Beier
MetaDesign AG
Leibnizstraße 65–68
10629 Berlin

Inhaltsverzeichnis

Vittoria von Gizycki

1 Usability – nutzerfreundliches Web-Design

1.1
Begriff und Bedeutung

„Bad Usability equals no Customer"
Jakob Nielsen[6]

So einfach und plakativ lässt sich die Wirkung von nutzerunfreundlichen Web-Seiten zusammenfassen. Doch nicht nur ein Mehr an Umsatz, sondern auch Kosteneinsparungen lassen sich durch ein user-freundlicheres Interface erreichen. So hat die Ford Motor Company sogar ein eigenes Usability-Institut eingerichtet, um das Extranet für ihre Händler zu optimieren. Die daraus resultierenden Einsparungen belaufen sich auf jährlich 100.000 \$, denen einmalige Investitionen von 70.000 \$ gegenüberstehen (vgl. Donahue, Weinschenk, Nowicki, 1999, S. 7 mit zahlreichen weiteren Beispielen[1]). Forrester schätzt, dass nutzerunfreundliche E-Commerce Sites bis zur Hälfte ihrer potentiellen Kunden vergraulen. Der Nutzen „guter" Usability steht also außer Frage und ist durch Zahlen eindeutig belegbar (vgl. Artikel von B. Raijmakers, S. 129).

Allerdings verbirgt sich hinter dem Schlagwort Usability eine Vielzahl unterschiedlicher Perspektiven und Ansätze. Das beginnt bereits mit einer adäquaten Übersetzung des Begriffs: Nutzbarkeit, Nutzerfreundlichkeit, Qualität oder Nützlichkeit sind nur einige Beispiele. Die ISO-Norm 9241 liefert eine allgemein gültige Definition von Usability:

„Usability bezeichnet das Ausmaß, in dem ein Produkt durch bestimmte Benutzer in einem bestimmten Nutzungskontext genutzt werden kann, um bestimmte Ziele effektiv, effizient und mit Zufriedenheit zu erreichen." Im Folgenden wird also der Begriff entweder unübersetzt verwendet oder mit der gängigen deutschen Bezeichnung „Nutzerfreundlichkeit".

Gleichzeitig besagt die Norm aber auch, dass Effizienz, Effektivität und Zufriedenheit nicht durch eindeutige und dauerhafte Maße bestimmt werden können: „Weil die relative Bedeutung dieser Komponenten der Gebrauchstauglichkeit sowohl vom Nutzungskontext abhängt als auch von dem Zweck, für den die Gebrauchstauglichkeit zu beschreiben ist, gibt es keine allgemeine Regel dafür, wie Maße ausgewählt oder kombiniert werden sollen."

Das bedeutet, dass Usability immer zweckbezogen betrachtet werden muss. Objektive, kontextübergreifende Lösungen gibt es nicht. Faustregeln haben allenfalls eingeschränkte Gültigkeit. Daher gilt es, sich dem Gebiet der Usability aus verschiedenen Blickwinkeln zu nähern. Dazu werden zunächst die drei Elemente Effizienz, Effektivität und Zufriedenheit genauer betrachtet und eingeordnet. Hinter ihnen verbirgt sich eine Vielzahl unterschiedlicher Anforderungen, die jeweils kontext- und zielgruppenbezogen optimiert werden müssen.

Der Nutzerfreundlichkeit, die sich aus diesen Größen zusammensetzt, liegen letztendlich verhaltensorientierte Konstrukte und Zusammenhänge zugrunde. Beispielhaft wird dies mit Hilfe der semantischen Netze dargestellt, die Assoziationsketten aufzeigen und die gedankliche Strukturen der Nutzer abbilden. Dadurch lassen sich Regeln für den Umgang mit Websites ableiten.

1.2
Effektivität, Effizienz und Zufriedenheit

Die Größen Effektivität, Effizienz und Zufriedenheit müssen jeweils in dem Kontext des Nutzungszwecks und der Zielgruppe betrachtet werden. Die ISO-Norm 9241 liefert für diese Begriffe allgemein gültige Definitionen.

Effektivität bedeutet „die Genauigkeit und Vollständigkeit, mit der Benutzer ein bestimmtes Ziel erreichen" ([ISO 9241 – 11 96] Abschnitt „Definitionen"[3]). D. h. ein User hat eine bestimmte Absicht, wenn er sich im Internet aufhält. Das kann von der Suche nach potenziellen Geschäftspartnern über den Kauf eines Buches bis hin zum Moorhuhn-Spielen reichen. Eine effektive Website ermöglicht ihm, sein Ziel überhaupt zu erreichen, unabhängig von dem Aufwand, der dahinter steht. Der Nutzer hat ein Bedürfnis, das er im Internet befriedigen möchte, und genau das kann er. Er findet die gesuchten Informationen, kann die gewünschte E-Mail schreiben oder mit Gleichgesinnten chatten. Der Aufwand, den er dafür benötigt, wird hierbei nicht betrachtet. Wenn der Nutzer etwas will und er es bekommt, kann von einer effizienten Website gesprochen werden.

Die aufzuwendenden Ressourcen werden beim Usability-Bestandteil Effizienz berücksichtigt. Effizienz bedeutet, dass der Nutzer zum Erreichen seines Ziels den geringstmöglichen Einsatz benötigt, z.B. durch geringe Ladezeiten. „Der relevante Aufwand kann psychische oder physische Beanspruchung, Zeit, Material oder monetäre Kosten enthalten." ([ISO 9241 – 11 96] S. 8) Der Aufwand muss für den Nutzer geringer als der durch die Website erreichte Ertrag sein oder ihm entsprechen, sonst würde der Nutzer den Vorgang abbrechen. Dabei gilt: Je geringer der Aufwand, je schneller und einfacher der Weg, desto besser für den User. Ziel sollte es dabei sein, den Umgang so einfach wie möglich und dementsprechend so effizient wie möglich zu gestalten.

Schließlich soll der User mit der Zielerreichung auch zufrieden sein. Diese Zufriedenheit ist die am schwierigsten zu operationalisierende Größe, da sie von zahlreichen verschiedenen Erwartungen des Nutzers abhängt. „Maße der Zufriedenheit beschreiben die Beeinträchtigungsfreiheit und die Akzeptanz der Nutzung. [...] Maße der Zufriedenheit können sich auf Einstellungen beziehen, ein Produkt zu benutzen, oder auf das Benutzerurteil über Aspekte wie Effizienz, Nützlichkeit und Lernförderlichkeit." ([ISO 9241 – 11 96] Abschnitt „5.3.4 Zufriedenheit"). Zufriedenheit entsteht dann, wenn die Erwartungen des Nutzers mindestens erfüllt oder besser noch übertroffen werden. Um Zufriedenheit erreichen zu können, müssen demnach die Erwartungen des Nutzers bekannt sein.

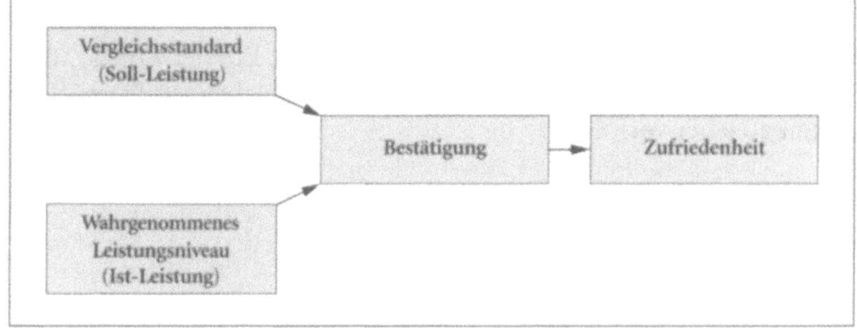

Abb. 1
Elemente der
Zufriedenheit

Gleichzeitig sind natürlich auch Effektivität und Effizienz Größen, die zur Zufriedenheit des Nutzers beitragen. Die Dauer von Ladezeiten werden von Nutzern ebenso subjektiv empfunden wie die visuelle Gestaltung der Seiten. D. h. auch hierüber haben sie Erwartungen gebildet, die sie erfüllt sehen wollen. Insofern handelt es sich bei der Zufriedenheit, die sich zusätzlich zur Effizienz und Effektivität einstellt, um Zufriedenheit, die entsteht, wenn die bestehenden Erwartungen übertroffen werden. Der User ist angenehm überrascht von der Fülle von Informationen, der originellen visuellen Aufbereitung oder der leicht nachvollziehbaren Struktur der Website. Effektivität und Effizienz sind demnach die Größen, die erfüllt sein müssen, um die Erwartungen zu erfüllen, lassen sich also als Zufriedenheit im klassischen Sinne interpretieren, während die Übererfüllung der Erwartungen Zufriedenheit im Sinne der ISO-Norm bedeutet.

Dazu ist es nötig, die Erwartungen der Zielgruppe zu kennen und zu überprüfen. Da sie zweck- und zielgruppenspezifisch sind, lassen sich keine eindeutigen Größen ableiten. Denn einher mit der Unsicherheit über die User-Erwartungen geht das Problem des Anspruchsniveaus. Durch ein kontinuierliches Erfüllen der Erwartungen des Users steigt dessen Anspruchsniveau, sodass außergewöhnliche Lösungen für ihn zu durchschnittlichen Lösungen werden. Werden die Erwartungen auf der Website eines Konkurrenten besser erfüllt als auf der ursprünglichen Unternehmens-Site, erwartet der User auch auf dieser Site ein entsprechendes Niveau, reagiert mit Unzufriedenheit und klickt weg.

Zwar existieren empirische Erkenntnisse über grundlegende Anforderungen, die für eine größere Anzahl von Usern gültig sind, eine zielgruppengenaue Aussage lässt sich damit aber nicht treffen. Die Elemente einer Website sind zu komplex, als dass sich eine einfache Aussage wie „Ladezeiten minimieren" unproblematisch verwirklichen lässt: Heißt das, weniger Grafiken, Verzicht auf Animationen oder Verzicht auf das Chat-Forum? Um sich den Bedürfnissen und Erwartungen der Zielgruppe entsprechend zu verhalten, ist es zweckmäßig, die verschiedenen Dimensionen einer Website genauer zu betrachten. Die Usability-Kriterien Effektivität, Effizienz und Zufriedenheit gelten für alle Dimensionen, lassen sich aber auf diese Weise systematischer verfolgen.

1.3
Usability für Website-Dimensionen

Eine Website ist eine komplexe Struktur auf verschiedenen, oft zahlreichen, einzelnen Bildschirmoberflächen. Die Seiten werden auf unterschiedliche Weise kombiniert, haben unterschiedliche Inhalte und sind unterschiedlich gestaltet. Entsprechend lassen sich drei verschiedene Dimensionen einer Website unterscheiden: der Content, also sämtliche Inhalte eine Site und die Art, wie diese Inhalte dargeboten werden; die visuelle Gestaltung, also das klassische Web-Design; die Anordnung der einzelnen Seiten in ihrer Gesamtheit. Nielsen nennt diese Elemente Content-Design, Page-Design und Site-Design (vgl. Nielsen 2000, S. 15). Vereinfacht lassen sie sich mit den Begriffen Content, Design und Struktur übersetzen. Content und Design beziehen sich auf die einzelne Seite, während Struktur das Zusammenwirken der verschiedenen Seiten beschreibt.

Jede Dimension der Informationsarchitektur einer Website hat andere Anforderungen hinsichtlich seiner Usability. So lässt sich daraus abgeleitet die folgende Matrix aufstellen, in der jedes Kästchen im Hinblick auf seinen Beitrag zur Usability zu überprüfen ist:

	Content	Design	Struktur
Effektivität	x	x	x
Effizienz	x	x	x
Zufriedenheit	x	x	x

Tabelle 1
Usability-Kriterien

Was bedeutet nun die Zielgröße Effektivität für den Bereich Content im Unterschied zu Design oder Struktur? Dazu ist es notwendig, die Website-Dimensionen einzeln zu betrachten.

Content

Effektivität bezogen auf den Content besagt, dass der User die Information, die er benötigt, auch vorfindet. Wenn er also einen bestimmten Text zu einem wissenschaftlichen Thema benötigt, ist dieser Text auf der Website auch enthalten. Damit diese Informationen auch für ihn auffindbar sind, ist es für ihn sinnvoll, wenn er die Seite im Überblick erfassen kann.

Hier ist der Übergang zwischen Effektivität und Effizienz fließend: Jede Aufbereitung von Informationen, die es dem User ermöglicht, sie zu finden, setzt auch einen bestimmten Ressourceneinsatz voraus. Effektivität im engeren Sinne bedeutet also nur, dass die Information vorhanden ist. Gleichzeitig ist sie natürlich nutzlos, wenn sie nicht gefunden wird.

Effizienz sorgt dafür, dass die benötigten Inhalte mit einem von dem Nutzer tolerierbaren Ressourceneinsatz gefunden werden. Die Scannbarkeit der Informationen würde in diesem Fall die Usability unterstützen. Die übersichtliche Anordnung der Informationen in Blöcken und Spalten erleichtert es dem User, die gewünschte Information zu finden. Darüber hinaus hat sich gezeigt, dass eine abwechslungsreiche Präsentation des Contents für eine höhere Aufmerksamkeit des Users sorgt: eine Kombination von Text und Grafik lässt sich leichter erfassen als ein langer scrollbarer Fließtext.

Eine Hauptkomponente der Effizienz, die immer wieder im Zusammenhang mit Content genannt wird, ist die Dauer der Ladezeiten: Kürzere Ladezeiten werden von den Usern natürlich bevorzugt. Gleichzeitig sind die Ladezeiten abhängig von der Art, wie Content präsentiert wird: Grafiken und Fotos benötigen mehr Ladezeit als reiner Text. Hier muss also zielgruppenspezifisch abgewogen werden, welches Usability-Element wichtiger ist oder ob ein Mittelweg gewählt wird. Die Geo-Website ist gleichzeitig ein Beispiel für einen klar aufbereiteten, sehr übersichtlichen Inhalt, der trotz der Fotos geringe Ladezeiten benötigt.

Usability – nutzerfreundliches Web-Design

Zufriedenheit bedeutet im Zusammenhang mit Content z. B., dass der Nutzer nur noch den Content geliefert bekommt, den er benötigt. Eine Individualisierung von Inhalten, wie man sie oft bei Online-Shopping-Angeboten findet, wird vom Nutzer noch nicht als selbstverständlich erwartet. Vielmehr handelt es sich dabei um einen eindeutigen Zusatznutzen, der für ein Unternehmen die Möglichkeit bietet, sich im Rahmen der Website vom Wettbewerb zu differenzieren. Weitere Differenzierungsmöglichkeiten sind beispielsweise detailliertere Informationen oder Zusatzinformationen zu denen, die der Nutzer erwartet.

So bietet z. B. der Libri-Buchversand eine Individualisierung unter Zuhilfenahme eines virtuellen Agenten an. Der Agent trifft eine Vorauswahl der aktuellen Neuerscheinungen je nach Interessensschwerpunkt. Der User wird regelmäßig per E-Mail über die Neuerscheinungen informiert. Durch die Zusendung in Form eines E-Mail-Newsletters ist der Content für den User bequem und regelmäßig aktuell verfügbar.

Design

Web-Design beinhaltet im traditionellen Sinne immer auch die Aufbereitung von Content, wird aber hier verstanden als die visuelle Gestaltung der Bildschirmoberfläche. Selbst wenn der Content auf unterschiedliche Weise dargestellt werden soll, bleiben dem Web-Designer eine Vielzahl von Möglichkeiten, dies gestalterisch umzusetzen.

Im Sinne der Effektivität bedeutet dies lediglich, dass eine gestaltete Website vorliegt. Unterschiedlich gestaltete Elemente lassen sich vom User hinsichtlich unterschiedlicher Funktion unterscheiden. Durch diese verschiedenen Module findet der User optische Anhaltspunkte und kann sich auf der Bildschirmoberfläche orientieren.

Wenn der User dadurch eine optische Hierarchie erkennt und bestimmte Inhalte den Modulen zuordnen kann, ist das Design effizient. Der Nutzer ist in der Lage, sich auf der Seite leichter zurechtzufinden. Um eine klare Orientierung zu ermöglichen, kann der Designer verschiedene Mittel einsetzen. So kann er durch den Einsatz von optischen Metaphern, wie z. B. Aktenreitern oder dem Einkaufskorb, eine Bedeutungszuordnung erleichtern. Hierbei ist zu beachten, dass die Metaphern deutlich wiedererkannt werden müssen, sonst wirken sie verwirrend. Amazon nutzt dieses Prinzip mit seiner Navigation nach dem Aktenreiterprinzip und setzt außerdem den Einkaufskorb als Icon für den Einkauf ein.

Darüber hinaus kann der Designer erlernte Gestaltungsprinzipien und -elemente einsetzen. So ist inzwischen gelernt, dass Primär- und Sekundärnavigation an der linken Seite und oben auf der Page zu finden sind. Dies entspricht der natürlichen Leserichtung des Nutzers – von links nach rechts.

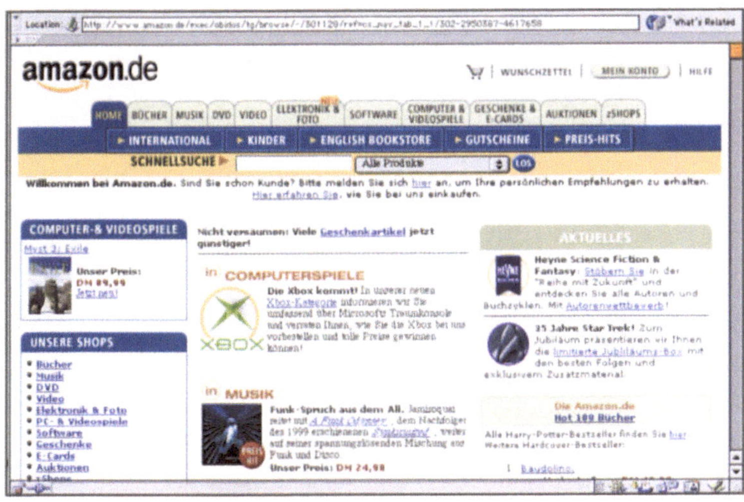

Abb. 4
www.amazon.de

Im Bereich der Gestaltung diese Größen zu berücksichtigen führt allerdings auch zu einer visuellen Angleichung der Websites. Sie werden schwer unterscheidbar und bieten nur noch geringe Möglichkeiten einer optischen Differenzierung. Aus diesem Dilemma führt die Berücksichtigung der Nutzerzufriedenheit. Der Nutzer kann mit ungewöhnlichen visuellen Darstellungsmöglichkeiten überrascht werden. Hierbei ist der individuelle Geschmack der Zielgruppe zu berücksichtigen. Visuelle Progressivität kann demnach von einer strengen schlichten Gestaltung bis zu einer farbenfrohen mit zahlreichen Animationen versehenen Gestaltung reichen. Bei Gestaltungselementen, die sehr stark die Aufmerksamkeit des Nutzers fesseln, muss mit einer schnellen visuellen Abnutzung gerechnet werden. So können animierte Vorschaltseiten beim ersten Kontakt beeindruckend sein, beim fünften oder sechsten Kontakt den Unwillen des Nutzers hervorrufen. Aber auch hier gilt die Unterschiedlichkeit der Zielgruppen.

Das japanische Online-Shopping-Unternehmen Willshop zeigte bei der Gestaltung einer sonst eher vernachlässigten Seite, nämlich der „Under Construction"-Seite, dass auch sie ansprechend gestaltet werden kann. Der ungewöhnliche visuelle Stil der gesamten Website findet sich selbst bei diesem Lückenfüller und trifft genau die Zielgruppe, die aus japanischen Teens und Twens besteht.

Struktur

Eine Website besteht aus einer Vielzahl von Einzelseiten, die in bestimmten Verbindungen zueinander stehen. Effektiv ist eine gesamte Website dann, wenn diese Links zwischen den Seiten vorhanden und erkennbar sind. Navigationen und Links innerhalb des Content-Bereiches werden als solche wahrgenommen. Es entsteht dadurch ein bestimmter Flow, der über einen Eingang in die Website die Verfolgung bestimmter Ziele und Zwecke ermöglicht. Design kann diesen Flow durch entsprechende Gestaltung unterstützen.

Um gleichzeitig auch effizient navigieren zu können, muss dieser Flow auch eindeutig für den Nutzer zu erkennen sein. Die Erwartungen, die ein Nutzer an eine Verlinkung hat, müssen erfüllt werden: Navigationshierarchien sind erkennbar, Rückschritte möglich, und der Nutzer weiß bei jedem Schritt, wo er sich befindet. Eine Möglichkeit zur Rückkehr auf die Einstiegsseite erleichtert ebenfalls das Navigieren. Eine gelungene Kombination aus einer eindeutigen Navigationsstruktur und einer ansprechenden Gestaltung zeigt hier wiederum der japanische Willshop. Die Navigation zeigt eindeutig, welche Shopping-Angebote sich hinter welchem Link verbergen.

Eine Übererfüllung der Erwartungen im Sinne von Zufriedenheit findet sich z.B. dann, wenn verschiedene Wege und Orientierungsmöglichkeiten angeboten werden. Eine weitere Möglichkeit stellt das Lernen der Navigation dar: Wiederkehrende Navigationsabläufe werden gespeichert und beim nächsten Mal gleich als Hotlink angeboten, z.B. One-Click-Shopping-Angebote.

Als Ergebnis lässt sich die oben bereits genannte Tabelle folgendermaßen ausfüllen:

	Content	Design	Struktur
Effektivität	Vorhandensein der gewünschten Inhalte	Modularität	Flow
Effizienz	Scannbarkeit, unterschiedliche Aufbereitung	Berücksichtigung von Erlerntem, visuelle Hierarchien	Eindeutigkeit in der Navigation
Zufriedenheit	Individualisierung der Inhalte	Progressivität	Hotlinks

Tabelle 2
Beispiele für
Usability-Kriterien

Dabei darf nicht vergessen werden, dass es sich um Möglichkeiten handelt, eine nutzerfreundliche Website zu gestalten. Diese Kriterien sind nicht für jede Zielgruppe gleichermaßen gültig. Einige sind gar nicht relevant, andere sind von unterschiedlicher Bedeutung. Außerdem müssen sie entsprechend der Zielgruppen mit Inhalt gefüllt werden. Dies kann sowohl vor der Erstellung einer Website geschehene – mit Hilfe des User Experience Research (vgl. Artikel von T. Hynek, S. 43, sowie von M. Fröhlich und J. Mühlig, S. 61) als auch im Verlauf des Erstellungsprozesses durch wiederholtes Usability Testing. Idealerweise bietet sich eine Kombination beider Forschungsansätze an. User Experience Research bestimmt die Bedürfnisse des Users explorativ, Usability Testing arbeitet konfirmatorisch und bietet so Möglichkeiten, vorhandene Entwürfe zu überprüfen. So ergibt sich zum Launch der Website ein optimal nutzerorientiertes Ergebnis.

Es ist daher wichtig, die Erwartungen der Zielgruppen frühzeitig zu operationalisieren. Unterstützend kann hierbei der Einsatz semantischer Netzwerke sein, die kognitive Strukturen abbilden (vgl. auch Artikel von S. Sulzmaier, S. 19).

1.4
Semantische Netzwerke

Zur Erklärung der kognitiven Vorgänge bei der Nutzung einer Website lassen sich Netzwerkmodelle heranziehen, da Menschen das Bedürfnis haben, Objekte der sinnlichen Wahrnehmung und der Gedankenwelt zu kategorisieren. Netzwerkmodelle beschreiben die Form und den Ablauf der Speicherung von Informationen. Mit diesen Modellen können vorhandene Wissensstrukturen, ihr Zustandekommen und ihre Veränderungen veranschaulicht werden. Diese Wissensstrukturen können auf diese Weise verdeutlichen, welche Assoziationen im Bezug auf ein Objekt vorliegen und wie sie miteinander zusammenhängen (auch im Folgenden: Kroeber-Riel/ Weinberg 1996, S. 228ff.[4], Grunert 1982, S. 78ff.[2]).

Ein so genanntes semantisches Netzwerk besteht aus Objekten und deren Verbindungen. Die Objekte sind die Darstellung faktischen Wissens und bilden Eigenschaften, Begriffe oder Ereignisse ab. Die Verbindungen weisen auf Beziehungen und Assoziationen zwischen den Objekten hin. Aus den Verbindungen von Objekten ergeben sich Wissensstrukturen. Die Bedeutung eines Objekts ergibt sich aus der Stellung im Netzwerk, also Art und Anzahl der Verbindungen. Ein Gedächtnisinhalt besteht beispielsweise aus einem Gegenstand mit spezifischen Eigenschaften wie: Ein Auto kann fahren. Jede Eigenschaft existiert innerhalb des Netzwerkes nur einmal, ebenso müssen die Verbindungen eindeutig sein.

So werden mit dem Begriff Auto verschiedene Automarken assoziiert, denen wiederum unterschiedliche Eigenschaften zugeordnet werden.

In diesem semantischen Netzwerk werden die Beziehungen der Objekte zueinander abgebildet. Aus dem Gefüge können Rückschlüsse über Gemeinsamkeiten, Unterschiede oder Ähnlichkeiten gewonnen werden. Die Stärke der Assoziationen wird durch die räumliche Nähe oder die Stärke der Verbindungen ausgedrückt. So ist die Eigenschaft „deutsch" stärker als die Eigenschaft „komfortabel".

Das Unternehmen erhält durch ein semantisches Netzwerk einen Eindruck, wie das Produkt im Bewusstsein des Kunden positioniert ist, welche Eigenschaften wichtiger, welche weniger wichtig sind. Sie bieten nicht nur Differenzierungsmöglichkeiten gegenüber Konkurrenzangeboten, sondern zeigen Erwartungen hinsichtlich der Eigenschaften auf.

Für die Gestaltung einer Website können semantische Netzwerke auf verschiedenen Ebenen eingesetzt werden:

1. als Abbildung der Assoziationen bezüglich der gesamten Branche. Hinsichtlich einer Branche bestehen immer bestimmte gemeinsame Assoziationen. Wie das Objekt Schokolade immer mit der Assoziation „süß" verbunden wird, wird die Branche Pharma immer mit Forschung in Verbindung gebracht werden. Je nach Bedeutung der Assoziation müssen die Eigenschaften auch auf der Website eines Pharmaunternehmens wieder zu finden sein. Andererseits werden Defizite in der Vermittlung von Eigenschaften deutlich. Wenn sich nur die Verbindung zur Genforschung findet, aber der helfende Aspekt fehlt, wird ein Defizit im Bran-

chenimage erkennbar. Das Unternehmen kann auf seiner Website nun ausdrücklich diese Eigenschaft vermitteln.

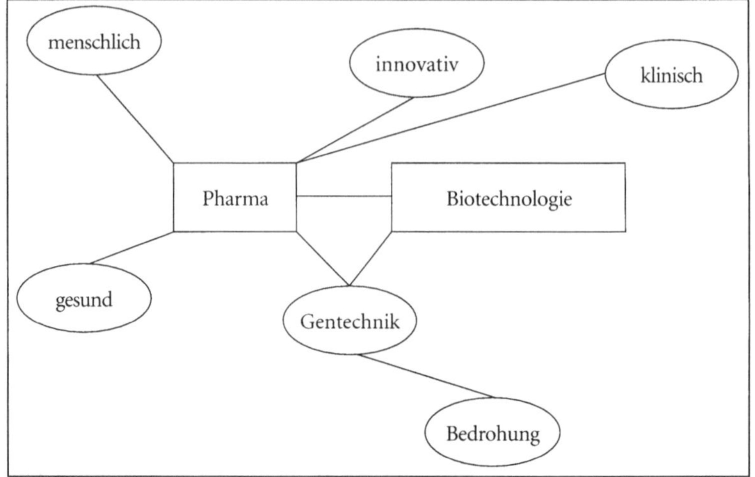

Abb. 8
Semantisches
Netzwerk Branche

2. als Abbildung von Produkt- und Unternehmensassoziationen. Bezogen auf einzelne Angebote lassen sich die damit verbundenen Werte und Assoziationen darstellen. Dies kann sowohl für das gesamte Unternehmen geschehen als auch für einzelne Produkte. Die Vielfältigkeit und Bedeutung der Assoziationen kann auch entscheidungsunterstützend wirken, indem deutlich wird, dass eher das Unternehmen oder das Produkt mit den gewünschten Eigenschaften verbunden wird. Entsprechend sollte die Produkt- oder die Unternehmens-Site im Mittelpunkt der Internet-Aktivitäten stehen.

3. als Abbildung von Markenassoziationen. Unternehmens- oder Produktmarken sind mit einer Vielzahl von immateriellen und emotionalen Eigenschaften besetzt. Gerade bei einer Fülle von Markenbotschaften lässt sich durch semantische Netze eine Auswahl treffen. Signifikante Erlebnisfaktoren lassen sich so deutlicher darstellen. Gerade das interaktive Markenerlebnis sollte nur mit den wichtigsten Markeneigenschaften arbeiten, damit bei einem User keine Reaktanz entsteht. So kann sich zeigen, dass vom Unternehmen als dominant eingeschätzte Markeneigenschaften eine eher untergeordnete Rolle spielen und der Erlebnischarakter im Netz nicht erfolgreich vermittelt werden könnte.

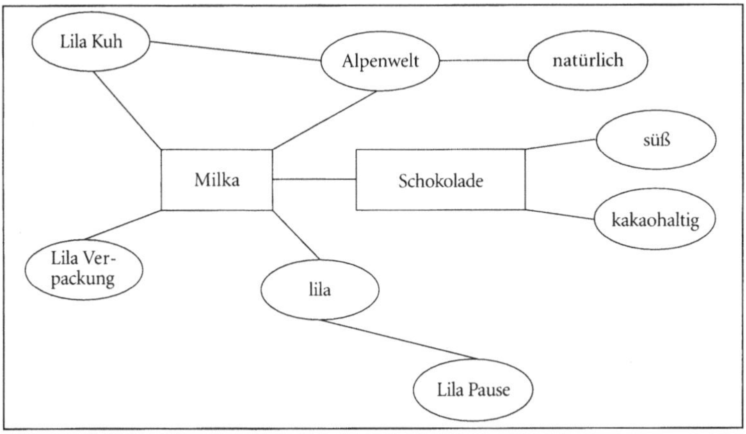

*Abb. 9
Semantisches
Netzwerk Marke*

4. als Grundlage für die Initiierung von Lernprozessen. Durch kognitives Lernen kommt es zu einer Veränderung des semantischen Netzwerkes. Bestehende Objekte werden ergänzt, neue Objekte kommen hinzu, und andere Objekte fallen weg. Gleichzeitig beeinflusst das vorhandene Wissen die Aufmerksamkeit und Schnelligkeit des Lernens. Jeder Lernprozess benötigt einen bekannten Anknüpfungspunkt im Gedächtnis. Informationen, die nicht eingeordnet werden können, werden auch nicht gespeichert. Die Speicherung gelingt umso besser, je einfacher die Einordnung in das bestehende Netzwerk möglich ist.

So lässt sich auf diese Weise der Erfolg eines Web-Events überprüfen: Nach Durchführung wird evaluiert, ob neue Assoziationen zu den bereits vorhandenen dazugekommen sind oder das semantische Netz unverändert geblieben ist.

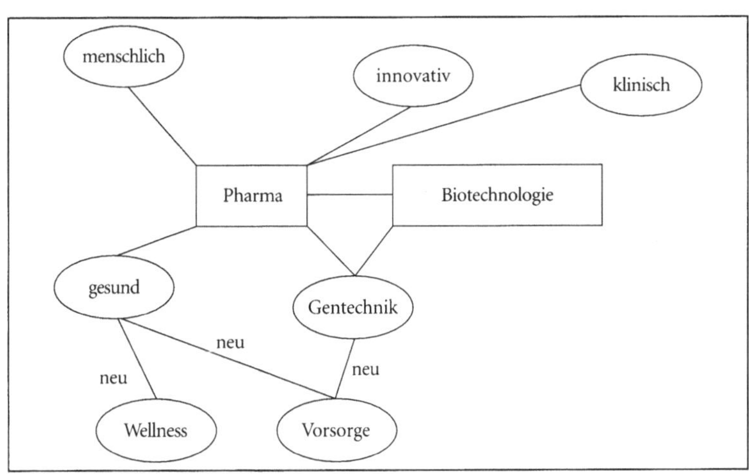

*Abb. 10
Veränderung
im semantischen
Netz*

So bilden semantische Netze eine wirksame Unterstützung bei der Gestaltung von Websites. Sie können sowohl Hinweise auf den erwarteten Content liefern als auch Anregungen für das Design geben, z.B. die Bedeutung der Unternehmens- und Branchenfarben klären. Auch die Struktur der Website kann mit ihrer Hilfe verbessert werden. Wichtige Bereiche sollten von der Homepage aus leicht und direkt zu erreichen sein. Auch hinsichtlich allgemeiner Erwartungen an eine Website besteht ein semantisches Netzwerk, das ermittelt werden kann.

Dabei ist aber auch hier zu beachten, dass zielgruppenspezifisch unterschiedliche semantische Netzwerke bestehen. Sie stellen nur ein sinnvolles Hilfsmittel dar, das es erleichtert, die relevanten Ausprägungen der Usability-Kriterien zu ermitteln.

1.5
Usability – Ausblick

Semantische Netze sind nur ein Hilfsmittel, um eine besonders nutzerfreundliche Website zu erreichen. User Experience Research verfügt über weitere Tools und Methoden, um gesicherte Aussagen über die Bedürfnisse der User zu treffen. In Laufe des Prozesses, der zur Ermittlung und Überprüfung der Zielgruppeninteressen nötig ist, stellt auch das klassische Usability Testing eine Vielzahl von Methoden zur Verfügung, um die Nutzerfreundlichkeit von Websites zu messen (vgl. den Artikel von S. Stoessel, S. 75). Eine Auswahl der Tools und Methoden muss immer problembezogen erfolgen.

Sie ist u.a. auch davon abhängig, welche Art von Website untersucht werden soll. Die Anforderungen an E-Commerce Websites sind andere als an unterhaltende für ein jugendliches Publikum. Handelt es sich bei dem Ausgabemedium um ein Mobile Device, müssen wieder andere Größen berücksichtigt werden (vgl. Studie von J. Hess, M. Schiessl, S. Duda, S. 173).

Die hier vorgestellten Ansätze und Betrachtungsweisen können also nur Schlaglichter auf das Problemfeld werfen und die Breite des Themengebiets aufzeigen. Die folgenden Artikel beschäftigen sich jeweils schlaglichtartig mit diesen und weiteren Fragestellungen. Das komplexe Problem Usability wird aus verschiedenen Perspektiven betrachtet und verdeutlicht gleichzeitig die Vielfältigkeit des Themas. Im Mittelpunkt steht aber immer der User mit seinen Wünschen und Bedürfnissen. Ihn gilt es zu kennen, zu begleiten, zufrieden zu stellen und immer wieder neu zu überraschen.

Literatur

1 Donahue, G. M./Weinschenk, S./Nowicki, J. (1999): Usability is Good Business, 1999

2 Grunert, K. G. (1990): Kognitive Strukturen in der Konsumentenforschung, Heidelberg 1990

3 ISO9241-11, International Standardization Organisation 1996

4 Kroeber-Riel, W./Weinberg, P. (1996): Konsumentenverhalten, 6. Aufl. München 1996

5 Krug, S. (2000): Don't Make Me Think, Indianapolis 2000

6 Nielsen, J. (2000): Erfolg des Einfachen, München 2000

7 Spool, J. M./Scanlon, T./Schroeder, W./Snyder, C./DeAngelo, T. (1999): Web Site Usability, San Francisco 1999

Sonja Sulzmaier

2 E-Usability

2.1
E-Usability: Anschlussfähigkeit an Konsumentenanforderungen

Dass sich eine Steigerung der Usability positiv auf die Conversion Rate auswirkt und damit die Profitabilität einer Marke gesteigert werden kann, ist nichts Neues. So konnte IBM durch eine Umgestaltung der Website den Traffic um 120 % und die Verkäufe um 400 % erhöhen.[1] Ex post ist es natürlich einfach, dies durch eine Steigerung der Usability zu erklären. Die Beantwortung der Frage jedoch, was genau die Attraktivität und „Brauchbarkeit" (Usability) einer E-Commerce Site aus Sicht des Users ausmacht, ist keine triviale Aufgabe. Genau diese gilt es dennoch anzugehen, um nicht erst ex post festzustellen, ob eine bestimmte Maßnahme die Brauchbarkeit wirklich gesteigert hat oder eben nicht, sondern vielmehr a priori auszuloten, welche Schritte wahrscheinlich zum Erfolg führen werden – in diesem Falle zu einer Steigerung der wahrgenommenen Usability. Diese Outside-in-Konsumentenorientierung muss dann sinnvoll mit der Inside-out-Unternehmensperspektive kombiniert werden, um Traffic Streams in Revenue Streams umzuwandeln (weitere Literatur zur Unternehmensperspektive[2]).

Die Usability einer Site hängt ganz entscheidend von den Anforderungen (Interessen, Erwartungen) der verschiedenen Nutzersegmente ab. So verändern sich die Angebote und auch die Anforderungen an die Usability beispielsweise mit der Beziehungsdauer zwischen Unternehmen und User.[3] Es ist nicht unbedingt überraschend, dass Surfer, die bisher nur wenige und unspezifische Kontakte zum Unternehmen aufweisen, andere Anforderungen an die Usability haben – wie beispielsweise eine spannende Startseite – als Mehrfach-User, die häufig einen schnellen Seitenaufbau, direktes Navigieren und individualisierten Content erwarten. Um einen hohen Grad an Brauchbarkeit zu erzielen, sind eingehende Kenntnisse über die anvisierten User-Segmente erforderlich. Die Treffgenauigkeit des Segmentierungsansatzes trägt dabei wesentlich zum Erfolg eines Usability-Konzepts bei. Nachdem man durch qualitative und quantitative Marktforschung eine Vorstellung von den divergierenden Anforderungen und Motivationslagen der verschiedenen User-Segmente gewonnen hat, gilt es, diese zu bedienen. Neben den Online Profiling Tools stehen eine Reihe von Marktforschungsansätzen zur Verfügung, die die Analyse von Motivationslagen ermöglichen.[4] Dabei können Tools wie Newsletter, Pop-up Windows und Chats segmentspezifisch zugeschneidert werden oder für verschiedene Segmente zu unterschiedlichen Zwecken eingesetzt werden. So mag eine Sitemap für den unerfahrenen Surfer eine Übersichtsfunktion einnehmen, während sie für den Mehrfach-User einen schnelleren Zugang zur gewünschten Information gewährleistet.

Dabei ist es gleichzeitig wichtig, keine zwischen Identitätsfraktalen oszillierende Marke oder E-Dentity aufzubauen, die es allen recht machen möchte. Konsistenz von Markeninhalten ist nach wie vor geboten, um Nutzern einen Orientierungsrahmen zu bieten, der jedoch fokussierte Leistungsversprechen für verschiedene User-Segmente zulässt. Diesen Balanceakt – „Anschlussfähigkeit an die Motivationslagen verschiedener Nutzersegmente" versus „konsistenter Bezugsrahmen" – gilt es zu meistern.

2.2
DAU is King: Orientierung am Dümmsten Anzunehmenden User

Nicht nur die Anforderungen und divergierenden Motivationslagen der User determinieren die wahrgenommene Usability. Insbesondere die hardwaremäßige Unterversorgung von Otto Normalverbraucher kann bei aufwendigen Websites zu Wartezeiten und Abstürzen führen, die sich extrem negativ auf die wahrgenommene Usability auswirken. Deshalb empfiehlt Franz Liebl die Orientierung am DAU, dem Dümmsten Anzunehmenden User.[5] Websites wie die von Amazon oder Yahoo haben diese Orientierung am Hardware-unterversorgten Nutzer maximiert. Dies führt dazu, dass die Nutzung der Sites nicht unbedingt einen Genuss darstellt und der Fun-Faktor in der Regel auf der Strecke bleibt. Auch hier gilt es, den Trade-off „Orientierung am DAU" versus „State-of-the-Art Web-Design" intelligent auszuloten.

2.3
Never ending story: Spirale der Prozessorientierung

Neben der Anschlussfähigkeit an Konsumentenanforderungen und der Berücksichtigung der technologischen Möglichkeiten des DAU ist es sinnvoll, Nutzungsprozesse in ihrer sukzessiven Abfolge zu betrachten. Die Steigerung der E-Usability ist ein permanenter Prozess des Lernens über die User-Segmente und des anschließenden Profilings auf dessen Motive und Anforderungen (vgl. Abb.1). Die systematische Analyse der Nutzungsprozesse ermöglicht diesen permanenten Abgleich des Angebots mit den Anforderungen der User.

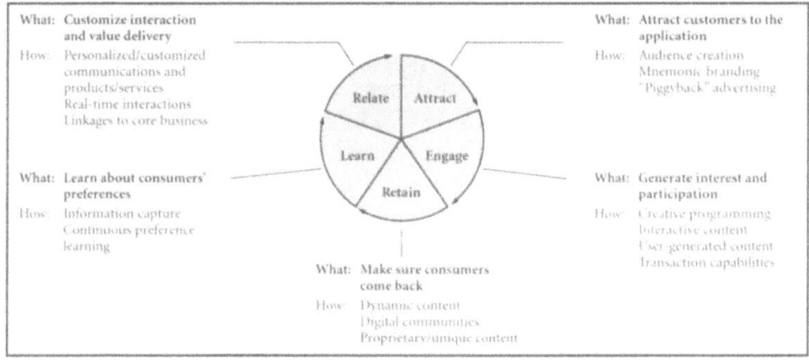

Abb. 1
Aktivitäten der Prozessgestaltung

Quelle:
Kierzkowski, S.12 [6]

2.4
Operational E-Usability:
praktische Operationalisierung

Wie kann man nun Brauchbarkeit oder Interface Usability operationalisieren? Zum einen determinieren technische Dimensionen die wahrgenommene Usability, wie beispielsweise Schnittstellenergonomie, eine hohe funktionale Stabilität (geringe Störanfälligkeit: keine Systemabstürze, reibungsloser Aufbau) und die Geschwindigkeit des Datendurchsatzes. Unternehmen, die dies sehr erfolgreich umsetzen, findet man auf der Site www.ecompanynow.com/articles. Eine effektive Strukturierung des Content und der Aufbau der Site gemäß der KISS-Formel (Keep It Simple and Self-explanatory) sind weitere wesentliche Kriterien, die den wahrgenommenen Grad der E-Usability beeinflussen.

Wesentlich in punkto Usability: Die Nutzer selbst sollten befragt werden und nicht hyperkreative Designer, Venture Capitalists oder Manager. Dies kann in Usability Labs geschehen, in denen User unter Beobachtung die Website testen – und dies gegebenenfalls unter Bedingungen, die allgemein bei der Nutzung von Angeboten im Web gelten – der hardwaremäßigen Unterversorgung von Otto Normalverbraucher. Neben Usability Labs bietet sich vielen Unternehmen die Möglichkeit, die eigenen User zu befragen – online und offline. So nutzt beispielsweise Wallstreet-Online offline entstandene Börsenstammtische von Lead Usern, um Web-Design und Funktionalität der Site zu bearbeiten.

Im Folgenden werden Dimensionen beschrieben, die die von den Nutzersegmenten wahrgenommene E-Usability entscheidend beeinflussen (vgl. Abb. 2).

Abb. 2
Dimensionen
der E-Usability

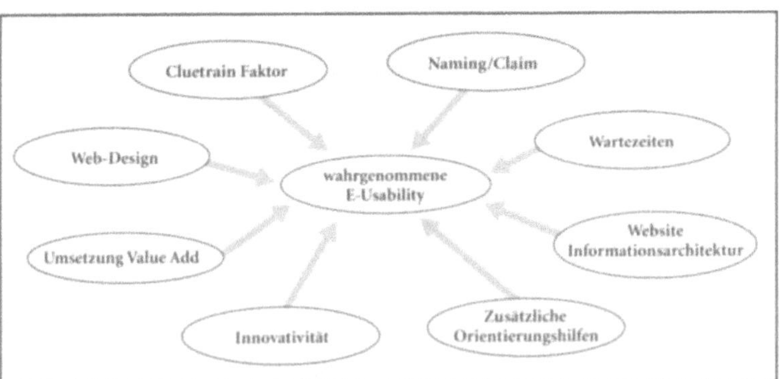

Naming / Claim

Wo beginnt Brauchbarkeit, und wo hört sie auf? Vielleicht schon bei der Frage, wie man auf eine Site gelangt. Damit verbunden ist die Namensgebung, deren „Recall-Qualität" und den mit einem Namen verbundenen Assoziationen der User-Segmente. Weist der gewählte Name einen Bezug zum Kerngeschäft auf, ist er diskriminierungsfähig, einprägsam, einfach zu schreiben, flexibel einsetzbar (und juristisch schutzfähig)? Ein Beispiel für die Wahl eines treffenden und selbsterklärenden Claims ist die von www.getabstract.com: „Get the Key Points of Top Business Books in 15 Minutes". Der Inhalt des Angebots ist über Namensgebung und Claim eindeutig und selbsterklärend beschrieben. Auch bei der Wahl der Bezeichnungen der angelegten Hyperlinks ist die Eindeutigkeit der Bezeichnung eine wichtiges Kriterium für die wahrgenommene Usability einer Site.

Umgang mit Wartezeiten

Wartezeiten wirken sich extrem negativ auf den wahrgenommenen Grad der Usability aus. Neben einer mangelnden Funktionalität sind dies insbesondere die Ladezeiten, die aufwendig designte Websites hervorrufen, oder auch eine Vielzahl gelegter Cookies. Nach Untersuchungen lässt die Konzentration der User nach Wartezeiten von mehr als zehn Sekunden schlagartig nach und schlägt dann in Verärgerung um, die häufig zum Verlassen einer Site führt.[7] Deshalb ist es sinnvoll, dass Wartezeiten von mehr als zehn Sekunden dem Nutzer mitgeteilt werden. Wichtig ist – wie übrigens auch bei physischen Warteprozessen des In-der-Schlange-Stehens – die Beschäftigung bzw. Involvierung des Users während des Wartens (vgl. S. 107 ff.)[8]. Aktives Warten bzw. die frühzeitige Integration des Nutzers in den weiteren Prozess vermindert die wahrgenommene Wartezeit und hält den Nutzer länger auf der Site. So können während des Ladevorgangs bereits Details einer Site bzw. Hinweise darauf gegeben werden, was er / sie gleich sehen wird. Eine Verminderung der tatsächlichen Wartezeit kann erreicht werden durch die Vermeidung unnötig komplexer Tabellen-Layouts oder auch durch den Einbau der HTML-Tags Width und Height, die dem Browser das schnelle Berechnen des Seiten-Layouts ermöglichen.

Website-Informationsarchitektur

Die Website-Informationsarchitektur ist eines der wesentlichen Kriterien, die die E-Usability beeinflussen, da sie die Nutzungsfreundlichkeit entscheidend determinieren. Website-Informationsarchitekturen lassen sich aus verschiedenen Blickwinkeln beschreiben. So kann zum einen die Struktur der Architektur selbst beschrieben werden, zum anderen können einzelne Dimensionen der Nutzungsfreundlichkeit identifiziert werden.

So findet der User in einer Architektur, die eine Reihenfolge-Sequenz oder Hierarchiestruktur aufweist, in der Regel einfacher Orientierung als in Gitter- oder Spinnennetzstrukturen[3], die aber häufig bestimmten Inhalten eher gerecht werden.

Übergreifend zeichnen sich gute Informationsdesigns durch eine klare, verständliche Strukturierung, eine transparente Menüführung und Funktionalität aus. Durch Anwenden der KISS-Formel (Keep It Simple and Self-explanatory) ist es Nutzern möglich, einen intuitiven Overall Reference Plan zu entwickeln, ohne ein Seminar zur Nutzung der Site abschließen zu müssen. Negative Dimensionen der Website-Informationsarchitektur sind beispielsweise Sackgassen, die dem Nutzer weder eine Fortsetzung noch ein „Zurück" erlauben. Nutzungsprozesse, die in Sackgassen enden und nur durch die Benutzung des „Back"-Button fortgesetzt werden können, tragen oft extrem negativ zum wahrgenommenen Grad der E-Usability bei.

Weitere Punkte der Website-Informationsarchitektur, die sich negativ auf die wahrgenommene E-Usability auswirken, sind Links, die nicht mit Content belegt sind.

Auch die Überladung des Nutzers mit Informationen wirkt sich auf die wahrgenommene E-Usability aus und hat zur Folge, dass Nutzer eine Site nicht nur negativ wahrnehmen, sondern dieser den Rücken kehren.

Positive Beispiele für die Klarheit der Content-Strukturierung und intelligent gestaltete Suchhilfen sind die Sites „www.landsend.com", „www.iwantoneofthose.com" oder auch „www.ottomobil.de", die eine optimale Orientierung des Nutzers durch eine sehr große Bandbreite an Angebot gewährleisten. Als User hat man fast immer einen Overall Reference Plan im Kopf und gewinnt sehr schnell einen Überblick über die Struktur der Sites.

Zusätzliche Orientierungshilfen

Die Website-Informationsarchitektur trägt wesentlich zum Grad der Orientierungsfähigkeit bei, der darüber hinaus durch einheitliches Format, Layout und Navigation oder auch intelligent gestaltete Suchfunktionen wie Sitemaps, Suchmaschinen, eine nochmalige Aufführung des Gesamtmenüs am Ende eines Fensters oder auch eine „Search the Site"-Option gesteigert werden kann.

Absolute Fehlgriffe, die die Orientierung negativ beeinflussen, sind beispielsweise Website-Suchmaschinen, die selten Treffer erzeugen (s. www.winestar.ch, 06/2001) oder auch das Verwenden von Unterstreichungen zum Hervorheben von Textpassagen. Da Unterstreichungen generell zur Markierung von Links reserviert sind und auch durch den Nutzer als solche wahrgenommen werden, ist das Hervorheben von Textpassagen durch Unterstreichen irreführend.

Im Kontext der Orientierung von Usern ist das Thema Markenführung zentral. Da Markenführung ein Thema des strategischen Marketing-Managements darstellt und E-Usability dem operativen Marketing zugeordnet werden kann, wird hier nur kurz die Orientierungsfunktion von Marken dargestellt.[9] So ist beispielsweise der Konsum der Marken Body Shop, Patagonia oder Burton Bekenntniskonsum für ganz bestimmte Markenwelten wie Tea-Mind, Öko Spirit und Snowboard Mind. Diese Markenwelten stellen Nutzern einen Orientierungsrahmen zur Verfügung und können durch semantische Netzwerke dargestellt werden, die versuchen, das Assoziationsgefüge der Konsumenten abzubilden. So steht die Marke Milka nicht nur für Schokolade, sondern auch für die lila Kuh, die Alpenwelt oder „Betthupferl" (vgl. Abb. 3).

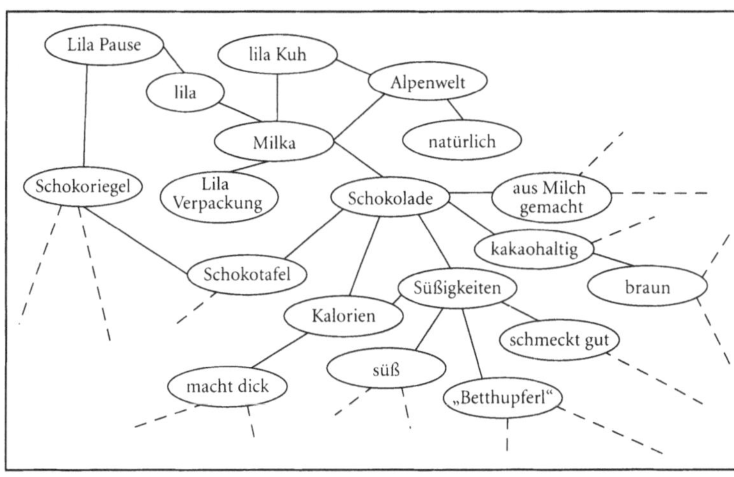

Abb. 3
Semantisches Markenimage der Marke Milka

Quelle: Esch/ Wicke 00, S. 48

Die Anschlussfähigkeit der Online-Präsentation an gegebenenfalls vorhandene Offline-Markenwelten dient der Orientierung der Nutzersegmente und ist somit ein wichtiger Faktor, den es zu beachten gilt.

Innovativität

Das Kriterium der Innovativität kann mehrere Dimensionen betreffen, wie beispielsweise eine innovative Geschäftsidee, die gewählte Form der Präsentation des Inhalts (Web-Design) oder auch die Verwendung innovativer technischer Möglichkeiten. Innovative technische Möglichkeiten wie beispielsweise die neue Bezahloption via Mobiltelefon von paybox.net oder auch die Option des Downloadens von Informationsdienstleistungen als PDF-File oder auf den Palm Pilot können eine Geschäftsidee sinnvoll abrunden. So nutzen Wallstreet-online-User intensiv die Möglichkeit der Kursabfrage über WAP-Handys und wünschen sich die Zusendung von aktuellen Kursen über SMS und ein Freeware-Programm für PDAs zur ständigen Entwicklung ihrer Depots.[11]

Innovativität kann auch in Bezug auf das Web-Design gegeben sein. Eine wegweisende Präsentation und Umsetzung einer vielleicht nicht ganz brandaktuellen Geschäftsidee (s. beispielsweise www.customatix.com oder www.nds.ch) kann sehr wohl eine Trendsetter-Funktion einnehmen. So handelt es sich bei www.customatix.com, einer Website, auf der sich der Nutzer seine eigenen Turnschuhmodelle selbst bastelt, nicht um eine ganz neue Geschäftsidee, denn das Zusammensetzen von Modulen durch den Konsumenten ist beispielsweise im Auto- oder Reisebereich bereits State-of-the-Art (siehe z.B. CarConfigurator auf der Site www.BMW.de). Dennoch wird diese Idee wegweisend und innovativ umgesetzt. Es handelt sich um einen E-Shop, der eine Benchmark Solution darstellt in punkto Co-Produktion mit dem User und State-of-the-Art-Technologie. Eine weitere Möglichkeit der innovativen Präsentation von Content findet sich z.B. auf der Site www.freitag.ch, auf der die aus LKW-Planen gefertigten Taschen durch unterhaltende Geschichten präsentiert werden. Dieses narrative Element stellt eine innovative Möglichkeit der Content-Präsentation dar. Das Kriterium Innovativität umfasst demnach verschiedene Dimensionen, die abhängig vom zentralen Angebotsbündel einer Site eine Rolle bei der wahrgenommenen E-Usability spielen können.

Umsetzung Value Add

Das zentrale Angebotsbündel einer Site kann sehr vielfältig sein und ist abhängig von den jeweiligen Geschäftsideen und -modellen. Die Brauchbarkeit eines Angebots selbst kann also nur im konkreten

Fall und bei Analyse der zugrunde liegenden Nutzeranforderungen beurteilt werden. Da bei Betrachtung der Usability nicht das Angebot selbst bewertet wird, sondern dessen Operationalisierung, wird an dieser Stelle nur kurz ein Streiflicht auf die Vielfalt der Angebotsbündel gegeben. Digitalisierbare Angebote wie beispielsweise Musik- (Napster.com, Hifind.com) oder Informationsdienstleistungen (Wissensdatenbanken etc.) können das gesamte zentrale Nutzenversprechen – die Distribution eingeschlossen – über IT-Technologie abwickeln, während bei Sachgütern nur eine IT-Unterstützung der Kommunikation (des Nutzenversprechens) und des Vertriebs stattfindet. Häufig entscheiden bei Bewertung des Angebots Quantität (Umfang, Vielfalt), Qualität (Richtigkeit, Aktualität, Sorgfalt, Uniqueness) und Preis-Leistungs-Verhältnis.

Kriterien, die die Umsetzung des Value Add betreffen – und damit das Thema wahrgenommene E-Usability – sind z.B. die Schnelligkeit (siehe Umgang mit Wartezeiten), Convenience, Rückgabe- und Garantierechte. So führen die Bequemlichkeit und Schnelligkeit des Online-Kaufs von Auto- und Motorradteilen auf der Site www.ottomobil.de (kostenlose Lieferung innerhalb von zwei Tagen und Lieferung gegen Gebühr innerhalb eines Tages), Montagetipps, verschiedene Bezahloptionen und die umkomplizierte, kostenlose Rücknahme von Produkten via Anruf oder E-Mail zu einer hohen wahrgenommenen E-Usability der Site.

Value Adds betreffen also nicht nur das zentrale Angebotsbündel, vielmehr ist häufig die Verzahnung des Front-end mit den Back-end-Applikationen und die zugrunde liegende IT- und E-Architektur (z.B. die Existenz von Content Management System, Computer-Telephony-Integration, Unified-Messaging-Komponenten, Electronic Customer Relationship Management, Workflow Management etc.) ausschlaggebend bei der Bewertung eines Angebots durch die Nutzersegmente. Insbesondere bei der Gestaltung von Kaufprozessen stellen sich Fragen wie: Gibt es Hinweise über Lieferzeit und Versandkosten? Werden sichere und bequeme Zahlungsweisen angeboten? Folgt dem Kaufklick eine Auftragsbestätigung, eine Info-Mail über den Lieferstatus? Gibt es eine Telefon-Hotline und eine Adresse in der realen Welt? Wie schnell reagiert das Unternehmen auf Anfragen per Mail oder Telefon? Wie sieht es mit dem Fullfillment, das heißt Lieferzeiten, -konditionen, Rückgabe- und Garantieansprüchen aus? Antworten auf diese Fragen zeigen auf, wie es um die Verzahnung der Front-end- und Back-end-Welt bestellt ist. Auch hier ist wieder – wie bei den Warteprozessen – eine Analogie zum Service-Marketing gegeben, das zwischen Frontstage- und Backstage-Prozessen von Services unterscheidet. Auch hier tragen die hinter der Line-of-Visibility stattfindenen Prozesse zur Frontstage wahrgenommenen Dienstleistungsqualität entscheidend bei.[12]

Freeware, Free Samples, Freemail, Teilnahme am Webmiles-Programm sind ubiquitär im Netz vorhanden und stellen in der Regel keinen besonderen Mehrwert dar. Zusätzlichen Value Add kann insbesondere der Unterhaltungswert einer Site beisteuern. Der Fun-Faktor einer Site kann zur wahrgenommenen E-Usability beitragen. So können Spiele wie das Mohrhuhn oder der Bikeflyer von Aral.de einen emotionalen Mehrwert für bestimmte Nutzersegmente darstellen.

Zusätzlichen Value Add können insbesondere Services bereitstellen, die die Operationalisierung des Kernangebots unterstützen bzw. dieses um weitere Zusatzleistungen ergänzen. Es kann aber auch andere Dimensionen annehmen. So bietet beispielsweise die Site www.wallstreet-online.de einem Teil ihrer User, den Daytradern, den so genannten Livetrader, ein Profisystem zu erschwinglichen Preisen, oder auch die Vermietung und den Verkauf professioneller Trading-Plätze.[11] Weitere Beispiele sind das interaktive Design von neuen Automobilmodellen in der Automobilbranche, virtuelle Modeschauen und Kontake zu Designern im Bereich Mode oder auch medizinische Fachlexika in der Pharmabranche (vgl. S. 69 ff.).[13]

Web-Design

Web-Design und E-Usability – insbesondere hier gilt es, den Balanceakt zwischen aufwendigem State-of-the-Art-Web-Design und Brauchbarkeit angemessen zu handeln. So sind die Web-Design-Vorgaben vom Usability-Guru Jacob Nielsen[7], der auf seiner Website www.useit.com regelmäßig eine Kolumne zum Thema Usability veröffentlicht, sicherlich zu restriktiv. Wenn die Scannability zur obersten Regel erhoben wird, dann regieren kurze Absätze mit fettgedruckten Überschriften das Gesamtbild. Textseiten mit niedrigem Fun-Faktor sind die Folge. Marktführer in Sachen Usability auf Kosten des Web-Designs sind Amazon oder Yahoo, bis ins letzte Pixel zweckorientiert gestaltet (siehe Abb. 4). Narren- und absturzsicher, ein Maximum an Information und Links auf engem Raum. Die Fokussierung auf technologisch anspruchsvolles State-of-the-art-Web-Design hingegen führt in der Regel zum GAU in Bezug auf die Hardware-Ausstattung der User. Aufwendige Websites und die Verwendung avancierter Web-Technologie – können wie das Beispiel Boo zeigt, in die Hose gehen. Wer lange warten muss oder erst Plug-ins laden muss, um sich dann vom Betriebssystem abschießen zu lassen, verzichtet lieber auf eine weitere Begegnung mit einem Anbieter.

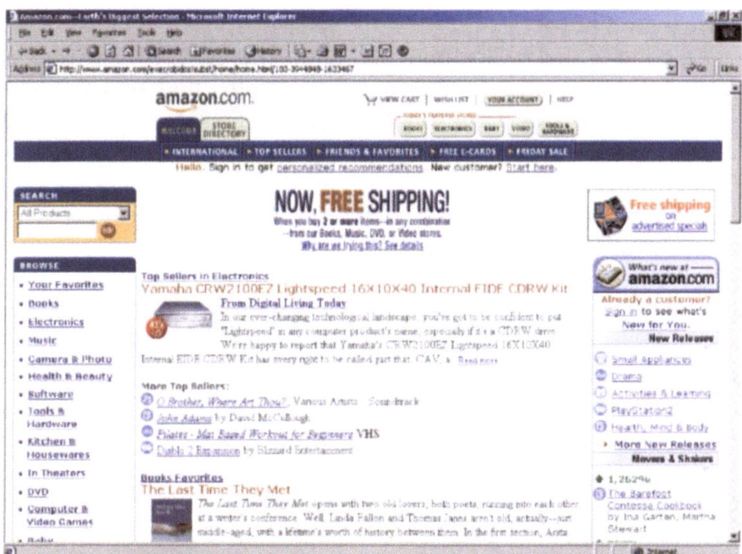

Abb. 4
Orientierung
am DAU,
Web-Design
Amazon.com[14]

Den Trade-off zwischen aufwendigem Web-Design und E-Usability gilt es intelligent auszuloten. Denn visuelle Ästhetik, Farben, Sound und Dynamik einer Site können entscheidend den Grad der wahrgenommenen Usability einer Site beeinflussen, da sie die Bandbreite der gestalterischen Möglichkeiten – auch beispielsweise im Hinblick auf die Orientierung der User – erhöhen. Um der unterschiedlichen Hardware-Ausstattung gerecht zu werden, kann man dem DAU und einem besser Ausgestatteten unterschiedlichen Content anbieten, z. B. im Videobereich neben der Option des Streamings auch eine Download-Option. WAP und M-Commerce sind im Hinblick auf die gestalterischen Möglichkeiten so stark eingeschränkt, dass Liebl sogar so weit geht, sie in punkto Web-Design als designfreie Zone zu erklären.[5]

Ein einheitliches Gestaltungsbild der Site und der Fit des Designs in Bezug auf die anvisierten Segmente und das Angebot beeinflussen die wahrgenommene E-Usability. Wenn beispielsweise auf der Site shopping.mysportsguru.com Fliegenfischer mit dem gleichen Design und der gleichen Semantik bedient werden wie Inlineskater, so kann dies nur eine suboptimale Strategie sein, da es sich um zwei völlig unterschiedliche Nutzersegmente handelt. Andere Sites (z. B. www.Freitag.ch) hingegen sind wegweisend, wenn es um den Fit des Designs zum Angebot und zu den anvisierten User-Segmenten geht.

Cluetrain Factor

In Anlehnung an das Cluetrain-Manifesto[15] der Autoren Christopher Locke, Rick Levine et al. (www.cluetrain.com) und seiner Schlüsselbotschaft „markets are interactions" ist die Interaktivität eines Web-Angebots entscheidend für die wahrgenommene E-Usability. Da der Konsument kein stabiles statistisches Muster mehr darstellt (und ihm dies wahrscheinlich auch nie gerecht wurde), sondern sich vielmehr als multioptional, hybrid und „unmanageable" erweist,[16] ist es sinnvoll, ihn als gleichberechtigten Partner eines gemeinsamen Produktions- und Konsumptionsraums zu betrachten. Oder wie Bolz kryptisch schreibt: der Re-Entry des Unterschieds Produzent / Konsument ins Unterschiedene[17] (vgl. S. 183). Ein User kann durch aktive Customization sein individuell gewünschtes Angebot selbst „produzieren". Ein Beispiel findet man auf der Site www.customatix.com. Schon der Claim „shoes designed by you" signalisiert, dass hier die aktive Co-Produktion des Users gefragt ist. Auf der Site gibt es neben der Möglichkeit des eigenen Schuhdesigns noch zusätzliche Features, wie „my customatix" und „my portfolio", in dem man eigene Designs speichern kann. Im „design of the week" wird ein User für seine Turnschuhkreation ausgezeichnet, und als Mitglied kann man Votes für neue Grafiken, Logos und Style Designs abgeben und wird somit nicht nur in die Produktion des Endprodukts eingebunden, sondern auch in die Auswahl der möglichen Produktbestandteile. Weitere Beispiele sind der „Brewmaster" und der Biernavigator auf der Site beerculture.com, die die Customization des Angebots erlauben, oder auch die „Homebrew"-Funktion, die eine Anleitung zum Do-it-yourself-Bierbrauen liefert. Viele Ideen in Bezug auf die Interaktivität liefert die Computer-Spieleindustrie, die als Trendsetter der Entwicklung interaktiver Inhalte und Formate in einer vernetzten Medienwelt zu sehen ist.[18]

Die Interaktivität bezieht sich dabei nicht nur auf das Angebotsdesign – und die Möglichkeit der Individualisierung durch die Interaktion mit den User-Segmenten –, sondern insbesondere auch auf den Linking Value eines Angebots.[19] Der Linking Value beschreibt den Vergemeinschaftungswert eines Angebots. Konsumumgebungen werden heute häufig noch in Bezug auf die Zufriedenheit eines isolierten Konsumenten konzipiert, der sich in einem „Cocoon-Prison-Hotel", einer einsamen Klosterzelle befindet. Dem widerspricht, dass User in sozialen Räumen konsumieren und interagieren und in urbanen Tribes ihren Integrationsritualen nachgehen (vgl. S. 313).[20] Linking Value können beispielsweise C2C (Consumer-to-Consumer) Communities oder eine interaktive Markenführung bereitstellen. C2C-Interaktion sind nicht nur Chats, sondern beispielsweise Reviews von anderen Usern, die Möglichkeit eigenes Feedback zu geben und

Informationen darüber, was andere Käufer des Produkts sonst noch gekauft haben (siehe www.iwantoneofthose.com, www.amazon.de). Weitere Ideen, die Linking Value generieren können, finden sich auf der Site mysportsguru.com. Coaches im Sportbereich finden Unterstützung beim Aufbau einer eigenen Team-Site („Site builder"), und der Link „Talk" ermöglicht den Austausch – beispielsweise über Equipment – mit Gleichgesinnten und Gurus („ask the guru").

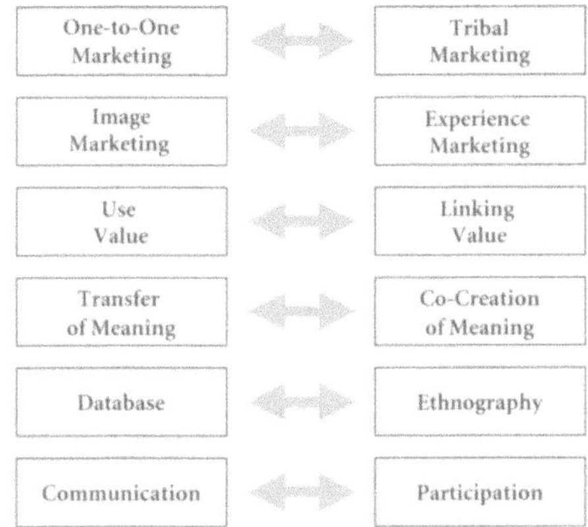

Abb. 5
Postmodern Marketing as a Juxtaposition of Opposites [19]

Quelle: Cova 1997, S. 22

2.5
Handling Trade-offs: auf der Suche nach dem adäquaten Maß

Die von den User-Segmenten wahrgenommene E-Usability wird insbesondere vom Handling der angesprochenen Trade-offs determiniert. Die Trade-offs zwischen der „Anschlussfähigkeit an die Motivationslagen der verschiedenen Nutzersegemente" versus „Offerieren eines konsistenten Bezugsrahmens", zwischen „technisch avanciertem Web-Design" und „Orientierung am DAU" zwischen „Individualisierung" und „Linking Value" (Tribal Marketing) weisen viele Analogien zu den Gegensätzen des postmodernen Marketings auf. Die Widersprüche, die zwischen One-to-One-Marketing und Tribal Marketing, zwischen Use Value und Linking Value und zwischen Kommunikation und Partizipation auftreten, gilt es wie die Trade-offs der E-Usability intelligent zu handeln (siehe Abb. 5). „Intelligent" heißt adäquat in Bezug auf die gegebenen Konsumentenanforderungen und offerierten Angebotsbündel.

Literatur

1 o.V. 2000: http://www.internetworld.de/index_8307.html, Stand Oktober 2000

2 Hermanns / Sauter 1999: Hermanns, A. / Sauter, M.: Management-Handbuch Electronic Commerce, München (Vahlen) 1999 oder ecommerce.ncsu.edu/topics/models.html

3 Prinzenberg 2001: Prinzenberg, S.: Es bleibt alles anders… eBranding – vernetzte Markenführung – Markenaufbau und Markenführung einer Internet-Marke, Diplomarbeit, Witten/Herdecke 2001

4 Foxall / Goldsmith 1998: Foxall, G. / Goldsmith, R.: Consumer Psychology for Marketing, London et al. (Thomson Business Press) 1998

5 Liebl 2000: Liebl, F.: The Good, the Bad and the Ugly – Unansehnliches Web-Design ist nicht das Problem. Unansehnliches Web-Design ist die Lösung. In: Brandeins, #9, 2000

6 Kierzkowski et al. 1996: Kierzkowski, A. / McQuade, S. / Waitman, R. / Zeiser, M.: Marketing to the digital consumer; in: McKinsey Quartely, 3/1996, S. 5 – 21

7 Nielsen 2000: Nielsen, Jacob: Designing Web Usability, New Riders Publishing, Indianapolis 2000

8 Sulzmaier 2001: Sulzmaier, S.: Consumer-Oriented Business Design – The Case of Airport Management, Heidelberg/New York (Springer) 2001

9 Esch 1999: Esch, F.-R.: Moderne Markenführung, Wiesbaden (Gabler) 1999

10 Esch/Wicke 1999: Esch, F.-R. / Wicke, A.: Herausforderungen und Aufgaben des Markenmanagements, in: Esch, F.-R. (Hrsg.), Moderne Markenführung, Wiesbaden (Gabler) 1999

11 Duske / Strehle / Kertzel 2001: Duske, P. / Strehle, T. / Kertzel, T.: Wallstreet:online – Community-Betrachtungen, unveröffentlichte Seminararbeit im Rahmen der Veranstaltung „Konsumenten und Markenwelten", Universität Witten/Herdecke, März 2001

12 Zeithaml / Bitner 1996: Zeithaml, V. / Bitner, M.: Services Marketing, New York et al. (McGraw-Hill) 1996

13 Bhattacharjee 1998: Bhattacharjee, E.: Profi-M@rketing im Internet, Freiburg et al. (Haufe) 1998

14 www.amazon.com, 06 / 2001

15 Cluetrain Manifesto 2001: the cluetrain manifesto, www.cluetrain.com, 06 / 2001

16 Gabriel / Lang 1995: Gabriel, Y. / Lang, T.: The unmanageable Consumer: Contemporary Consumption and its Fragmentation, London 1995

17 Bolz, N. / Bosshart, D. (1995): KULT-Marketing, Die neuen Götter des Marktes, Düsseldorf: ECON 1995

18 Zerdick et al. 1999: Zerdick, A. / Picot, A. / Schrape, K. / Artopé, A. / Goldhammer, K. / Lange, U. / Vierkant, E. / López-Escobar, E. / Siverstone, R.: Die Internet-Ökonomie-Strategien für die digitale Wirtschaft, Berlin et al. (Springer) 1999

19 Cova, B. (1997): Community and Consumption: Towards a Definition of the "Linking Value" of Product or Services, in: European Journal of Marketing, Vol. 31, S. 297–316

20 Cova, B. (1996): The Postmodern Explained to Managers: Implications for Marketing, in: Business Horizons, Nov. / Dec., S. 15 – 23.

Lynch / Horton 1997: Lynch, P. / Horton, S.: Yale Web Style Guide, http://www.tu-chemnitz.de/doc/yale/contents.html, 11 / 2001

www.winestar.ch, 06 / 2001

Sascha Weiland, Vittoria von Gizycki

3 Wahrnehmungspsychologische Erkenntnisse im Web-Design

Die Anforderungen an eine nutzerfreundliche Website sind zweck- und zielgruppenspezifisch zu bestimmen. Dennoch gibt es grundlegende wahrnehmungspsychologische Erkenntnisse, die für jeden Nutzer gleichermaßen gültig sind. Visuelle Aspekte der Informationsvermittlung geben Hinweise darauf, welche Gestaltungsmöglichkeiten von einem Nutzer als angenehm und leicht zu erfassen beurteilt werden.

Mit einem Web-Design, das also den Bedürfnissen des Nutzers in dieser Hinsicht entspricht, wird sowohl die Aufnahme als auch die Verarbeitung der optischen Informationen erleichtert. Im Folgenden werden dementsprechend einige wahrnehmungspsychologische Erkenntnisse aufgeführt und im Anschluss daran Konsequenzen für das Web-Design aufgezeigt.[1]

3.1
Vom Auge ins Gehirn

Alle Reize, die wir mit unseren Augen aufnehmen, werden in Nervenimpulse umgewandelt und über verschiedene neuronale Bahnen in das Großgehirn weitergeleitet. Dabei überkreuzen sich die optischen Nerven beider Augen, sodass die linke Gehirnhälfte Informationen aus dem rechten Blickfeld und die rechte Gehirnhälfte Informationen aus dem linken Blickfeld verarbeitet.

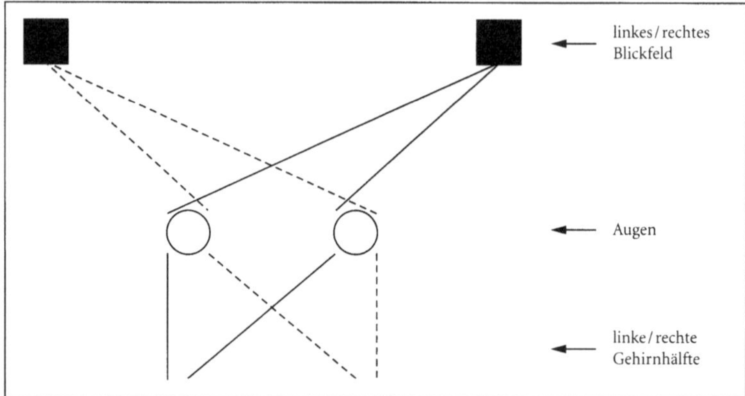

Die linke und rechte Hirnhemisphäre nehmen unterschiedliche Aufgaben wahr. In der rechten Hälfte ist u.a. das nonverbale, bildhafte und ganzheitliche Denken lokalisiert, in der linken Gehirnhälfte dagegen das verbale, rechnende und analytische. Dies bedeutet vereinfacht, dass Texte in der linken und Bilder sowie ganzheitliche Strukturen in der rechten Gehirnhälfte verarbeitet werden.[2]

Eine schnelle Verarbeitung der dargebotenen Informationen trägt zur Usability einer Website bei. Am schnellsten werden die Informationen verarbeitet, wenn sie vom Auge direkt in die „richtige" Gehirnhälfte weitergeleitet werden. Für das Web-Design bedeutet dies: Ganzheitliche Strukturen wie z.B. Fotos, Logo, Abbildungen oder Navigationsleiste sollten im linken Blickfeld der Seite angeordnet werden, da sie von dort direkt in die für Bilder zuständige rechte Gehirnhälfte transportiert werden. Texte dagegen werden (gerade in Verbindung mit Bildern) auf der rechten Seite angeordnet.

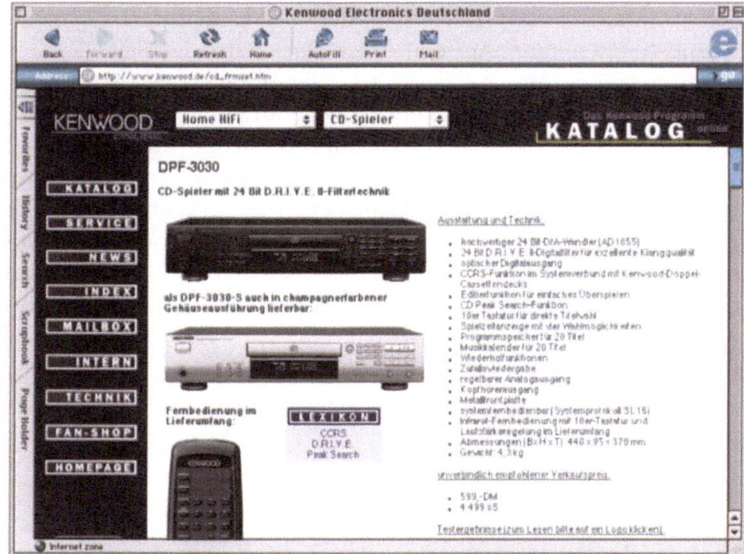

Die Informationen müssen so nicht zwischen den Hirnhemis-phären verschickt werden, und die Verarbeitung wird damit nicht erschwert oder verzögert.

3.2
Trennung von Figur und Grund

Eine Grundvoraussetzung für visuelles Wahrnehmen ist die Gliederung des Wahrnehmungsfeldes in Figur und Grund. Dabei ist es kaum möglich, Figur und Grund gleichzeitig zu sehen. So erkennt man beispielsweise bei Rubins berühmter Vasenabbildung entweder eine Vase oder die beiden sich gegenüberliegenden Profile. Als Figur wird derjenige Teil gesehen, dem der Betrachter seine Aufmerksamkeit schenkt.

Die Trennung von Figur und Grund erfolgt schließlich durch elementare Merkmale der optischen Anordnung, z.B. durch Orientierung und Farbe von Linien, geschlossene Felder und Kontrast.[3]

Die Fähigkeit der Figur-Grund-Unterscheidung ist eine grundlegende Voraussetzung für eine sichere und schnelle Orientierung, d.h. die Web-

Abb. 3
Rubins Kippbild

Seiten müssen so konzipiert sein, dass der Leser sofort Figur und Grund trennen kann. Auf den ersten Blick wird eine Seite als Komposition von Form und Farbe wahrgenommen, bei der sich die Elemente im Vordergrund vom Hintergrund abheben. Dabei wird der Text als Figur und der Hintergrund als Grund wahrgenommen. Um nun eine schnelle und sichere Orientierung zu gewährleisten, muss der Text als möglichst geschlossene Figur erkennbar sein. Dies erreicht man, indem man zwischen Text und Seitenrand bzw. anderen Seitenelementen genügend Platz lässt. Durch Umrahmungen oder Schattierungen schafft man besonders geschlossene Figuren, und Absätze im Text verhindern, dass eine Seite wie eine graue, undifferenzierte Fläche wirkt.

 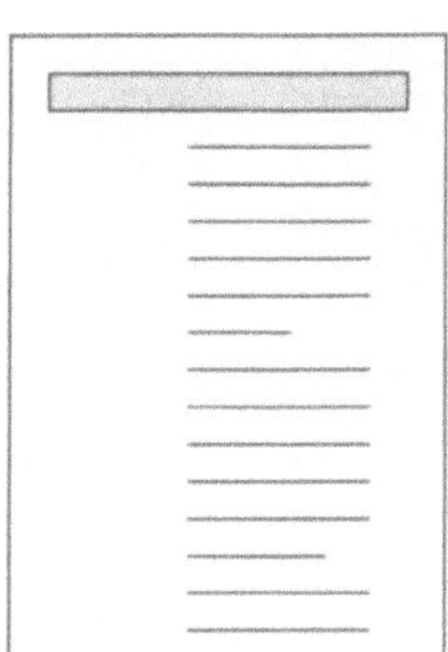

Abb. 4
Berücksichtigung von Figur und Grund

 ■ *Wahrnehmungspsychologische Erkenntnisse im Web-Design*

3.3
Visuelle Mustererkennung

Ähnliche Objekte werden als zusammengehörig gesehen. Dies kann z. B. aufgrund von
Ähnlichkeit bei der Helligkeit (Abb. 5), dem
Farbton oder Formen erfolgen. Um Informationen verarbeiten zu können, sucht der Mensch
nach Zusammenhängen, die ein logisches Muster ergeben. Bei der
Wahrnehmung eines Musters findet ein Vergleich mit einem im
Gedächtnis bereits vorhandenen Datenmuster statt. Diese Datenmuster stammen aus früheren Wahrnehmungen und stellen Schablonen
dar.[4] Bereits bekannte Muster werden schneller wahrgenommen.

Alle Seiten einer Website sollten ein einheitliches Erscheinungsbild haben, damit sie vom Leser als ähnlich wahrgenommen werden
können. Ein einheitlicher Raster für Texte und Grafiken ist dabei
genauso wichtig wie ein einheitlicher Schriftsatz. Wesentliche Fix-
punkte (z. B. Logo, Navigationsleiste) sollten auf jeder Seite an der gleichen Stelle zu finden sein. Hinsichtlich der Seitenstruktur empfiehlt
es sich, die am meisten besuchten Websites als Vorbild zu nehmen.
Denn deren Struktur ist den meisten Benutzern bekannt (und als
Datenmuster abgespeichert), was dazu führt, dass sie sich sehr schnell
auf der jeweiligen Seite zurechtfinden. Auf den erfolgreichsten Sites
ist das Logo i. d. R. links oben angebracht, und die Navigationsleiste
befindet sich am oberen oder linken Seitenrand. Die beiden folgenden
Web-Seiten berücksichtigen die o. g. Empfehlungen sehr gut.

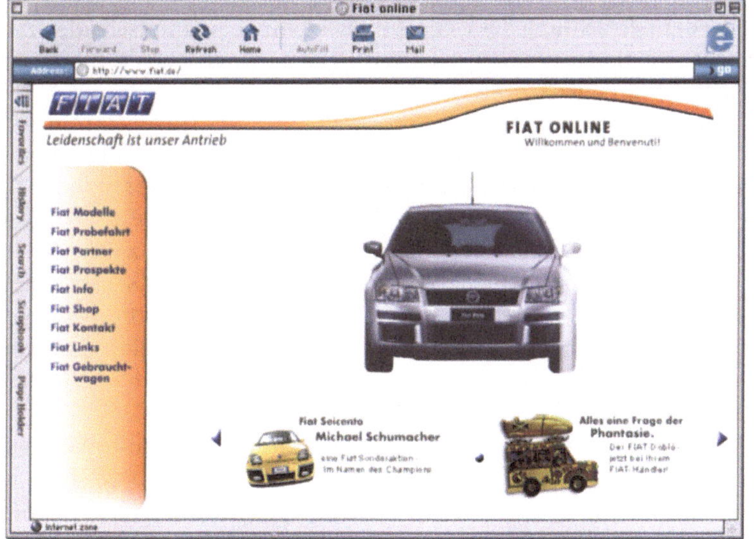

Abb. 6
Einheitliches
Erscheinungsbild
der Web-Seiten (I)

www.fiat.de

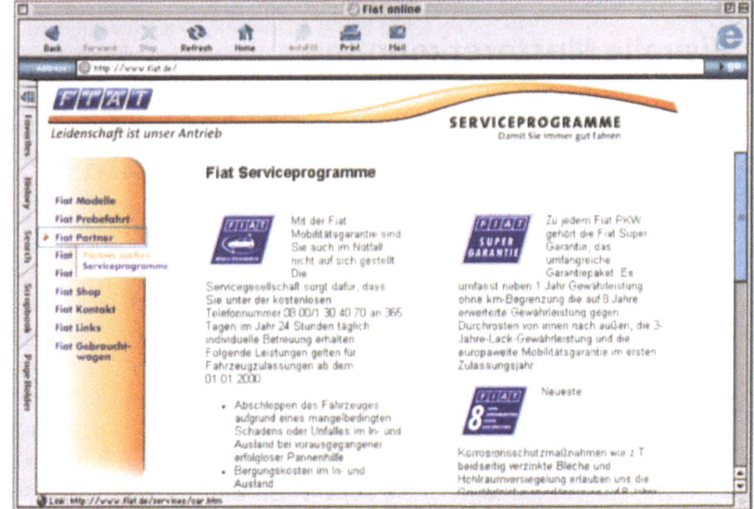

Ein einheitliches Erscheinungsbild vermittelt dem Besucher das Gefühl, an einem Ort zu sein, der ihm vertraut ist. Die Handhabung von Layout und Navigation ist ihm bekannt und verhindert so Missverständnisse und Verzögerungen in der Informationsaufnahme.

3.4
Dreispeichermodell des Gedächtnisses

Bei der Betrachtung des Gedächtnisses kann man unterscheiden zwischen dem sensorischen Gedächtnis, dem Kurzzeitgedächtnis und dem Langzeitgedächtnis.[6]

Das **sensorische Gedächtnis** kann als Teil des Wahrnehmungsapparats verstanden werden. Es speichert alle durch die Sinnesorgane aufgenommenen Reize. Während die Speicherkapazität sehr hoch ist, beträgt die Speicherdauer nur weniger als eine Sekunde.

Um eine optimale Lesbarkeit der Texte im Netz zu erreichen, sollten sich die Zeilenlänge an der Speicherdauer des sensorischen Gedächtnisses orientieren – also entsprechend kurz sein. Bei längeren Zeilen verliert der Leser auf dem langen Weg zurück zum linken Rand sonst leicht den Zeilenanfang, was sich negativ auf die Lesbarkeit auswirkt.

Die im sensorischen Gedächtnis gespeicherten Informationen werden zu Informationsbündeln verarbeitet und gelangen dann in das **Kurzzeitgedächtnis**. Bei einmaliger Speicherung ist die Speicherdauer ebenfalls relativ kurz (wenige Sekunden). Das Kurzzeitgedächt-

 Wahrnehmungspsychologische Erkenntnisse im Web-Design

nis ermöglicht z.B. dem Leser eines Textes, die Wörter so lange zu behalten, bis sie zusammen einen Sinn ergeben. Die Kapazität des Kurzzeitgedächtnisses beträgt etwa sieben Objekte, wobei es gleichgültig ist, ob es sich dabei um sieben Zahlen, Buchstaben oder gar Sätze handelt. Die Beschränkung der Kapazität bezieht sich nur auf die Zahl von sieben Einheiten, nicht aber auf deren Komplexität.

Für die Website-Gestaltung bedeutet dies, dass alle Informationen nach der Merkfähigkeit des Kurzzeitgedächtnisses gegliedert werden müssen. Dies beginnt schon bei der Website-Struktur. Die dargebotenen Informationen müssen so gegliedert und in Rubriken zusammengefasst werden, dass sie der Leser als zusammengehörig empfindet. Diese Rubriken werden dann in die Menüleiste aufgenommen. Wenn dabei die Merkfähigkeit des Kurzzeitgedächtnisses berücksichtigt wird, werden nicht mehr als sieben Rubriken gebildet. Der Leser kann so die Gesamtmenge der Informationen am besten erfassen. Die Notwendigkeit der kurzzeitgedächtnisgerechten Gliederung gilt für den gesamten Web-Auftritt. So sollte der Leser beispielsweise auch nicht von seitenlangen Textblöcken „erschlagen" werden, sondern kurze Abschnitte vorfinden.

Ein gelungenes Beispiel hierfür:

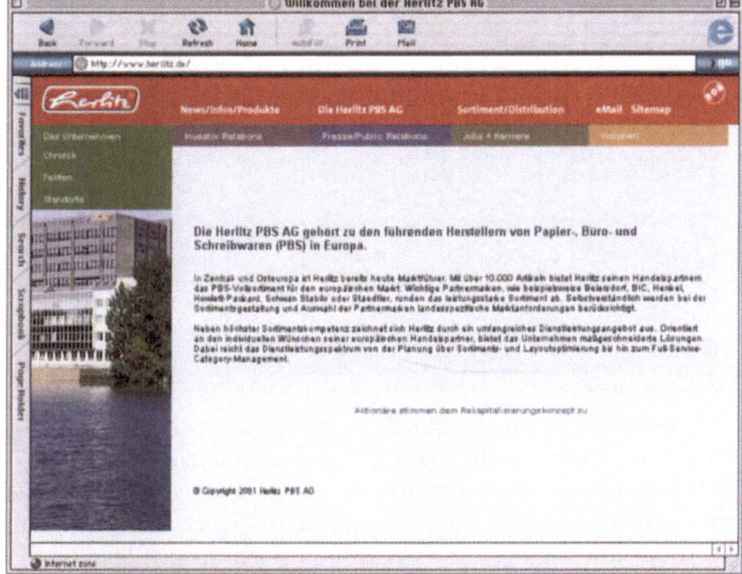

Abb. 8
Seitengestaltung
der Herlitz PBS AG

www.herlitz.de

Das **Langzeitgedächtnis** stellt den dritten großen Speicher dar. In ihm werden alle Informationen gespeichert, die durch das Kurzzeitgedächtnis in das Langzeitgedächtnis gelangen. Ob jedoch die Inhalte des Kurzzeitgedächtnisses in das Langzeitgedächtnis übertragen werden, hängt u. a. davon ab, ob die gewonnenen Informationen an bereits vorhandene Informationen im Langzeitgedächtnis angebunden werden können. Damit eine Information richtig abgelegt werden kann, ist es daher notwendig, dass sie in einer bestimmten Beziehung zu den bereits gespeicherten Informationen steht.

Um mit seinem Internet-Auftritt langfristig im Gedächtnis des Besuchers verankert zu werden, müssen Verknüpfungen mit bereits gespeicherten Informationen hergestellt werden. Dies erreicht man, indem man bekannte Elemente aus seiner bestehenden Werbewelt auch beim Online-Auftritt verwendet. So wird beispielsweise die Farbe Lila sofort mit Milka in Verbindung gebracht und muss somit auch die Hintergrundfarbe der Milka-Homepage bilden.

Abb. 9
Berücksichtigung des Offline-Auftritts bei der Seitengestaltung

www.milka.de

Neben den Farben sollten z. B. auch Logo und Schlüsselbilder aus der Offline-Werbung über das Internet kommuniziert werden.

Die hier aufgezeigten wahrnehmungspsychologischen Erkenntnisse zeigen nur einen Ausschnitt aus dem Thema. Allerdings kann eine Berücksichtigung dieser Aspekte in einem frühen Stadium des Web-Designs mit einfachen Mitteln zu einer nutzerfreundlichen Website führen.

Literatur

1 Hofer, K. C./ Zimmermann, H.: good webrations 2.0; München, 2000, S. 43 ff.
2 Gottschling, S./ Rechenauer, H. O.: Direktmarketing; München, 1994, S. 124 ff.
3 Guski, R.: Wahrnehmen, ein Lehrbuch; Stuttgart, 1996, S. 135 ff.
4 Mayer, H.O.: Einführung in die Wahrnehmungs-, Lern- und Werbepsychologie; München, 2000, S. 40 ff.,
5 Goldstein, E. Br.: Wahrnehmungspsychologie: Eine Einführung; Heidelberg, 1997, S. 172
6 Mayer, S. 135 ff.

Tom Hynek

4 User Experience Research – treibende Kraft der Designstrategie

Unternehmen sind heute stärker als jemals zuvor gefordert, innovative Produkte und Angebote zu entwickeln, die dem Unternehmen dauerhafte Verdienstmöglichkeiten sichern, sich von den Mitbewerbern abheben und – ganz wesentlich – dem Kunden (Anwender) positive Erfahrungen vermitteln. Das bringt neue Herausforderungen, aber auch neue Möglichkeiten für Designer und Entwickler mit sich, Anwender eingehender, auf sinnvollere Art und Weise zu verstehen. Die beste Möglichkeit, dieses Ziel zu erreichen, ist die Beobachtung von Anwendern in ihrer natürlichen Umgebung (zu Hause, bei der Arbeit, beim Einkaufen usw.), wenn sie sich alltäglichen Verrichtungen widmen. Die Untersuchung von Anwendern im Kontext enthüllt Interaktionen und Beziehungen, die das Designteam mit den erforderlichen Informationen versorgen, um Lösungen zu schaffen, die auf die besonderen Bedürfnisse der Endanwender zugeschnitten sind. Kulturanthropologen bezeichnen diese Methode der kontextuellen Untersuchung als Ethnographie, eine Untersuchungsmethode, um die kulturellen Beziehungen und Interaktionen zwischen Menschen, Gegenständen und Umgebungen zu verstehen. Die ethnographische Untersuchung bzw. die User Experience Research (UER), wie sie in diesem Artikel bezeichnet wird, ist ein neuer Ansatz, der aus der akademischen Welt übernommen und auf einen kommerziellen Kontext übertragen wurde. Mit diesem Ansatz wird versucht, die bestehende Lücke zwischen Designern und Endanwendern zu überbrücken, indem Rahmenstrukturen von Bedürfnissen und Designprinzipien definiert werden, die sich auf die beobachtete User Experience stützen.

Dieser Forschungsansatz wird von Kunden und Entwicklern am wenigsten verstanden und am seltensten praktiziert. Die Absicht dieses Artikels ist also, dem Leser die Vorteile der UER nahe zu bringen und ihm einen Einblick in die Prozesse und Methoden der Durchführung ethnographischer Feldforschungen im Kontext der Designforschung zu vermitteln. Es ist entscheidend, dass der Kunde den Wert der UER versteht, bevor das Budget festgelegt und die Planung abgeschlossen ist. Aus diesem Grund geht es im Folgenden hauptsächlich um die Prozesse und Methoden, die in Zusammenhang mit der Front-End-Untersuchung von User Experience stehen – im Bemühen, ihre Notwendigkeit und ihren Wert bewusst zu machen.

4.1
Die Einbeziehung von Anwendern in den Designprozess

Praktisch jedes Designprojekt kann davon ausgehen, die Anwender frühzeitig und oft in den Designprozess einzubeziehen. Das bietet dem Kunden, dem Designteam und letztendlich auch dem Endanwender eine Reihe von Vorteilen. Aus der Perspektive des Designs sollte sich der Produktentwicklungsprozess auf drei aufeinander folgende Untersuchungsphasen stützen, durch die das Endprodukt definiert, gestaltet und verfeinert wird (siehe Abb. 1). In jeder Untersuchungsphase wird der Anwender auf besondere Art eingebunden und bereichert den Designprozess durch wertvolle Einblicke in sein Verhalten. Die Untersuchungstechniken sind so flexibel und skalierbar, dass sie auf praktisch jedes Designprojekt anwendbar sind – von der Neugestaltung einer Waschmaschine bis hin zur Einführung einer neuen Website.

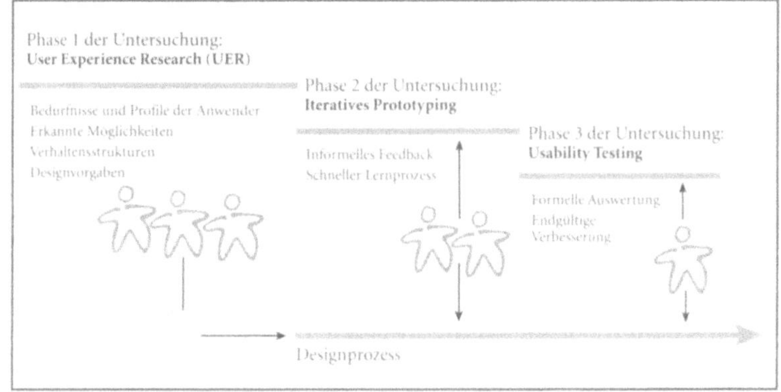

Abb. 1
Die drei Phasen s Untersuchungsprozesses

Die Anwender frühzeitig und häufig in den Untersuchungsid Designprozess einzubeziehen, führt zu besseren Designlösungen und befriedigenderen Anwendererfahrungen

4.1.1
Untersuchungsphase 1
**Der Anwender an erster Stelle:
Untersuchung der User Experience**

Die Phase der Front-End-Untersuchung bzw. UER ist die eigentliche Ermittlungs- bzw. Definitionsphase eines Designprojekts. Hier werden die Grundlagen für das Projekt gelegt, man versucht, die richtigen Frage zu stellen und das Problem aus Sicht der Anwender zu strukturieren, bevor die Designkriterien festgelegt werden und der Entwicklungsprozess beginnt. Die Front-End-Untersuchung kann Anwenderprobleme und latente Anwenderbedürfnisse offenbaren, die dem Kundenunternehmen unter Umständen nicht bewusst sind. Die UER sorgt für eine neue Ebene der Nähe zum Anwender und der Einsicht in seine Motivationen, Einstellungen, Aktivitäten und Verhaltensweisen. Quantitative Marktstudien sind häufig die Grundlage, die Designkriterien vorantreiben, solche Studien sorgen allerdings nur für wenig wirkliches Verständnis der Zielgruppe bzw. Einsicht in ihre alltäglichen Verhaltensweisen und Bedürfnisse.

Bei der Strukturierung und Planung der Untersuchungen in dieser Phase geht es um die Fragen, die die Anforderungen des Kunden und des Designteams betreffen. Die Untersuchung zielt darauf, Einblicke in das Anwenderverhalten zu erlangen und Verhaltensmuster aufzudecken, die dem Designteam in Form von Bezugssystemen, Mustern und Strukturen der Anwenderbedürfnisse, Anwenderprofilen und Designprinzipien vermittelt werden können. Auf die Erhebung und Interpretation von Felddaten wird später genauer eingegangen.

4.1.2
Untersuchungsphase 2
**Wiederholte Prototypenuntersuchung:
die praktische Umsetzung der UER
mit Verhaltensuntersuchungen anhand
von Prototypen**

In Phase 2 geht man vom Lernmodus der Phase 1 in einen Planungs- und Synthesemodus über. Die Untersuchungsergebnisse aus Phase 1 können in Form einer wiederholten Prototypenuntersuchung direkt in den Designprozess einfließen. Wie bereits erwähnt, können sich die Untersuchungsergebnisse aus Phase 1 in vielerlei Form darbieten, also als Verhaltensstrukturen, als Muster der Tätigkeiten und Bedürfnisse der Anwender oder einfach als Listen. Die Tiefe und die Struktur der Untersuchungsergebnisse hängt von zahlreichen Faktoren ab, wie dem Bereich der Anwenderuntersuchung, der Art und Zahl der untersuchten Anwender, der untersuchten Anwendertätigkeiten bzw. -prozesse und der Umgebung, in der die Untersuchungen stattfinden. Die Anwenderstrukturen aus Phase 1 sollten zusammen mit anderen kontextuellen Informationen, also Branchen- und Verbrauchertrends, Wettbewerbsanalysen, technologischen Trends und der Unternehmensplanung, vermittelt werden, sodass das Designteam mit der Planung der Designstrategie beginnen kann.

Phase 2 markiert den Beginn der Designphase, den man als Verhaltensuntersuchung anhand von Prototypen bezeichnet. In diesen frühen Stufen des Designs werden Designlösungen mit Hilfe grob gezimmerter Modelle getestet, die schnell aufgebaut und möglichen Anwendern umgehend vorgestellt werden, um ein unmittelbares Feedback zu erhalten. Dieser Ansatz der schnellen Prototypenuntersuchung ermöglicht mehrere schnelle Zyklen des Lernens über den Anwender. So können beispielsweise beim Design einer Benutzeroberfläche bereits Skizzen auf Papier oder Bildschirmabzüge rudimentärer Designs ausreichen, um die Anwenderpräferenzen bezüglich Inhalt, Struktur und Navigation zu verstehen. Hier muss angemerkt werden, dass in dieser Phase nicht alle Aspekte eines Designs getestet werden sollten, vielmehr sollte nur eine begrenzte Zahl von Fragen eingebracht werden, deren Beantwortung vorrangig ist. Dadurch wird es dem Designteam möglich, sich auf die für die einzelnen Stufen des Projekts jeweils relevanten inhaltlichen Bereiche zu konzentrieren. Außerdem wird die Belastung für den mit dem Prototypen konfrontierten Anwender verringert, da er sich auf eine begrenzte Zahl von Aufgaben oder Interaktionen konzentrieren kann. Das Feedback aus diesen informellen Untersuchungen sollte schnell wieder in den Designprozess einfließen, um das Design zu verfeinern oder komplett zu überarbeiten. Im späteren Verlauf dieser Phase kann das Designteam beginnen, die Prototypen mit mehr Funktionen auszustatten und mit visuellen Elementen, Symbolen, Farben usw. zu experimentieren. Die Prototypen können dann realistischer aussehen und z. B. die Form statischer Bildschirmabzüge annehmen, bevor man zur abschließenden Phase der Untersuchung übergeht.

Es ist unbedingt erforderlich, diese Art des Erkenntnisgewinns schnell und informell anzugehen. Für jeden Lernzyklus sollten drei bis fünf potentielle Anwender genügen. Formelle Herangehensweisen an Tests wie das Casting von Versuchspersonen, die Entwicklung von Gesprächsleitfäden, die Erstellung von Berichten usw. sind in dieser Phase weder möglich noch wünschenswert.

4.1.3
Untersuchungsphase 3
**Feinabstimmung durch Tests:
„Laborversuche" zur Nutzbarkeit**

In der letzten Untersuchungsphase werden formelle Tests interaktiver Prototypen durchgeführt. Usability Testings sind ein wesentlicher Aspekt des Entwicklungsprozesses und können über Erfolg oder Misserfolg des endgültigen Produkts entscheiden. In dieser intensiv kontrollierten Phase interagiert der Anwender in einer Testlaborumgebung mit einem funktionsfähigen Prototypen, um ein messbares Feedback zu bestimmten Aspekten oder Funktionen des entsprechenden Prototyps zu erhalten. Wenn Phase 2 des Untersuchungsprozesses (Verhaltensuntersuchung anhand von Prototypen) vor Phase 3 durchgeführt wurde, können entscheidende Probleme bei Inhalt, Struktur und Design vermieden werden. Das erspart wertvolle Entwicklungszeit und Ressourcen. Phase 3 sollte als Phase der Feinabstimmung und Anpassung verstanden werden.

Alle drei Untersuchungsphasen können zyklisch sein. Das bedeutet, dass alle Erkenntnisse wieder in den Prozess einfließen und für die weitere Entwicklung genutzt werden. Obwohl Phase 2 und 3 eher evaluativ geprägt sind als Phase 1, die eher exploratorisch ist, stützen sich alle Phasen auf dieses Prinzip der Wiederholung und Verfeinerung.

4.2
Die Vorteile der UER für den Kunden

Die Untersuchungen der Phase 1 bieten dem Kunden zahlreiche Vorteile, und die Ergebnisse können für eine Vielzahl von Zwecken genutzt werden. Die UER ist die entscheidende Komponente, auf deren Grundlage man damit beginnen kann, die richtigen Fragen zu stellen und die „wirkliche" Anwendersituation bzw. -problematik zu definieren. Die Flexibilität und Skalierbarkeit der Untersuchungsmethoden macht es möglich, sie so zuzuschneiden, dass man jede beliebige Zahl verschiedener Anwenderkategorien betrachten kann, die in verschiedenen Umgebungen mit unterschiedlichen Tätigkeiten befasst sind. Bei diesem Ansatz werden das Verhalten, die Interaktionen und die Beziehungen von Personen untersucht, er ist also nicht branchenspezifisch und kann an praktisch jeden Auftraggeber und jede Situation angepasst werden.

Die UER kann als Antrieb zur Innovation von Produkten und Leistungen genutzt werden. Zu verstehen, welche Probleme die Anwender haben und wie sie mit diesen umgehen, zeigt Unternehmen Möglichkeiten für einzigartige und gewinnträchtige Produktlösungen auf. Die UER kann auch als Mittel zur Bewertung oder Feinabstimmung eines neuen geschäftlichen Unterfangens, eines Produkts oder einer Dienstleistung dienen, da ein Verständnis dafür entwickelt wird, wie sich eine neue Idee in die ganz normale Art und Weise, bestimmte Dinge zu tun, einpasst. Die UER bringt den Kunden näher an seine Endnutzer – und das auf eine Weise, wie es die traditionelle Marktforschung nicht vermag. Unternehmen verlieren häufig aus dem Blick, für wen sie eigentlich arbeiten, wenn sie an ihre Endkunden nur in Form statistischer Segmente denken. Berichte und Erfahrungen aus dem wahren Leben, die mit Namen und Gesichtern verknüpft sind, können dem Management nahe bringen, welche Schnittpunkte zum Alltagsleben ihrer Endkunden ihre Produkte und Dienstleistungen haben. Die Untersuchung von User Experience kann genutzt werden, um Schwachstellen und Probleme bestehender Produkte oder Leistungen eines Unternehmens zu identifizieren, und wenn diese Untersuchungsmethode im Zusammenhang mit einer Designvorgabe durchgeführt wird, bietet sie Möglichkeiten zur innovativen Verbesserung von Produkten oder Angeboten.

Die UER kann Unternehmen, deren Produkte und Services über nationale Grenzen hinaus angeboten werden, dadurch unterstützen, dass Anwender in anderen Ländern beobachtet werden. Wesentliche kulturelle Unterschiede im Verhalten und in der Einstellung zur entsprechenden Produkt- oder Angebotskategorie zu identifizieren kann Unternehmen dabei helfen, ihr Angebot exakt auf die lokalen Märkte zuzuschneiden und damit dessen Akzeptanz und Nutzung zu steigern.

4.3
Die Entwicklung besserer Produkte / Serviceleistungen für die Anwender

Die Durchführung einer UER ist ein selbstverständlicher erster Schritt zum Verständnis der Anforderungen einer anwenderorientierten Designstrategie. Durch die intensive Untersuchung von Anwendern kann ein Beitrag zur Formulierung ihrer expliziten und impliziten Bedürfnisse geleistet werden. Im Allgemeinen teilen die meisten Personen ihre Erfahrungen, ob gut oder schlecht, dem Untersuchungsteam bereitwillig mit, wenn sie erfahren, dass mit ihrer

Hilfe die von ihnen genutzten Produkte und Leistungen für sie verbessert werden sollen. Die meisten Untersuchungsteilnehmer widmen einem Interview oder einer Beobachtung gern einige Zeit (natürlich gegen eine entsprechende finanzielle Kompensation), wenn sie erfahren, dass sie selbst dazu beitragen können, ein Produkt oder eine Serviceleistung zu verbessern. Forscher und Designer sind oft an Themen interessiert, die dem durchschnittlichen Untersuchungsteilnehmer langweilig oder alltäglich erscheinen. Aber genau das ist umso besser, da sich die meisten Teilnehmer dann nämlich besonders darüber freuen, dass sich jemand wirklich für die ganz unspektakulären Aspekte oder Tätigkeiten ihres alltäglichen Berufs- oder Privatlebens interessiert.

4.3.1
Die Neubewertung des Problems anhand der Tätigkeiten der Anwender statt anhand ihrer Aussagen

Der User Experience Research ist ein stark qualitativ geprägter Ansatz, um Anwenderprobleme und -bedürfnisse zu verstehen. Dem, was Menschen tun, die gleiche Bedeutung zuzumessen wie dem, was sie sagen, ist der Grundpfeiler des UER-Ansatzes. Wenn Anwender interviewt werden, beschreiben sie häufig die Art und Weise, wie sie eine Aufgabe erfüllen, aber die Beschreibung einer Aufgabe unterscheidet sich stark von der Beobachtung des Anwenders bei der Ausführung der entsprechenden Aufgabe. Wenn man einen Anwender in seiner natürlichen Umgebung bei der Ausführung einer Aufgabe oder Tätigkeit beobachtet, widerspricht das oft dem, was er beschrieben hat. Außerdem lassen Anwender häufig die Details, die ihnen offensichtlich, selbstverständlich oder unwichtig erscheinen, in ihrer Beschreibung aus. Diese Auslassungen, ob bewusst oder unbewusst, stellen häufig die Anknüpfungspunkte dar, an denen die Forschung und Entwicklung am meisten interessiert sind. Die Beobachtung von Anwendern im Kontext der Ausführung von Aufgaben oder Tätigkeiten kann zeigen, wie sie mit alltäglichen größeren oder kleineren Problemen in Beruf oder Privatleben umgehen. Menschen haben die wunderbare Fähigkeit, sich an Situationen anzupassen, indem sie sich eigene, einzigartige Lösungen erarbeiten, die genau an ihre Bedürfnisse angepasst sind. Dieses „Heranarbeiten" ist ein wertvoller Indikator für Anwenderprobleme und kann als Hinweis und Schlüssel für innovative Designlösungen dienen.

4.3.2
Fallstudie: Online-Einkauf von Kleidung

Ein Beispiel dafür, wie sich Anwender ihre eigenen Lösungen auf Grundlage der ihnen verfügbaren Hilfsmittel erarbeiten, ist in einer US-amerikanischen Studie zu finden, die sich zum Ziel gesetzt hatte, das Verhalten amerikanischer Frauen beim Online-Einkauf von Kleidung zu beobachten. Es wurden Intensivuntersuchungen durchgeführt, um die Prozesse und Probleme zu verstehen, mit denen diese Käuferinnen konfrontiert waren, wenn sie ihre Kleidung über das Internet erwarben. Die Untersuchungen enthüllten einige überraschende Einsichten in das Kaufverhalten. Fast alle der an der Studie beteiligten Frauen zeigten eine starke emotionale Bindung an die saisonalen Bekleidungskataloge, die sie über die Post von den verschiedenen Bekleidungsunternehmen erhielten. Es ergaben sich einige interessante Muster rund um die Katalognutzung, zum Beispiel, wie die Kataloge zusammen mit der Website des Unternehmens verwendet wurden, um einen Einkauf durchzuführen. Die meisten Frauen schauten die Kataloge durch und trafen ihre Auswahl mit deren Hilfe, bevor sie überhaupt auf die Website des Unternehmens gingen. Dafür gibt es eine Reihe von Gründen, so bieten Kataloge einen schnellen Zugriff, Bilder in hoher Auflösung, man kann sie an andere Orte mitnehmen, man kann sie zusammen mit der Familie und mit Freund(inn)en nutzen – und vor allem kann man sie in der Hand halten!

Die Forscher beobachteten einige sehr raffinierte Systeme, bei denen die Frauen Post-it-Klebezettel und Textmarker verwendeten, um ihre Bestellungen zu sortieren und in eine Rangfolge zu bringen. Einige Frauen nutzten die Kataloge sogar als Mittel, um Bestellungen zu verfolgen, die sie über die Website gemacht hatten, indem sie die entsprechenden Kataloge in einen anderen Stapel einordneten als die übrigen Kataloge. Die Geschichten zeigen, dass diese Frauen lieber mit dem Katalog einkauften, die eigentliche Transaktion dann aber über die Website durchführten und ihre Bestellungen mit einem eigenen System verfolgten. Die Bestellung über das Call-Center war weniger beliebt, weil dieser Weg nicht die Kontrollmöglichkeiten und Flexibilität der Website mit ihrer 24-stündigen Präsenz bietet. Das Beispiel zeigt, wie die Anwender die Werkzeuge, die ihnen zur Verfügung stehen, so anpassen, dass sie ihre speziellen Bedürfnisse am besten erfüllen. Diese Ergebnisse haben Auswirkungen auf die On- und Offline-Produkt- und Marketingstrategien von Unternehmen. Zum Beispiel stellt sich die Frage, wie Online-Bekleidungsanbieter die beiden Werkzeuge (Katalog und Website) besser miteinander verknüpfen können, um die Kundenerfahrung angenehmer und befriedigender zu gestalten. Derartige Einsichten in das

Anwenderverhalten wären nicht möglich, ohne dass man beobachten würde, wie die Frauen den Prozess des Online-Einkaufs tatsächlich im Kontext ihrer alltäglichen Umgebung angehen.

4.4
Die Schaffung von Verbindungen zwischen Anwendern und Designern

Designer brauchen eine Möglichkeit, sich auf die User Experience zu beziehen, um ihre Konzepte exakt auf die Bedürfnisse der Endanwender abstimmen zu können. Ein strukturierter Ansatz zur Beobachtung von Anwendern, zur Beschreibung ihrer Probleme und Bedürfnisse und zur Vorgabe von Richtungen und Designprinzipien wird von den Designern begrüßt, die sich ernsthaft um anwenderorientierte Lösungen bemühen. Ein strenger UER-Ansatz wird das Herangehen eines Designers an ein Problem weder einschränken noch behindern, er stellt das Problem lediglich aus der Sicht der „tatsächlichen Erfahrung" des Anwenders dar. Designer brauchen Informationen, die ihnen die UER bieten kann, wie Tatsachenberichte und Erfahrungen, verbunden mit Namen und Gesichtern von Anwendern. Die Ergebnisse der UER können den Designprozess so direkt mit Informationen versorgen, wie das quantitative Marktstudien nicht können.

4.4.1
Das Gleichgewicht zwischen Qualität und Quantität

Die UER ist eine stark qualitativ geprägte Technik, die eingehende Details über die Tätigkeiten, Einstellungen und Bedürfnisse der Anwender offen legt, die mit traditionellen Marktforschungsmethoden nicht ermittelt werden können. Wenn man diese Methoden zur Versorgung des Produktentwicklungsprozesses mit Informationen heranziehen möchte, kann nicht die Fülle an Erkenntnissen erreicht werden, die für den Designprozess sinnvoll sind. Methoden wie Gruppenuntersuchungen und Telefoninterviews stützen sich hauptsächlich auf der Fähigkeit der untersuchten Personen, sich an vergangene Ereignisse zu erinnern, folglich gehen wertvolle Details verloren. Studien und Telefoninterviews machen es den Befragten schwer, komplexe Angelegenheiten oder Erfahrungen auszudrücken, die für die entsprechende Frage entscheidend sind. Darüber hinaus können diese Techniken eine gewisse Distanz bzw. Unaufrichtigkeit in den Antworten des Befragten entstehen lassen, und die Studie kann sogar zu einer lästigen Pflicht werden, die der Anwender erfüllen muss.

Es bleibt allerdings die Tatsache, dass viele Unternehmen, insbesondere große Gesellschaften, ihre Produktentwicklungsentscheidungen auf quantitative und nicht auf qualitative Daten stützen. Marketing- und Produktmanager neigen dazu, bei relativ kleinen Samples, also zwischen 10 und 30 Anwendern, nervös zu werden. Sie ziehen es vor, größere Entscheidungen eher auf Grundlage von Zahlen als auf Grundlage von Geschichten und individuellen Erfahrungen zu treffen. Unter diesen Umständen ist die beste Lösung, einen Mittelweg zu finden, indem sowohl qualitative als auch quantitative Daten als Grundlage für die Entscheidungsfindung herangezogen werden. Den Schwerpunkt in den frühen Phasen auf qualitative und in den folgenden Phasen auf quantitative Untersuchungen zu legen kann eine leistungsstarke Kombination sein. Anhand der Ergebnisse aus Intensivstudien sollte man die Probleme umreißen und die Fragen definieren können, auf die man in quantitativen Studien zur Bewertung der vorhergehenden Untersuchungen eingeht.

Dieser Mischansatz wurde zum Beispiel von einem großen amerikanischen Hersteller von Verbrauchsgütern verfolgt. Mit 21 US-amerikanischen Familien wurde eine UER durchgeführt, um Verbrauchertypen und ihre spezifischen Bedürfnisse in Hinsicht auf verschiedene Produkte zu definieren. In der bei den Familien zu Hause durchgeführten Untersuchung wurden sechs verschiedene Verbrauchertypen identifiziert, die auf Verhaltens- und Einstellungsmustern bei der Erledigung alltäglicher Haushaltätigkeiten beruhen. Auf Grundlage der Probleme und Fragen, die sich aus der qualitativen Haushaltsstudie ergaben, wurde eine quantitative Studie entwickelt, die an über 1000 Personen verschickt wurde. Die Ergebnisse wurden statistisch aufgeschlüsselt, und man gelangte zu einer Aufteilung der Befragten in sechs Kategorien! Die quantitative Studie kam nicht nur zur gleichen Zahl von Verbrauchertypen, sondern ihre Merkmale waren auch den sechs Verbrauchertypen verblüffend ähnlich, die in der qualitativen Studie ermittelt wurden, sodass die Ergebnisse aus der ursprünglichen UER bestätigt werden konnten.

4.5
Der Planungsprozess für die Untersuchungen

Bevor ein Team mit der Untersuchungsphase für ein Designprojekt beginnt, muss es sich zunächst mit einigen Fragen und Problemen beschäftigen. Der sechsstufige Ansatz des angesehenen Marktforschers Gilbert A. Churchill, Jr.[*] bietet eine gut geeignete Checkliste für die Angelegenheiten, die vor Beginn der Arbeit abgedeckt werden müssen.

1. **Aktion:** Welche Aktionen werden auf Grundlage der Untersuchung in Betracht gezogen?
2. **Ausgangspunkt:** Welche Ereignisse haben dazu geführt, dass die Untersuchung benötigt wird? Während die eigentlichen Ereignisse die entsprechende Untersuchung vielleicht nicht direkt beeinflussen, kann ihre Beschreibung den Forschern dabei helfen, ein intensiveres Verständnis der Eigenart des Untersuchungsgegenstands zu entwickeln.
3. **Information:** Welche Fragen müssen den Entscheidungsträgern beantwortet werden, damit sie sich für eine der in Betracht gezogenen Aktionen entscheiden? Diese Liste kann zunächst sehr umfangreich sein, sollte dann aber nach Prioritäten geordnet und konzentriert werden, sodass die Untersuchung nicht zu allgemein gerät, was die Zuordnung zu bestimmten Anwenderprinzipien und Produktentscheidungen erschweren würde.
4. **Nutzung:** Wie werden die einzelnen Informationsbestandteile genutzt, um die notwendigen Entscheidungen zu unterstützen? Logische Gründe für die einzelnen Untersuchungsbestandteile vorzubringen stellt sicher, dass die Fragen vor dem Hintergrund der gewählten Aktionen sinnvoll sind.
5. **Ziel-User:** Von welchen Personen oder Quellen sollte man die Informationen erheben? Die Bestimmung der entsprechenden Gruppen ist entscheidend dafür verantwortlich, dass die Forscher ein angemessenes Sample für jede Methode zusammenstellen können.
6. **Logistik:** Welche Zeit, Ressourcen und Finanzmittel zur Durchführung der Untersuchung stehen nach ungefährer Schätzung zur Verfügung? All diese Faktoren haben Einfluss darauf, welche Methoden letztendlich ausgewählt und durchgeführt werden.

---

[*] Churchill Jr., G.: Basic Marketing Research, 3rd ed. Harcourt Brace College Publishers 1997

4.6
Die Ziel-User identifizieren und finden

Zu wissen, wer das Zielpublikum ist, und zu ermitteln, welche Anwendertypen untersucht werden sollen (Punkt 5), ist eine entscheidende Komponente des Planungsprozesses. Die Auswahl der Anwender ist vollständig abhängig von der Art des Produkts oder der Leistung in der Entwicklung und vom beabsichtigten Zielpublikum, vorausgesetzt, dass dies bereits klar ist. Bei der Einschränkung der Liste helfen bestimmte Faktoren, z. B. ob das Produkt für die Verwendung im Arbeitsleben oder im Privatleben gedacht ist, der Grad der Erfahrung, den der beabsichtigte Anwender in der Produktkategorie hat, oder assoziative Tätigkeiten im Zusammenhang mit dem Produkt. Zum Beispiel möchte ein Kunde vielleicht maßgeschneiderte Produkte für Erstanwender, für Gelegenheitsanwender, für Anwender, die an jeder Neuigkeit interessiert sind, und für Extremanwender entwickeln. Das Profil und die Bedürfnisse all dieser Anwendergruppen zu verstehen kann für das Designteam erforderlich sein, um variable Lösungen zu entwickeln. Andere Faktoren, die die Auswahl beeinflussen, könnten die Identifizierung einer B2B-Gruppe von Anwendern in einer bestimmten Branche, ihre spezifische Rolle im Unternehmen, die Dauer ihrer Zugehörigkeit zum Unternehmen usw. sein. Allgemeine Kriterien wie Alter, Geschlecht, Familienstand, Kinderzahl, Karrierestand, Wohn- und Arbeitsstätte sollten ebenfalls berücksichtigt werden.

Es gibt viele Agenturen zur Ermittlung von Personen, die die Kriterien bzw. das Profil erfüllen, nach dem gesucht wird. Zwischen verschiedenen Agenturen bestehen allerdings erhebliche Unterschiede hinsichtlich der Qualität ihrer Testpersonen, es sollte also größter Wert darauf gelegt werden, eine seriöse Agentur zu finden. Wenn zeitliche und finanzielle Einschränkungen des Projekts die Suche nach Testpersonen über die formellen Kanäle schwierig oder unmöglich machen, kann man auch informelle Netzwerke nutzen. Das bedeutet nicht, dass man eigene Familienmitglieder, Kollegen oder Freunde einsetzen muss, aber die Vereinbarung von Interviews durch Bekannte kann effektiv sein, solange die Objektivität gewahrt werden kann. Dieser Ansatz kann außerdem Spannungen und Vorbehalte lösen, weil das Untersuchungsteam nicht wie Fremde betrachtet wird, sondern eher wie Freunde von Freunden, was wiederum zum schnellen Aufbau eines Vertrauensverhältnisses beitragen und zu intensiveren Gesprächen führen kann. In beiden Fällen ist es wichtig, den Untersuchungsteilnehmern zu vermitteln, dass Sie daran interessiert sind, durch dieses umfassende Verfahren ein besseres Verständnis ihrer Probleme und Erfahrungen zu erlangen, um besser gestaltete Lösungen für sie als Anwender zu entwickeln.

4.7
Die Methoden und die Medien

Es gibt eine Reihe verschiedener Datenerhebungsmethoden, die ein Untersuchungsteam nutzen kann, um ein eingehenderes Verständnis des Anwenderverhaltens und der Anwenderbedürfnisse zu entwickeln. Oft bestimmt die Natur des Projekts, welche Methode/n optimal ist/sind. Häufig aber sind Intensivstudien und Beobachtungen in der natürlichen Umgebung des Anwenders die zuverlässigsten Techniken.

Forscher stützen sich auf eine Reihe verschiedener Medien, um ihre Beobachtungen vor Ort aufzuzeichnen und zu dokumentieren. Um alles zu dokumentieren, was gesagt und beobachtet wird, ist der Einsatz von Videos und Fotografien hilfreich. Video ist ein ideales Medium, um alles aufzuzeichnen, was bei einer Intensivstudie, einer Untersuchung der Umgebung oder in längeren Beobachtungsphasen passiert. Da bei Feldstudien so viel in der Umgebung vor sich geht, ist es schwierig, alle Bemerkungen und Interaktionen allein mit Feldnotizen festzuhalten. Forscher können Video als Analysewerkzeug verwenden, indem Segmente oder Ausschnitte des Bands markiert und zusammengestellt werden, die sich auf eine bestimmte Anwendersituation oder ein spezifisches Problem beziehen. Video-Zusammenstellungen zeigen deutlich die Muster dessen, was Menschen sagen oder tun, und können ein leistungsstarkes Mittel zur Unterstützung eines Arguments bei der Präsentation vor dem Designteam oder dem Kunden sein. Es ist natürlich erforderlich, das Einverständnis der Testperson zum Einsatz von Video einzuholen, ebenso natürlich auch das Einverständnis anderer, wenn die Feldstudie am Arbeitsplatz, in einem Geschäft oder in anderer Umgebung, z. B. auf einem Flughafen, durchgeführt wird.

Fotografien sind ebenfalls ein gutes Medium, um Details in einem bestimmten Kontext festzuhalten. Sie sind auch dafür geeignet, alle Schritte zu dokumentieren, die ein Anwender durchlaufen muss, wenn er eine Aufgabe erfüllt, oder um einen Anwender bei der Abarbeitung der Schritte eines Prozesses aufzuzeichnen. Fotografien können einen visuellen Hintergrundbericht zur Geschichte oder Erfahrung eines Anwenders darstellen und können in der Analysephase sehr hilfreich für das Untersuchungs- und Designteam sein. Bilder von Anwendern in ihrer natürlichen Umgebung in Interaktion mit Gegenständen und anderen Anwendern können die Kommunikation mit Kunden unterstützen, z.B. in Untersuchungsberichten oder Workshops.

4.7.1
Ganz nah und persönlich: Intensivstudien

Intensivstudien sind das Rückgrat der UER. Diese Studien sind eine Mischung aus informellen Interviews, direkten Beobachtungen und Umgebungsuntersuchungen. Die Natur und Dauer der Studien hängt von den Fragen ab, die das Designteam beantworten möchte. Wenn z.B. ein großes Medienunternehmen daran interessiert ist zu erfahren, wie in der häuslichen Umgebung auf verschiedene Medienarten zugegriffen wird, möchte das Untersuchungsteam wahrscheinlich einige Stunden mit unterschiedlichen Typen von Familien, möglichst abends, verbringen, um ihre Gewohnheiten und Rituale rund um die Wahl der Medien- und Unterhaltungsmöglichkeiten zu verstehen. Es würde sich um eine Mischung aus informellen Interviews und gleichzeitiger Beobachtung von Familienmitgliedern bei ihren abendlichen Abläufen handeln. Das Team würde besondere Aufmerksamkeit darauf legen, auf welche Art und Weise welche Auswahl getroffen wird und über welche Informationskanäle, z.B. Druckerzeugnisse, Fernsehen, Internet oder Radio. Die Forscher könnten sich auch dafür interessieren zu erfahren, welche Geräte oder Gegenstände die Teilnehmer nutzen, um sich mit Informationen zu versorgen, an welchem Ort im Haus bzw. in der Wohnung sie sich befinden und ob Mobilität ein Thema ist. Wenn die Familienmitglieder die Medien ihrer Wahl einschalten, könnte das Team die Gründe und Motivationen hinter der entsprechenden Wahl untersuchen, beobachten, ob sie allein oder mit anderen Familienmitgliedern zusammen einschalten und ob die Aktivitäten mit anderen Aktivitäten oder Ereignissen zusammenfallen.

Wenn es sich beim Kunden um ein Versicherungsunternehmen handelt, würde das Untersuchungsteam Hausbesuche machen, um zu verstehen, wie sich ein Versicherungsprodukt in das Alltagsleben der Versicherungsnehmer einfügt. Das Team könnte sich mit Versicherungsnehmern über ihre Erfahrungen bei der Planung, dem Erwerb und der Nutzung von Versicherungsprodukten unterhalten, genauer untersuchen, was den Erwerb ausgelöst hat, welche Faktoren oder Kriterien ihre Entscheidung beeinflusst haben, wie sie sich selbst über die verschiedenen angebotenen Produkte informiert haben, auf welche Fachberater sie sich verlassen haben und welche Erfahrungen sie beim eigentlichen Erwerbsprozess gemacht haben. Auch Gespräche mit Versicherungsnehmern über ihre Nutzungserfahrungen, z.B. das Ausfüllen von Schadensformularen und der Kontakt zu Schadenregulierern, können die Einstellung von Versicherungsnehmern zu Versicherungen verdeutlichen. Eine eingehendere Untersuchung, wie und wo Versicherungsnehmer ihre Unterlagen aufbewahren, kann weitere Einsichten über die verschiedenen Typen von Versicherungsnehmern vermitteln. Zu verstehen, wo sie ihre Versicherungsunterlagen aufbewahren, welche anderen Dokumente sie mit ihnen zusammen ablegen und wie oft sie darauf zugreifen, kann viel über die den Versicherungen zugemessene Wichtigkeit enthüllen.

In beiden Beispielen müssen sich die Intensivstudien nicht unbedingt auf die Produkte des Kunden konzentrieren, viel eher sollte es um eine Produktkategorie gehen. Dieser breitere Ansatz kann Erkenntnisse über die besten Methoden der Mitbewerber vermitteln und hilft dabei, ein umfangreicheres Spektrum der verschiedenen „Typen" von Kunden oder Anwendern zu entwickeln. Die Etablierung von Anwendertypen oder Anwenderprofilen auf Grundlage der beobachteten Verhaltensweisen und Einstellungen ermöglicht es dem Untersuchungsteam, die Bedürfnisse der einzelnen Anwendertypen deutlich zu definieren – und das wiederum benötigt das Designteam, bevor es mit der Entwicklungsphase beginnen kann.

4.7.2
Der Rundumblick:
die Untersuchung der Umgebung

Untersuchungen der Umgebung werden aus mehreren Gründen oft im Laufe eines Interviews durchgeführt. Wenn das Interview in der natürlichen Umgebung des Anwenders zu Hause oder am Arbeitsplatz stattfindet, ist es vorteilhaft, den Anwender über seine Erfahrungen sprechen zu lassen, während er sich mit dem Produkt oder dem Gegenstand beschäftigt. Diese Interaktion wird sicherlich Erinnerungen wachrütteln, sodass sich reichhaltigere, detailreichere Geschichten entfalten. Es ist auch vorteilhaft, wenn mehrere Anwender (Partner, Kinder, Kollegen usw.) anwesend sind, um über gemeinsame Erfahrungen zu sprechen oder um eine völlig andere Ansicht zu hören. Oft können dann umfangreiche Gespräche folgen, die wertvolle Einsichten in die verschiedenen Rollen geben, die die einzelnen Familienmitglieder oder Arbeitskollegen einnehmen, wenn sie sich mit bestimmten Haushalts- oder Arbeitstätigkeiten beschäftigen.

4.7.3
Keine Einmischung: die direkte Beobachtung

Die direkte Beobachtung ist die vorrangig von Ethnographen verwendete Methode: in die natürliche Umgebung eintauchen, während man alle relevanten Aktionen und Interaktionen, ob groß oder klein, in Form von Feldnotizen aufzeichnet. Es ist wichtig, beim Anfertigen der Anmerkungen objektiv zu bleiben und so viele Ereignisse wie möglich detailliert zu beschreiben, während sie geschehen. In einer späteren Phase kann man sich zurückziehen und die Beobachtungen interpretieren, um dem Gesagten und Gesehenen Sinn zu geben und darüber nachzudenken, wie das Geschehen abgelaufen ist. Eine grobe Checkliste der Dinge, auf die man achten sollte, wenn man Anwender bei der Ausführung einer bestimmten Tätigkeit oder bei den Schritten beobachtet, die sie in einem Prozess durchlaufen, um ein bestimmtes Ziel zu erreichen, könnte die folgenden Punkte enthalten:

Welche Ziele oder Aufgaben versucht der Anwender zu erfüllen?
Betrachten Sie das sowohl aus der Makroperspektive als auch aus der Mikroperspektive.

Wie würden Sie den Anwender charakterisieren, den Sie beobachten?
Ist er allein? Mit seiner Familie zusammen? Mit Freunden? Jünger? Älter? Fachmann oder Anfänger? Beeinflussen einzelne dieser Faktoren die User Experience in dieser Situation?

Wie beeinflussen die Menschen, Dinge und die Umgebung die Entscheidungen und Tätigkeiten des Anwenders?
Beschreiben Sie, was die Anwender zu tun versuchen, und führen Sie die Ressourcen auf, die den Anwendern dafür zur Verfügung stehen.

Wie verwendet der Anwender Informationen, und wie sind diese für ihn organisiert?
Welche Arten von Informationen stehen dem Anwender zur Verfügung, und wie sind diese strukturiert? Beschreiben Sie auch die Form der Information, also verbal, visuell, kinetisch usw.

Wie bewegen sich Anwender in eine Erfahrung hinein und aus ihr heraus?
Anwender wechseln häufig ihren Anwendungsmodus, wenn sie sich von einer Aufgabe zur nächsten oder von einer Umgebung in eine andere bewegen. Suchen Sie nach Mustern, die diese Übergänge beschreiben.

4.7.4
Die Suche nach Strukturen und Beziehungen: die Sortierung von Karten

Die Sortierung von Karten ermöglicht es Anwendern, bestimmte Elemente wie Tätigkeiten, Produkte so zu strukturieren, wie es für sie aufgrund ihrer Erfahrungen, Vorlieben, Bedürfnisse usw. sinnvoll ist. Die Gründe hinter den von den Anwendern gebildeten Strukturen zu verstehen vermittelt Einsichten in die assoziative Bedeutung von Elementen untereinander und kann auf verborgene Beziehungen zwischen ihnen hindeuten. Die Sortierung von Karten ist eine Technik, die in der Phase der Prototypenuntersuchung bei der Entwicklung von Websites häufig genutzt wird, um den Navigationsprozess durch die Inhalte zu lenken, sie ist allerdings auch ein sinnvolles Werkzeug für die frühen Phasen eines Designprojekts.

4.7.5
In eigenen Worten und Bildern: Journale und Untersuchungen mit der Kamera

Bei Untersuchungen mit der Kamera und Journalen wird die Last der Datenerhebung dem Anwender übertragen. Man verschickt eine Untersuchung mit einem klar definierten Satz von Fragen zusammen mit einer Einwegkamera. Die Befragten füllen die Untersuchung bzw. das Journal aus und machen Aufnahmen im Zusammenhang mit den Fragen oder Tätigkeiten, um besser ausdrücken zu können, was sie in Worten zu erklären versuchen. Diese Methode gibt den Blick auf verschiedene Interpretationen der gleichen Frage frei und kann eine ungeahnte Perspektive auf ein bestimmtes Thema eröffnen. Viele weitere Aspekte dessen, was das Untersuchungsteam sucht (und nicht untersucht), werden dadurch enthüllt, dass man den umgebenden Kontext auf den Fotografien betrachtet. Mit dieser Methode ist es außerdem möglich, persönliche Daten von einer größeren Zahl von Befragten zu erheben.

4.7.6
Die Daten mit Bedeutung füllen

Eine der zentralen Herausforderungen der UER ist es, die zugrunde liegende Bedeutung und Struktur der erhobenen Felddaten zu ermitteln. Die Ergebnisse, die im Beispiel für den Online-Kleidungskauf besprochen wurden, verdeutlichen, auf welche Weise Intensivstudien dabei helfen können, Fragestellungen, Herangehensweisen und Probleme der Anwender zu enthüllen. Beobachtungen wie diese ermöglichen es dem Untersuchungsteam, ein Verzeichnis der Bedenken und Probleme von Anwendern in Bezug auf die Designproblematik zu erstellen. In den frühen Phasen der Analyse können die Ergebnisse anhand von Beobachtungs- und Anmerkungsmustern der Anwender kategorisiert bzw. eingeteilt werden. Die Kategorisierung wird durchgeführt, um Struktur und Bedeutung in die individuellen Beobachtungen zu bringen. Beziehungen zwischen Kategorien können mit Mindmaps oder Mengendarstellungen visualisiert werden. Mengendarstellungen bestehen aus einer Reihe von Kreisen, die jeweils für einen Aspekt des Problems stehen, den die Untersuchung enthüllt. Der Kreisumfang kann die Größe oder Bedeutung der einzelnen Elemente oder Tätigkeiten symbolisieren. Die Kreise können so angeordnet werden, dass sie die Beziehungen zwischen Aspekten verdeutlichen, Schnittmengen stellen dabei gemeinsame Aspekte dar.

Es ist von entscheidender Bedeutung, dass das Untersuchungsteam bereits in der Phase der Datenerhebung damit beginnt, Theorien zu entwickeln und Beobachtungen, Bemerkungen, Videoausschnitte, Feldnotizen und Fotografien vorläufig in „Schubladen" zu kategorisieren und zu sortieren. Die Analyse von Untersuchungen ist ein Prozess, der mal umfangreicher, mal kleiner und dann wieder umfangreicher sein kann, je nachdem, wie sich die Kategorien ändern bzw. neue Kategorien erstellt werden, denn es können sich neue Fragestellungen ergeben, die das Untersuchungsteam dazu bringen, den Schwerpunkt zu ändern oder das Problem von einer neuen Perspektive aus anzugehen. Es ist wichtig, die gesamten Daten auf eine Menge zu reduzieren, mit der man arbeiten kann und die dem Designteam in Form von Strukturen, Verhaltensmodellen, Hierarchien von Anwenderbedürfnissen usw. verständlich gemacht werden kann, wenn anwenderorientierte Lösungen umgesetzt werden sollen.

Marcel Fröhlich, Jan Mühlig

5 Usability in der Konzeption

Der Faktor Usability bleibt in der Entwicklung und auch im Relaunch von Websites oft auf der Strecke. Usability Testing im Rahmen der Entwicklung gilt vielen als optionaler Schritt, der nur zusätzliche Kosten verursacht. Sobald gewisse Entwicklungsstadien erreicht sind (Programme Code geschrieben, Designs entwickelt, Texte erstellt), sind die Kosten für Anpassungen an die Ergebnisse der Usability-Tests sehr hoch, die Motivation, das Bestehende als unzureichend anzuerkennen, gering. Entsprechend werden die Erkenntnisse in Bezug auf Usability oft mit dem Hinweis auf Demotivierung von Designern, Textern und Entwicklern oder mit Verzögerungen des Projekts verdrängt. Lieber ein pünktlicher „Hüftschuss" als ein verspätetes optimiertes Produkt.

Der Ausweg aus dem Dilemma besteht darin, Usability Testing bereits im Konzeptionsstadium vor der Produktion durchzuführen. Allerdings steht man dabei scheinbar vor dem Problem, dass man nicht testen kann, was noch nicht da ist. Die Lösung dafür sind einfache Prototypen aus Papier und ein detaillierter Bauplan der Site. Bereits beim Testen dieser Modelle findet man sehr viele konzeptionelle Schwächen und Fehler, welche die Usability verringern.

Dieser Artikel erklärt eine Methode, die einfach in den Entwicklungsprozess integriert werden kann: Papier-Prototyping und dazu ein Notationssystem für Information Architecture. Mit geringem Zeit- und Kostenaufwand lassen sich dadurch konzeptionelle Probleme schrittweise lokalisieren und auflösen.

5.1
Usability

Die Usability eines Produkts ist laut ISO-Standard „das Ausmaß, in dem es von einem bestimmten Benutzer verwendet werden kann, um bestimmte Ziele in einem bestimmten Kontext effektiv, effizient und zufriedenstellend zu erreichen" (ISO 9241: Ergonomic requirements for office work with visual display).

Um die Usability eines Produkts zu bestimmen, müssen der Definition folgend Benutzer, Ziel der Nutzung und Kontext bekannt sein.

5.1.1
User-Centered Design

Hohe Usability erreicht man also nicht allein durch Expertenwissen über allgemeine Gestaltungsprinzipien für leicht benutzbare Produkte. Usability ist stark von der jeweiligen Zielgruppe und dem Nutzungskontext abhängig.

Dieser Einsicht folgend gibt es verschiedene Methoden, um die Entwicklung neuer Produkte entsprechend zu gestalten. Die Anwendung dieser Methoden wird als „User-Centered Design" (UCD) bezeichnet. Das von uns beschriebene Papier-Prototyping ist eine typische UCD-Methode. Die Anwendung dieser Methoden im Software-Entwicklungsprozess ist ebenfalls bereits Gegenstand eines ISO-Standards (ISO 13407: Human-centered design process for interactive systems).

Die Mantras *„Know your user!"* und *„You aren't your user!"* fassen die Philosophie des UCD gut zusammen. Das zweite Mantra soll verdeutlichen, dass es dabei nicht sinnvoll ist, aus der eigenen Erfahrung als Benutzer auf die Benutzer der Zielgruppe zu schließen. Nur durch Analysen der Zielgruppe und des Nutzungskontexts bekommt man ein Verständnis für die spezifischen Probleme und Anforderungen (siehe Kapitel 4 über User Research von Tom Hynek). Ergebnisse solcher Analysen sind Beschreibungen verschiedener Benutzertypen, Nutzersicht der Prozesse und Szenarien der Nutzung. Wir konzentrieren uns in diesem Artikel auf den darauf folgenden Schritt: Wie optimiert man in der Konzeption den strukturellen Aufbau einer Website und die Pfade, auf denen die Benutzer geführt werden. Die Vorgehensweise besteht dabei in einer schrittweisen Verbesserung eines initialen Entwurfs durch wiederholtes Testing.

5.1.2
Iterativer Entwurf

Beim iterativen Entwurf wird ein Produkt in mehreren Zyklen konzipiert. Dabei wird der Entwurf in jedem Schritt detaillierter, und das Feedback aus dem letzten Schritt wird eingeflochten. Im Projektalltag scheint es aber auf den ersten Blick unrealistisch, im Rahmen der meist knappen Zeit einzelne Test- und Entwurfsschritte mehrmals zu durchlaufen. Besonders in der Konzeptionsphase vertraut man lieber auf seine Erfahrung und die Meinung von Kollegen (so genanntes „next bench design"). Dabei wird vergessen, dass spätere Änderungen, die aufgrund konzeptioneller Schwächen notwendig werden, in der Regel viel aufwendiger und teurer sind als die Erstellung eines detaillierten Konzepts.

5.1.3
Information Architecture

Beim Entwurf eines Buches gliedert der Autor den Inhalt hierarchisch und ordnet ihn in linearer Abfolge an. Bei einer Website gibt es keine natürliche Linearität, sondern ein System von Seiten (oder Elementen), die aufeinander verweisen. Die Konsequenz ist, dass es wesentlich mehr Freiheitsgrade gibt, sowohl in der Organisation der Inhalte und Funktionen durch den Produzenten als auch in der Verwendung durch die User. Dieser Spielraum ist Chance und Risiko zugleich: Benutzer, die sich intuitiv zurechtfinden, kommen wieder. Benutzer, die sich nicht zurechtfinden brechen ab.

Durch die Information Architecture wird die Strukturierung einer Site explizit bestimmt:

- Partitionierung der Site /Application in einzelne Seiten
- Labelingsysteme: d.h. die verwendeten Bezeichnungen
- Navigationssystem und Navigationspfade
- Suchfunktionen und Filter
- Strukturierung der Seiten: Wahl darzustellender Elemente
- Zugriffsrechte und Sichtbarkeit
- Formulardesign

Die Notation, die im Kapitel 1.2 beschrieben wird, dient als grafische Sprache zur Darstellung des Bauplans einer Site. Mit dieser Notation wird die seitenübergreifende Struktur abgebildet. Die Papier-Prototypen, vorgestellt im Kapitel 5.3, beschreiben dagegen die seiteninternen Strukturen. Das Testen der Papier-Prototypen ist eine Methode, um schon während der Konzeption User Feedback zu bekommen. Aufgrund dieser empirisch gewonnenen Daten kann die Information Architecture im Team zur Diskussion gestellt und verbessert werden. Das Resultat ist eine wesentlich höhere Gewähr dafür, dass Organisation, Labeling und Navigation der Website an die Zielgruppe angepasst sind, noch bevor die Produktion und Programmierung beginnen.

Gemeinsam bilden die strukturelle Notation und die Papier-Prototypen hervorragende Werkzeuge, um den aktuellen Stand der Konzeption in der Gruppe zu kommunizieren. Neben der leichten Integration der User-Tests besteht ihr großer Vorteil darin, dass auch Projektmitglieder, die nicht direkt mit der Konzeption befasst sind, ihre Vorschläge einbringen und testen (lassen) können. Dass dies wesentlich zur Motivation, zur Erschließung von Wissen und Ideen und zur leichteren Projektkommunikation beiträgt, ist offensichtlich. Das vorausgesetzte Know-how ist nicht besonders groß. Es sind keine Programmierkenntnisse (HTML etc.) notwendig, um auf Papier alternative Varianten zu skizzieren. Konzeptuelle Alternativen werden dadurch viel stärker thematisiert. Aus Sicht des Projektmanagements ist dies neben der Risikominimierung durch die Tests ein wichtiger positiver Effekt.

5.2
Eine Notation für Website-Strukturen

Zur grafischen Darstellung der Struktur von Websites gibt es noch keine allgemein anerkannten Standards. In dem verwandten Bereich der Softwarearchitektur hat sich die UML-Notation (Unified Modelling Language) etabliert.

5.2.1
UML versus Visual Vocabulary

UML ist eine Familie von mehreren Diagrammtypen, mit denen verschiedene Aspekte eines Softwaresystems dargestellt werden können. Jeder Diagrammtyp hat eine Menge von grafischen Symbolen, die nach bestimmten Regeln kombiniert werden können. UML ist eine sehr komplexe und mächtige Notation, für Laien jedoch eher schwer zu durchschauen.

Es gibt inzwischen auch verschiedene Ansätze zur Anpassung von UML-Diagrammtypen an den Bereich der Website-Entwicklung. Auf der UML2000 Konferenz (siehe http://www.cs.york.ac.uk/uml2000/) gab es zu diesem Thema sogar einen eigenständigen Workshop. Aber die Anforderungen an eine Notation für die Struktur objektorientierter Softwaresysteme (wofür UML entwickelt wurde) unterscheiden sich doch erheblich von den Anforderungen an eine Notation für

Information Architecture von Websites. Die Alternative zu UML sind aus unserer Sicht Notationsformen, die speziell zur Beschreibung der Struktur von Websites entworfen wurden.

UML-basierte Notationsmodelle haben zwei zentrale Nachteile: Zum einen sind darin webtypische Konzepte wie Links, Seiten etc. nicht vorgesehen, sodass Anpassungen immer „aufgesetzt" wirken. Schließlich wurde UML nicht für diesen Zweck entwickelt. Zum anderen ist UML relativ schwer zu erlernen. Der Erfolg einer Notation hängt jedoch nicht zuletzt davon ab, dass sie von allen Beteiligten schnell zu verstehen ist und entsprechend verwendet wird. Das von uns vorgestellte Notationssystem wurde von J. J. Garrett entwickelt und ist vergleichsweise einfach. Web-Konzepte werden direkt repräsentiert, sodass auch Laien mit grundsätzlichem Verständnis für Websites schnell den Umgang mit den Diagrammen lernen können.

Garrett (http://www.jjg.net) bezeichnet sein Notationssystem als „Visual Vocabulary for Information Architecture and Interaction Design". Dabei sieht er Information Architecture (IA) und Interaction Design als zwei Seiten einer Medaille. Interaction Design bezieht sich auf die Abbildung von Prozessen und die Nutzerführung auf einer Site, während Information Architecture die strukturellen Aspekte der Site als Hypertextsystem betont. Natürlich kann im Rahmen dieses Beitrags nur ein kleiner Einblick in das System gegeben werden, gleichwohl ermöglicht er ein Verständnis dafür, wie Garretts „Vokabular" funktioniert. In vielen Projekten wird bereits ein ähnliches, „handgestricktes" Vokabular verwendet, das jedoch nur selten standardisiert ist. Fluktuation und wechselnde Team-Konstellationen verlangen indes ein klar definiertes, einheitliches System.

5.2.2
Basiselemente des Visual Vocabulary

Die Basiselemente (Abb. 1) der Notation sind *Seite, Datei, Seitenstapel, Dateistapel* und *Link* (besonders wichtig sind „Seite", „Seitenstapel" und „Link"). „Seite" entspricht einer Web-Seite, „Stapel" bezeichnet mehrere gleichartige Elemente (z.B. mehrere Ergebnisseiten einer Suche, die strukturell gleich aufgebaut sind). Datei bezieht sich auf alle Non-HTML-Dateien, wie zum Beispiel Archiv-Dateien (zip) oder Acrobat-Dateien (pdf).

Verbindungslinien (Abb. 2) zwischen den Basiselementen (in der Regel Seiten) zeigen an, dass diese verlinkt sind. Mit Pfeilspitzen an den Linien kann (optional) eine bevorzugte Richtung markiert werden. Verbindungen, die nur in eine Richtung funktionieren, können mit einem kleinen Querstrich nahe der Quelle gekennzeichnet werden.

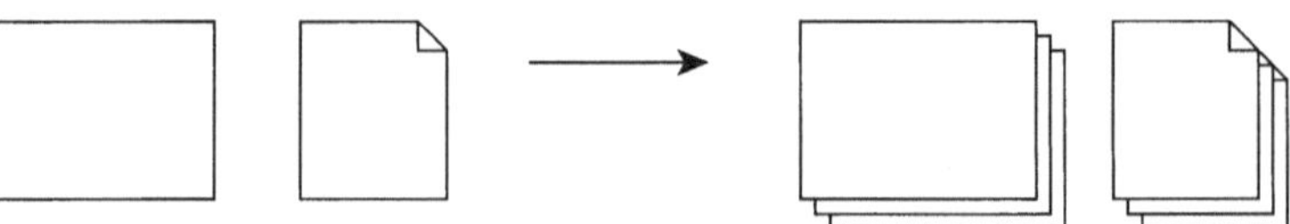

Das Beispiel links oben ist der einfachste Fall. Von einer Seite besteht ein Link zu einer anderen Seite. Die Pfeilspitze besagt dabei nur, dass der Pfad in der Regel in Richtung der Pfeilspitze gewählt wird. Im Beispiel darunter ist die Rückrichtung explizit ausgeschlossen. Die Notation erlaubt auch, Links in der Darstellung zu vereinen.

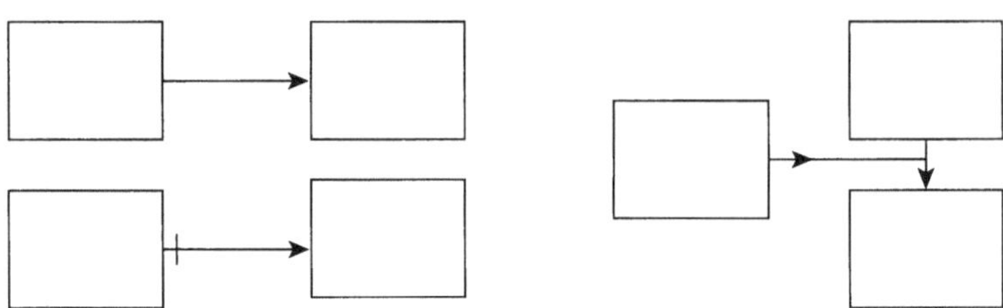

5.2.3
Labels

Alle Elemente, insbesondere auch Links, können mit Bezeichnungen (Labels) versehen werden. Längere Kommentare werden aus Gründen der Übersichtlichkeit aus dem Diagramm verbannt und stehen gesondert. Sie werden durch einen geklammertes Verweiszeichen im Diagramm referenziert (in Abb. 3, Mitte, der Verweis „4c", wobei der Text, auf den verwiesen wird, nicht abgebildet ist).

5.2.4
Concurrency

Ein Link kann in besonderen Fällen auch mehr als ein Element zum
Ziel haben, zum Beispiel beim Download: Zum einen wird ein Datei-
download angestoßen, und zum anderen wird die HTML-Seite aktualisiert, z.B. mit Informationen zum Ablauf. Ein anderes Beispiel
wäre ein Pop-up-Fenster mit gleichzeitig aktualisiertem Hauptfens-
ter. Für diese Fälle ist ein Halbkreis-Symbol zu verwenden (*Concurrent Set*, Abb. 3, rechts):

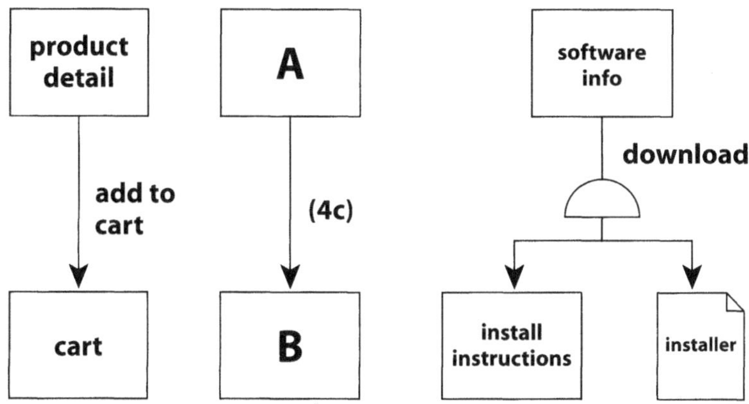

Abb. 3
Labels und Concurrent Set

5.2.5
Partitionierte Darstellung

Um die Übersichtlichkeit zu erhalten, können Diagramme in mehrere Teile zerlegt werden (Abb. 4). Die Verknüpfungsstellen zwischen
zwei Teildiagrammen werden durch die unten dargestellten Verbin-
dungssymbole (eckige Klammern) mit einer Verweisinformation
gekennzeichnet. Die Ausrichtung des Verbindungssymbols (Klammern oben-unten oder rechts-links) spielt dabei keine Rolle.

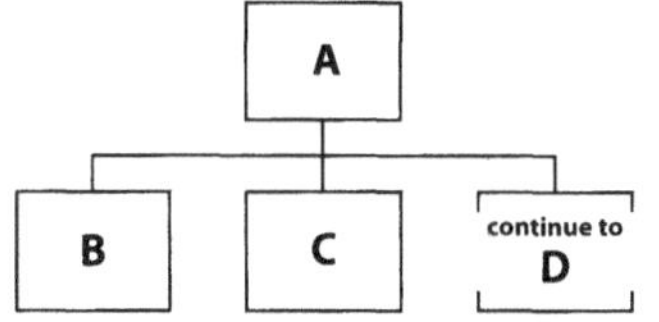

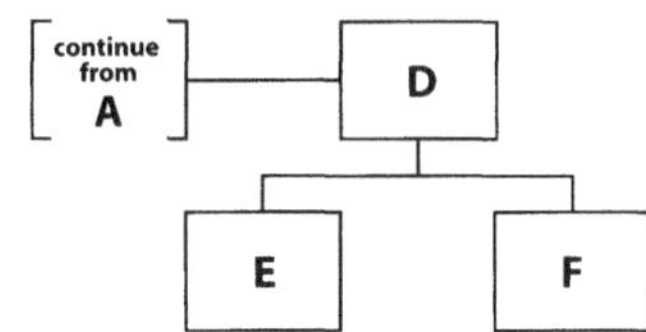

Abb. 4
Diagramm in 2 Teile zerlegt

5.2.6
Gruppierung

Wenn mehrere Seiten gemeinsame Eigenschaften haben, so kann
dies durch eine Gruppierung verdeutlicht werden (in Abb. 5 die
Seiten, die in einem Pop-up-Fenster dargestellt werden). Die visuelle
Darstellung einer Gruppe besteht aus einem umschließenden Recht-
eck mit abgerundeten Ecken. Das gemeinsame Merkmal („pop-up
window") wird innerhalb des Rechtecks am Rand notiert:

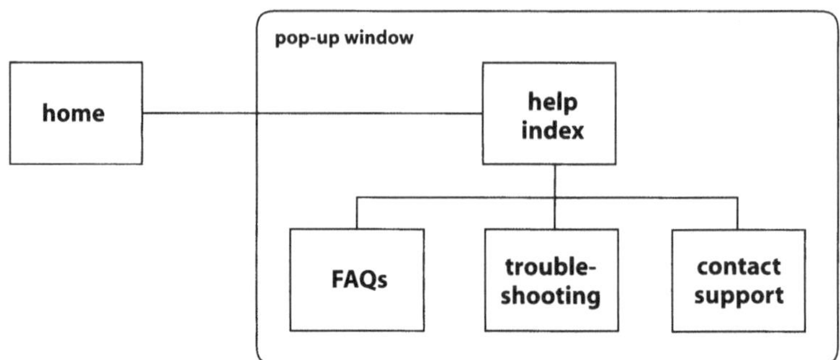

Abb. 5
Gruppierung
mehrerer Seiten

5.2.7
Aggregation

Aggregation ist ebenfalls ein Mechanismus, um mehrere Seiten
zusammenzufassen. Das Kriterium ist in diesem Fall nicht eine
gemeinsame Eigenschaft, sondern eine funktionale Zusammengehö-
rigkeit. Beispielsweise kann der Teil einer Site, der beim Bezahlvor-
gang durchlaufen wird, aggregiert werden.

Dieser Teil der Site wird dann separat dargestellt und kann
in anderen Diagrammen als Ganzes durch ein Symbol dargestellt
werden (Achteck). Man könnte es also auch als „Zoom in ein Sub-
diagramm" bezeichnen. Im Beispiel (Abb. 6) unten sind die Subdia-
gramme nicht dargestellt.

5.2.8
Das gesamte Visual Vocabulary im Web

Die vollständige „Grammatik" des „Visual Vocabulary" ist im Web
unter http://www.jjg.net/ia/visvocab/ zu finden. Mit den übrigen
Symbolen können darüber hinaus folgende Aspekte dargestellt
werden:

- Wiederholung gleichartiger Strukturen
- Verschiedenen Arten von Bedingungen

Eine Form der Bedingung, ein so genannter Entscheidungspunkt,
ist im Beispieldiagramm (Abb. 6) zu sehen.

5.2.9
Beispiel

Das Beispiel zeigt ein typisches Muster, das bei jedem Shop auftaucht:
Bezahlen kann nur, wer sich angemeldet hat. Das Diagramm enthält
zwei Seiten, zwei Aggregate und einen Entscheidungspunkt. Verbunden sind diese mit Links.

Diese Notation erlaubt die genau Darstellung komplexer Web-
site-Strukturen. Sie ist nicht Tool-spezifisch: Es gibt bereits entsprechende Symbolbibliotheken für Microsoft Visio und für Adobe

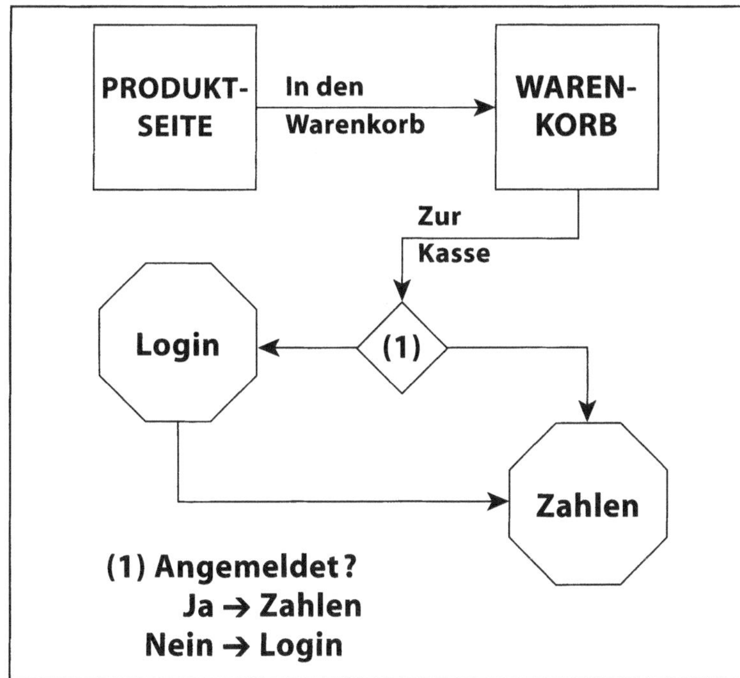

Abb. 6
Typisches Muster
aus einem Shop

InDesign. Die Symbole sind allesamt einfach gehalten und können auch gut von Hand gezeichnet werden.

Die daraus entstehenden Diagramme dienen als Arbeitsgrundlage für die verschiedenen Projektbeteiligten: Projektmanager können den Umfang der Produktion abschätzen, Designer, Programmierer und Texter können ihre Arbeit strukturieren und aufteilen. Den Informationsarchitekten und Usability-Experten dient das Modell als Grundlage für die Verfeinerung und bei Tests. Darum geht es im nächsten Abschnitt über Papier-Prototyping.

5.3
Papier-Prototyping

Das Papier-Prototyping wird auch als Lo-Fi Prototyping bezeichnet. Demgegenüber spricht man bei funktionsfähigen interaktiven Software-Prototypen von Hi-Fi Prototyping. Die Methode des Papier-Prototyping ist wesentlich älter als das WWW und wird ebenso für das User Interface Design klassischer Software eingesetzt.

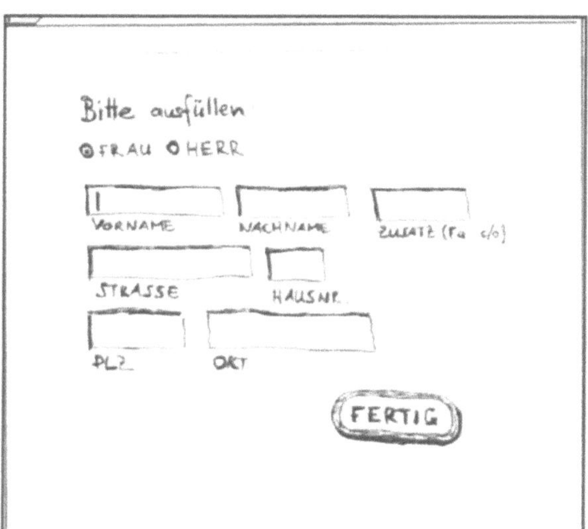

Abb. 7
ototyp-Maske zur
Adresseingabe

Klassische Referenz zu diesem Thema ist der Artikel „Prototyping for tiny fingers" von Marc Rettig (Communications of the ACM, 37(4), 21–27, 1994). Die Vorgehensweise ist grundsätzlich sehr einfach: Mit Papier, Folie, Bleistift, Schere und Klebestreifen werden verschiedene grafische Elemente wie Buttons, Fenster, Menüs usw. hergestellt. Mit diesen wird dann grob der Seitenaufbau skizziert. Im User-Test spielt ein Mitarbeiter den Computer und ist dafür verantwortlich, auf Benutzeraktionen entsprechend zu reagieren (siehe Kapitel 1.3.3).

5.3.1
Lo-Fi contra Hi-Fi Prototyping

Bei Hi-Fi-Prototypen ist man mit verschiedenen Problemen konfrontiert, die in der Regel dazu führen, dass Prototypen nur für Präsentationszwecke, nicht aber für Test- und Optimierungszwecke erstellt werden:

Hi-Fi-Prototypen bauen ist aufwendig. Allen High-Level-Tools zum Trotz ist der zeitliche Aufwand zur Erstellung eines funktionsfähigen Software- bzw. Web-Prototypen ungleich höher als die Papiermethode. Zudem ist der Kreis derer, die die Tests durchführen können, bedeutend kleiner. Viele Projektmitglieder werden dadurch ausgeschlossen.

Hinzu kommt, dass die Entwickler durch die exakte Darstellung dazu neigen, zu viele Gedanken an das Design des Prototypen zu verschwenden, was in dieser Phase eher stört als hilft. Außerdem ist es wahrscheinlich, dass im Test einige Usability-Probleme zu Tage treten, sodass eine weitere Iteration noch einmal hohen Aufwand bedeuten kann, weil es sich eventuell um Probleme handelt, die das erste Design grundsätzlich in Frage stellen. Generell sollte beim Papier-Prototyping zu Beginn so wenig Aufmerksamkeit wie möglich auf das visuelle Design verwendet werden. Das vorrangige Ziel des Prozesses ist, eine stabile und passende Information Architecture zu finden.

Hi-Fi-Prototypen werden nicht mehr rigoros hinterfragt. Hat ein Prototyp die äußere Form eines fertigen Produkts erreicht, neigen die Testverantwortlichen dazu, sich mehr Gedanken um das Look-and-Feel (Farben, Buttons, Text usw.) zu machen als um die (Navigations-)Struktur. Ohnehin entsteht durch den ständigen Umgang mit dem Konzept bzw. Produkt eine gewisse „Blindheit" gegenüber Usability-Problemen. Papier-Prototypen hingegen machen die Veränderbarkeit des Testobjektes jederzeit bewusst.

Hi-Fi-Prototypen provozieren falsche Erwartungen bei Kunden. Für Kunden ist es oft schwierig, den Unterschied zwischen einem scheinbar funktionsfähigen Prototypen und dem fertigen Produkt zu erkennen. Entsprechend wird erwartet, dass der Weg vom Prototypen zum fertigen Produkt nur noch ein kleiner Schritt ist.

Die Testdurchführung mit Hi-Fi-Prototypen ist labil. Softwareprototypen enthalten – wie jede neue Software – voraussichtlich Fehler. Diese können die Tests empfindlich stören. Auch die technische Infrastruktur zur Durchführung der Tests ist bedeutend aufwendiger und damit auch störanfälliger.

Ein erster Papier-Prototyp kann hingegen innerhalb von wenigen Stunden erstellt und zum ersten Mal getestet werden.

5.3.2
Papier-Prototypen bauen

Je weniger Zeit zum Bauen der Prototypen benötigt wird, desto mehr Durchgänge können durchgeführt werden. Prototypen müssen nicht schön sein, es sind lediglich *Modelle* der neuen Website. Eine selbst gesetzte Deadline hilft, die Liebe zum Detail in Grenzen zu halten.

Als Materialen bieten sich Offset-Karton, Karteikarten, Overhead-Folie, Notizzettel mit Haftstreifen, Klebstoff, Klebeband, Schere, Farbstifte, Marker und Tipp-Ex an.

Die einzelnen Seitenelemente werden je aus einem eigenen Stück dicken Papier oder Folie hergestellt, damit sie variabel angeordnet werden können. Vor dem Test sollten einige leere Elemente vorbereitet werden, sodass während des Tests Variationen hinzugefügt werden können. Im Laufe mehrerer Durchgänge wird so eine kleine Bibliothek mit häufig wiederkehrenden Elementen aufgebaut. Nach der Erstellung der Seiten kommt der eigentliche Usability-Test.

Abb. 8
Testsituation

5.3.3
Tests durchführen

Ein Testteam besteht aus mindestens vier Personen: einem Moderator, einem „Computer", einem oder mehreren Beobachtern und einer Testperson. Mit einer Videokamera kann das Geschehen „am Bildschirm" zusätzlich aufgezeichnet werden. Die Testpersonen sollten möglichst extern rekrutiert werden.

Die Testaufgaben müssen gut geplant sein und auf realistischen Szenarien basieren. Der „Computer" muss schnell reagieren, um den interaktiven Prozess zu simulieren. Die Strukturmodelle (siehe Kapitel 5.2 ff.) dienen dabei als Anleitung. Es empfiehlt sich, einige interne Durchgänge durchzuführen, bevor mit Probanden getestet wird.

Der eigentliche Testablauf gestaltet sich wie folgt: Der Papier-Prototyp liegt auf dem Tisch, der Moderator sitzt neben der Testperson.

Als Maus kann ein Stift verwendet werden, alle anderen Aktionen werden mündlich simuliert (z.B. „Ich gebe mein Passwort ein."). Nach der Begrüßung erklärt der Moderator der Testperson den Ablauf des Tests. Vor allem muss ihr vermittelt werden, dass nicht ihre Leistungen getestet werden, sondern das Modell der Website.

Im weiteren Verlauf spricht allein der Moderator mit der Testperson. Er erklärt die einzelnen Aufgaben und stellt eventuell Fragen, um herauszufinden, was die Testperson tun will. Dabei darf er keine Hilfestellungen geben: Bedienungsfehler sind schließlich eines der Erkenntnisziele und damit auch ein Teil des Testergebnisses. Allgemein sollte die Testperson während des Tests immer sagen, was sie gerade tun will und warum („Speak-Out-Loud-Methode"). Das gibt den Beobachtern die Möglichkeit, die Aktionen nachzuvollziehen. Die einzelnen Beobachtungen – positiv wie negativ – werden für die spätere Auswertung jeweils auf eine Karteikarte notiert. Insgesamt sollte der eigentliche Test nicht mehr als eine Stunde dauern.

5.3.4
Tests auswerten

Zur Auswertung der Tests werden die Karteikarten mit den Fallbeschreibungen der Beobachter den jeweiligen Seitenprototypen zugeordnet und priorisiert. Die einzelnen Probleme werden gemeinsam durchgegangen und Änderungsvorschläge erarbeitet. Jeder Änderungsvorschlag, der allgemeine Zustimmung findet, bekommt eine eigene Karteikarte. Diese Karten bilden die Grundlage für das Design der nächsten Prototypen und die nächste Version der Information Architecture.

5.4
Zusammenfassung

Die hier vorgestellten Techniken bieten die Möglichkeit, sehr früh Modelle einer zu produzierenden Website zu erstellen. Damit hat man einerseits eine Kommunikationsgrundlage und andererseits ein Mittel, um einfache Usability-Tests durchzuführen. Beides trägt zu einer Verbesserung der Qualität des zukünftigen Produkts bei. Die Konzeptionsphase wird berechenbarer, und das Risiko, an den Bedürfnissen und Fähigkeiten der Zielgruppe vorbeizuplanen, sinkt erheblich. Der Gesamtaufwand einer Produktion sollte auf diesem Weg nicht höher sein als ohne. Denn alle Fehler, die man durch den initialen Mehraufwand korrigieren kann, bedeuten einen erheblichen Zeit- und Qualitätsvorsprung gegenüber nachträglichen Änderungen.

Sabine Stoessel

6 Methoden des Testings im Usability Engineering

6.1
Grundlagen des Usability Testing

Die Internationale Organisation für Standardisierung (ISO 9241) definiert die Usability eines Produkts als „Ausmaß, in dem es von einem bestimmten Benutzer verwendet werden kann, um bestimmte Ziele in einem bestimmten Kontext effektiv, effizient und zufriedenstellend zu erreichen."

Usability selbst ist also keine Konstante, sondern eine Eigenschaft, die einem einzelnen Produkt in einem bestimmten Zustand zugeordnet wird. Usability ist nicht sichtbar, sondern der besonderen realen Ausformulierungen des Produkts immanent. So differiert das Ausmaß der Usability bei unterschiedlichen Produkten. Wird dasselbe Produkt verändert, ändert sich auch das Ausmaß der Usability.

6.1.1
Usability als messbare Größe

Eine Eigenschaft wie die Usability eines Produkts kann wissenschaftlich nur gemessen werden, wenn Parameter gesetzt werden. Die fundamentale Entscheidungsgrundlage liegt hier in der Wertehaltung der Verantwortlichen, denn nur auf dieser Basis kann über den Start, die Fortführung und den Abschluss eines Usability Testing entschieden werden. Der erste Schritt liegt in der Unterteilung des allgemeinen Ziels Usability in bestimmbare Eigenschaften. Diese Eigenschaften werden als Usability-Unterfaktoren oder -Kriterien bezeichnet. Als messbare Attribute beziehen sie sich auf die in der ISO-Definition genannten Einflussgrößen Effizienz, Effektivität und Zufriedenheit und sind z. B. Kontinuität, Fehlerraten, Erlernbarkeit oder Wiedererkennung. Mit diesen Parametern können in der Beurteilung der Usability kritische Werte für die Attribute ermittelt und damit auch Vergleiche zwischen Ist- und Soll-Werten angestellt werden.

6.1.2
Beurteilung durch Experten

Ein Usability-Test simuliert in der Durchführung ganz allgemein den Praxisfall. Ein Produkt, gleich welcher Art und in welchem Entwicklungsstadium, wird gestestet, indem typische Anwendungen des Produkts bearbeitet und bewertet werden. Um die Usability eines Produkts beurteilen zu können, braucht es neben den oben genannten Messungskriterien vor allem Experten, die das Produkt sowohl mit seinen Anwendungsmöglichkeiten als auch den Benutzungskontext des Produkts kennen und daraus die Usability-Stärken und -Schwächen ableiten können. Diese Experten sind in der ISO-Definition von Usability genannt, es sind die „bestimmten Nutzer", die Zielgruppe des Produkts. Vor allem die Vertreter der Zielgruppe wissen, warum ein Produkt nicht in den Alltag passt, wie es benutzt wird, was zu verbessern ist. Stellvertretend für die Benutzer können auch Ergonomie-Experten ein Produkt nach seiner Usability bewerten.

6.1.3
Ergebnisse des Usability Testing

Die Ergebnisse eines Usability-Tests zeigen die Stärken und Schwächen des Produkts auf, bezogen auf die im Vorhinein gestellten Usability-Kriterien. Im Idealfall werden die Probleme im Anschluss an den Test durch die Auswertung und Empfehlungen der Experten gelöst. Auf diese Weise können Usability-Problematiken schon vor der Veröffentlichung des Produkts angegangen werden. Die Aussagen der

Benutzer enthalten über die Angaben der Usability-Probleme hinaus auch oft wesentliche Anregungen zu neuen Sichtweisen, Ideen und Optimierungsmöglichkeiten des Produkts und geben Aufschluss über die Kaufmotive und Präferenzen der Zielgruppe.

Der Begriff „Usability-Test" steht für einen komplexen Vorgang in verschiedenen Ausführungsmöglichkeiten. Während sich die Durchführungen der Usability-Tests ähneln, gibt es eine große Anzahl an Testmethoden, die sich an den Anforderungen und Entwicklungsstadien des zu testenden Produkts orientieren. In dem folgenden Beitrag werden nach einer Darstellung der Entwicklung der Testkonzeption sowohl die Methode der Benutzerbefragung als auch die Methoden der Expertenuntersuchung vorgestellt und in vergleichenden Methodenplänen zueinander in Bezug gesetzt.

6.2
Konzeption des Usability Testing

Wie im vorigen Kapitel erläutert, ist die Messbarkeit der Usability durch Ziel- und Attributbestimmung die Basis eines jeden Testdesigns. Die Zieldefinition ist grundlegend für die Präzisierung der Fragestellung und Schwerpunktsetzung der Studie. Alle weiteren Schritte in der Erstellung – die Anfertigung der Benutzer- und Benutzungsprofile, die Wahl der Werkzeuge und Methoden und auch die Bewertung der Ergebnisse eines Usability-Tests – orientieren sich an der Zieldefinition.

6.2.1
Zielgruppe
Allgemeine Ergonomie-Kriterien können von Usability-Experten überprüft werden. Oft werden auch Projektbeteiligte wie Projektleiter, Entwickler oder Designer zu Rate gezogen. Ein Produkt hat aber vor allem dann eine hohe Usability, wenn es den Ansprüchen der Benutzer genügt. Für die ganzheitliche Nutzung eines Produkts sind also die Endnutzer die wichtigsten und aufschlussreichsten Testpersonen und stellen den letztlich absoluten Bewertungsmaßstab dar.

Die Nutzerschaft eines Produkts, sprich seine Zielgruppe, sollte schon vor der Produktkonzeption feststehen, um die Eigenschaften des Produkts daran ausrichten zu können. Die zielgruppenrelevanten Kriterien im soziodemographischen Bereich beschreiben Alter, Geschlecht, Einkommen, Ausbildung, Beruf etc. Weiterhin spielen das Lebensumfeld und die Erfahrung der Zielgruppe mit dem Produkt eine Rolle. All diese Eigenschaften werden zu einem für weitere

Aufgabenstellung grundlegenden Benutzerprofil zusammengefasst. Nach diesem Benutzerprofil werden die Testpersonen rekrutiert. Auch bei der Auswertung durch Experten wird dieses Zielgruppenprofil erneut berücksichtigt.

Wendet sich ein Produkt an mehr als eine Zielgruppe, werden mehrere Benutzergruppen gebildet und rekrutiert. Besonders für das Kriterium Produkterfahrung kann es sinnvoll sein, mehrere Benutzergruppen zu bilden und so z.B. zwischen Anfängern und Fortgeschrittenen zu unterscheiden. Die Ergebnisse können bewertet und aus den Vergleichen interessante Schlüsse auf die gesamte Benutzung gezogen werden.

6.2.2
Nutzungskontext

Der Nutzungskontext eines Produkts, oft auch als Benutzungsprofil bezeichnet, beschreibt die Nutzungsumgebung eines Produkts. Die Eigenschaften der physikalischen und sozialen Umwelt können für die Ergebnisse des Usability Testing von entscheidender Bedeutung sein. Der Zweck des Produkts und der Einfluss dieses Zweckes auf das Produkt sollte definiert werden. Ebenfalls ausschlaggebend für den Nutzungskontext ist der Umstand, ob ein Produkt beruflich oder privat angewendet wird, ob die Nutzung in einem eigenen Zimmer oder einem Großraumbüro stattfindet und ob eine durchgängige Nutzung die Praxis ist oder der Anwender die Nutzung durch Störungen von außen öfters unterbricht. Die Raumtemperatur oder der Lärmpegel können Auswirkungen auf die Nutzung haben, ebenso kann sich die Nutzung durch die Jahreszeiten oder über jahrelange Veränderungen wandeln. Für techniklastige Produkte wie Software oder Web-Seiten ist bei einem Usability-Test auch die reale technische Ausstattung der Zielgruppe nachzustellen. Finden die Tests nicht in der natürlichen Umgebung des Nutzers statt, sollten zumindest die wichtigsten Einflussfaktoren des Nutzungskontextes im Labor nachgestellt werden.

Nicht alle diese Aspekte sind in einem Benutzungsprofil in gleichem Maße zu berücksichtigen. Jeder Usability-Test verlangt eine spezifische Gewichtung der relevanten Faktoren. Der Nutzungskontext sollte aber ausreichend beschrieben werden, damit alle auf die Usability Einfluss nehmenden Faktoren berücksichtigt werden können.

6.2.3
Untersuchungsdesign

Bei der Konzeption des Testablaufs stellt sich die Frage nach den Mitteln, mit denen möglichst genaue Ergebnisse beim Usability Testing erzielt werden können. Bei der Präzisierung der Fragestellung und Schwerpunktsetzung der Studie sind die Nutzer- und Nutzungsprofile die Basis, um ein entsprechendes Untersuchungsdesign zu entwickeln. Welches Untersuchungsmittel letztendlich eingesetzt wird, entscheidet sich vor allem nach den jeweiligen Vorzügen und Einschränkungen der einzelnen Methoden.

Fragebogen und Interviews

Ein Fragebogen stellt die Grundlage eines jeden Testings dar. Er besteht aus einer Abfolge von Fragen, die Benutzern zur Beantwortung zugesandt oder in einem direkten Interview unterbreitet wird. Bei einer Zusendung wird der Fragebogen von den Anwendern ausgefüllt. Im persönlichen Interview dokumentiert der Interviewleiter oder ein Protokollant die Antworten des Benutzers. Bei der Think-Aloud-Methode wird der Proband dazu angehalten, während eines Testings seine Gedanken laut auszusprechen. Der Interviewleiter gewinnt so die wesentlichen Einsichten in die Meinungen der Anwender und kann an missverständlichen oder weiterführenden Stellen des Interviews nachhaken.

Das wesentliche Unterscheidungsmerkmal von Fragebogen ist die Unterscheidung der Antwortmöglichkeiten in vorgegebene bzw. feste und nicht vorgegebene oder freie Antworten. Bei vorgegebenen Antworten kann der Benutzer entweder eine oder mehrere Antworten auswählen, aber keine freien Bemerkungen zu seinen Antworten angeben. Diese Art der Fragebogen ist mühelos in quantitativer Form auszuwerten, da nur eine begrenzte Anzahl von Antwortmöglichkeiten besteht. Je freier dabei die Antwortmöglichkeiten des Fragebogens gestaltet sind, desto größer ist auch die Spanne der gegebenen Antworten. Eine Extremform der freien Fragebogen liegt vor, wenn auch die Fragenabfolge frei gestaltet ist und sich der Interviewer ganz von dem leiten lässt, was während des Interviews passiert. Freie Fragebogen werden meist für qualitative Umfragen genutzt und liefern umfangreiche und teils auch unerwartete Ergebnisse.

Sind die Fragen in einem Usability-Test frei, wird von einem explorativen Testcharakter gesprochen. Das explorative Testen kommt aus der Marktforschung und ist eher eine Forschungshaltung als eine Forschungsmethode. Ziel ist es hierbei, zu Annahmen zu gelangen, anstatt eine Annahme zu prüfen. Ein auf den Anwender und seine Anwendung konzentriertes Usability Testing sollte zumindest teilweise explorativ arbeiten, da durch eine Festlegung von Annahmen

durch Experten das Testing in Bahnen verläuft, die nicht von dem
Benutzer vorgegeben sind.

Mouse Tracking, Eye Tracking

Mittels einer Augenkamera können die Blickbewegungen eines
Probanden aufgezeichnet werden. Diese Eye Tracking genannte
Methode erfasst mit Hilfe von zwei Objektiven das Blickfeld der Testperson und die Bewegung auf der Hornhaut. Die Augenbewegun-
gen können mit der Reflexion des Lichtes eines auf die Hornhaut
projizierten Infrarot-Lichtstrahls abgeleitet werden. Die Blickbewe-
gung des Benutzers verrät mit der Abfolge der Blicke auch die Reak-
tionszeit, die er braucht, ein Ziel als solches zu erkennen. Dieser
Zeitparameter lässt Rückschlüsse auf die Emotionen und Bewertungen gegenüber dem spezifischen Zielgegenstand zu. Alternativ kann
die Bewegung der Maus protokolliert und ausgewertet werden. Das
so genannte Mouse Tracking sollte aber wie auch das Eye Tracking
durch ein zusätzliches Think-Aloud-Protokoll kombiniert werden,
um die gemessenen Werte mit den Beurteilungen der Probanden in
Verbindung setzen zu können.

6.3
Methoden der Benutzerbefragung

Die Usability eines Produkts orientiert sich an dem Anwender und
seiner Benutzung. In diesem Sinne sind die Methoden der Benutzerbefragung zentral im Usability Testing. Interessant sind sie jedoch
nicht nur im Hinblick auf die erwarteten Ergebnisse, sie bieten auch
einen spannenden Einblick in weitere oder alternative Nutzungs-
möglichkeiten des Produkts. Jeder Projektbeteiligte sieht ja bei der
Entwicklung eines Produkts – zumindest im optimalen Fall – den
Endanwender vor seinem geistigen Auge. Das Usability Testing mit
dem Anwender selbst gibt ihm nun die Gelegenheit, den Benutzer
direkt bei der Anwendung des Produkts zu beobachten.

In diesem Kapitel werden die wichtigsten Methoden des Usability
Testing mit Anwendern angesprochen und kurz erläutert. Zu jeder
Methode gibt es Varianten, die sich von der ursprünglichen Methodik durch kleine Verlaufsänderungen unterscheiden. Da sie aber
meist ganz ähnliche Verfahren, Einsatzgebiete, Schwächen und Stärken etc. aufweisen, sollen sie hier nur eine kurze Erwähnung finden
und können in der angegebenen Fachliteratur vertieft werden.

6.3.1
Gruppendiskussion

Die Gruppendiskussion, auch Fokusgruppe genannt, ist eine Technik des Datensammelns. Die Anwendung dieser Methodik ist eine grundlegende Vorgehensweise in der Marktforschung, wenn ein neues Produkt geschaffen, positioniert und eingeführt werden soll. Wie auch Interviews stellen Gruppendiskussionen eine formale, strukturierte Methodik dar. In zwei bis drei Stunden diskutieren, von einem Diskussionsleiter moderiert, ca. fünf bis neun Teilnehmer vorgegebene Eigenschaften eines Produkts. Dabei werden die Probanden nach ihrer Meinung und ihren Erfahrungen befragt. Grundlegend und einzigartig ist an dieser Methode, dass es keine Einzelpersonen sind, die befragt werden, sondern eine Gruppe gemeinsam diskutiert. Dabei reagieren die einzelnen Teilnehmer auf Beiträge und Meinungen der anderen. Die gesamte Diskussion wird elektronisch aufgezeichnet und anschließend schriftlich protokolliert und ausgewertet.

Gruppendiskussionen sind stark an zwischenmenschliche Prozesse gebunden. In der Gruppe tauschen sich Befragte „quasinatürlich" aus. Auf diese Weise werden handlungsrelevante kollektive Einstellungen ermittelt. Diese Einstellungen können auch erst über die Diskussion entstehen. Gruppendynamiken kommen dann zum Tragen, wenn sich die Gruppe z. B. nicht einigen kann und sich Wortführer herausbilden. Auch das Gegenteil kann der Fall sein, wenn sich die Gruppe durchgehend homogen verhält und die Teilnehmer bemüht sind, eine schnelle und einheitliche Antwort zu finden. Beide Fälle sind Extrempositionen, aber schon Tendenzen in die eine oder andere Richtung stehen dem Zweck einer Gruppendiskussion, möglichst viele und unterschiedliche Meinungen zu erhalten, im Wege. Aus diesem Grund leitet ein Moderator die Diskussion. Im Vorfeld der Diskussion erstellt er eine Liste mit den anstehenden Diskussionspunkten. Dadurch wird die Diskussion in die Richtung angeregt, die auch beabsichtigt ist. Sie wird am Laufen gehalten, ohne dass der Moderator zu stark eingreift und damit spontane Äußerungen unterdrückt. Durch die Präsenz des Moderators, der interagiert und eingreifend wirkt, unterscheidet sich die Gruppendiskussion von den Methodiken der Umfragen und Fragebogen.

Gruppendiskussionen zielen in erster Linie nicht darauf ab, statistisch verwertbares Material abzuwerfen. Stattdessen wird der explorative Charakter genutzt, um schwer messbare Parameter wie Meinungen, Vorurteile, Einstellungen, Fehlinformationen oder Informationsdefizite bei den Diskussionsteilnehmern zu ermitteln. Besonders geeignet sind Gruppendiskussionen, wenn sich ein Produkt in einem sehr frühen Entwicklungsstadium befindet. In diesem Fall können statt genau zu spezifizierenden Produkteigenschaften wesentlich größere Themenkomplexe wie z. B. eine generelle Produktakzeptanz untersucht werden. Für eine Gruppendiskussion genügen Ansichten des Produkts in Papierform oder als Modell.

Varianten von Gruppendiskussionen

Werden mehrere Gruppendiskussionen hintereinander geführt, können die Ergebnisse einer Gruppe in die Diskussion der nächsten mit einfließen. So ist es möglich, komplexe Themen zu bearbeiten, spezielle Themen zu intensivieren oder auch mehrere Richtungen eines Themas in so genannten kumulativen Gruppendiskussionen zu erforschen.

In der kombinierten Gruppendiskussion werden vor und nach der Diskussion Einzelinterviews geführt. Hierbei wird deutlich, in welcher Form sich die einzelnen Meinungen geändert haben. Besonders spannend ist die Anwendung dieser Methode, wenn die Meinung des Einzelnen im Spannungsfeld einer Gesamtmeinung interessiert.

Bei sensiblen Themen wird in einer Kleingruppe von vier bis fünf Personen getestet. So kann der Moderator eine zentrale Rolle einnehmen und individuelle Meinungen stärker berücksichtigen. Kleingruppen werden auch bei arbeitsintensiven Zielgruppen wie Kindern oder komplexen Gruppen wie „Experten" angewandt.

Auch das Internet bietet der Gruppendiskussion Erweiterungsmöglichkeiten als Online-Fokusgruppe an. Über einen virtuellen Chat-Raum können die Probanden ortsunabhängig diskutieren. Diese Methode bietet sich an, wenn die Teilnehmer schwer zu rekrutieren sind oder die Beiträge der Teilnehmer vor der Freischaltung kontrolliert werden sollen. Hier ist ein hohes Maß an Selbstorganisation und Technikwissen der einzelnen Teilnehmer gefragt. Bis sich die Benutzung des Mediums Internet nicht wesentlich vereinfacht hat, eignen sich hauptsächlich Experten für Online-Fokusgruppen.

6.3.2
Usability Lab

In einem Usability Lab werden Testpersonen in ein „Labor" eingeladen, in dem mit der entsprechenden Hard- bzw. Software und oft auch durch eine typische Büroatmosphäre die „reale" Umgebung des Benutzers nachgestellt wird. In einem zweiten Raum können die Aktivitäten des Benutzers über einen Monitor oder einen einseitigen Spiegel von Versuchsleitern, Projektbeteiligten und Kunden verfolgt werden. Pro Zielgruppe werden zwischen sechs und zehn, teilweise aber auch bis zu zwölf Testpersonen eingeladen. Die Testdauer beträgt meist zwischen einer und 1,5 Stunden. Die Testinhalte richten sich nach der Zielsetzung des Projekts.

Die technische Ausstattung variiert von Labor zu Labor. Die Mindestausstattung besteht aus Kamera und Mikrofon. Das Mikrofon nimmt die Fragen des Versuchsleiters und die Antworten der Testperson auf. Die Kamera kann hinter dem Probanden positioniert sein, um die Bildschirmaktivitäten aufzunehmen. Wertvoller für eine ganzheitliche Auswertung ist aber eine Kamera, die das Gesicht der Testperson und damit auch die einzelnen Gesichtsausdrücke und Emotionen festhält, während gleichzeitig eine Bildschirmaufzeichnungs-Software die Mausbewegungen aufzeichnet. Die einzelnen Bilder werden mit dem Ton auf einer Videokassette fixiert, damit zur späteren Auswertung das gesamte Usability Lab zur Verfügung steht.

Vor jedem Lab steht die Begrüßung des Probanden und die Erklärung der Vorgehensweise. Wichtig ist es hierbei, der Testperson zu vermitteln, dass im Usability Lab nicht sie selbst, sondern eine Website, eine Software oder ein anderes Produkt getestet wird. Auf diese Weise kann einer Prüfungsatmosphäre entgegengewirkt werden, die eine Simulation der realen Umgebung und Verhaltensweise verhindern würde. Anschließend werden dem Probanden Aufgabenszenarien, so genannte Tasks, vorgelegt, und er wird angehalten, alle seine Gedanken nach der Think-Aloud-Methode deutlich zu äußern. Indem der Teilnehmer seine Gedankengänge verbalisiert, können eine subjektive Bewertung der Nutzung erfasst und Einblicke in den Entscheidungsfindungsprozess erhalten werden. Die Tasks beschränken sich auf die Anwendung des Produkts und orientieren sich in der Fragestellung an den Zielsetzungen des Projekts.

Ein Protokollant und ein Versuchsleiter stehen der Testperson zur Seite. Der Protokollant schreibt möglichst wortwörtlich die Aussagen des Probanden mit und skizziert auch weitere Parameter der Nutzung wie Fehlversuche, Emotionen des Probanden oder technische Schwierigkeiten. Er verhält sich möglichst unauffällig und sitzt auch häufig im anderen Raum. Der Versuchsleiter leitet die Befragung und fragt innerhalb der Tasks nach, wenn es ihm sinnvoll erscheint. Er beobachtet auch die Anwendungscharakteristika der Testperson, ihre persönlichen Vorlieben und Geschwindigkeit. Je offener der Task-Verlauf und die einzelnen Fragestellungen sind, desto höher sind die Ansprüche an den Versuchsleiter, der den Testverlauf, die abzutestenden Inhalte und die angestrebten Ergebnisse ständig abgleichen muss.

Durch die Tasks ist es möglich, ganz gezielt einzelne Elemente und Funktionalitäten eines Produkts abzutesten und mit eventuellen Alternativ-Varianten zu vergleichen. Eine kombinierte Auswertung der Beobachtungs- und der Befragungsergebnisse erlaubt es, Unklarheiten und Schwachstellen zu identifizieren und konkrete Optimierungsansätze abzuleiten. Je nach Zielsetzung und Fragenkatalog können ganz konkrete Nutzungsprobleme angegangen oder erste Entwürfe getestet werden. Bei mehrmaligem Einsatz während der Produktentwicklung können die einzelnen Fragestellungen und Ergebnisse miteinander in Bezug gesetzt werden.

Mit einem Usability Lab werden konkrete Nutzungshindernisse identifiziert und Optimierungsvorschläge abgeleitet. Wegen der kleinen Stichprobe haben die ermittelten Häufigkeiten keine quantitative Aussagekraft. Bei deutlich übereinstimmenden Beurteilungen bzw. Problemen der Nutzer lassen sich jedoch eindeutige Aussagen und Empfehlungen treffen. Allerdings sind Usability Labs zeit- und kostenaufwändig. Es muss mit einer zeitlich relativ großen Vorbereitungsphase, einer arbeitsaufwändigen Durchführung sowie einer intensiven Auswertung gerechnet werden. Dafür führen Usability Labs zu umfangreichen und wertvollen Ergebnissen, die oft über die Erwartungen und geplanten Projektziele hinausgehen. Zusätzlich kann ein Usability Lab zur Kommunikation und Kooperation innerhalb eines Projektteams dienen. Durchgeführte Usability Labs können z. B. zur Diskussionsgrundlage in einem Team aus Projektleitern, Programmierern und Designern dienen und das Verständnis zu bestimmten Problematiken der Teilnehmer an diesem Projekt führen. Erfahrungsgemäß haben erst sehr wenige Projektbeteiligte die Benutzung eines Produkts beobachtet, das sie selbst mitentwickelt haben. So stellte ein Entwickler als Beobachter bei einem Test in den Microsoft Laboratories erstaunt fest: „Wir brauchen intelligentere Benutzer!"*

Co-Discovery-Methode

Beim Co-Discovering, auch Teaching-Methode oder konstruktive Interaktion genannt, werden zwei Probanden gleichzeitig eingeladen. Gemeinsam vor dem Bildschirm sollen sie die Möglichkeiten und Anwendungen eines Internet-Angebots erkunden und diskutieren. Der Vorteil der Co-Discovery-Methode besteht in der Ungezwungenheit der Testsituation. Ohne Versuchsleiter befinden sich die Probanden in einer Situation, die der Atmosphäre am Arbeitsplatz nahe kommt, denn dort ist der Kollege oft der erste Ansprechpartner bei einem Problem. Zudem machen die Teilnehmer Bemerkungen, die sie mit einem Tester nicht gemacht hätten. – Die Co-Discovery-Methode wird gerne bei Zielgruppen mit starker Abgrenzung oder eigenen Kontexten angewendet. Neben dem eingespielten Arbeitsteam sind hier vor allem Kinder und Jugendliche zu nennen, die sich während des Tests mit Gleichaltrigen anders verhalten als mit einem „Erwachsenen" als Versuchsleiter. Auch die Co-Discovery-Methode kann in jeder Pro-

---

* http://msdn.microsoft.com/library/welcome/dsmsdn/hfactor8_6.htm

jektphase angewandt werden und eignet sich besonders für CSCW, Groupware und generell für Teamwork konzipierte Produkte.

6.3.3
Feldforschung

Bei allen bisher vorgestellten Methoden werden potentielle Anwender eingeladen, das Produkt in einer Laborumgebung zu testen. Auch wenn im Usability Lab versucht wird, die reale Umgebung der alltäglichen Nutzung nachzuahmen, befindet sich der Proband doch in einer für ihn ungewohnten Umgebung und in einem Experiment. Dieser Umstand beeinflusst nicht alleine psychologische Messgrößen wie Prüfungsgefühle oder Erwartungshaltung. Im Labor entspricht die gesamte Situation im Bezug auf Arbeitsunterlagen, klingelnde Telefone, fragende Kollegen oder quengelnde Kinder, Meetings und Termine etc. nicht dem täglichen Arbeitsablauf und damit realen Nutzungskontext. Die Projektziele können aber durchaus so definiert sein, dass genau diese Umstände eine entscheidende Rolle spielen. In diesem Fall kann die Feldforschung die gewünschten Resultate liefern. Feldforschung bedeutet, zu den Benutzern zu gehen und sie bei ihrem Arbeitsprozess vor Ort zu beobachten.

Mit einer Feldforschung kann viel über den Einsatzort und die Umstände der Nutzung herausgefunden werden. Am Anfang der Produktentwicklung stellt sich die Frage, ob überhaupt ein Bedarf an dem geplanten Produkt besteht. Feldforschung kann aber auch nach der Einführung eines Produkts eingesetzt werden, wenn sich zäher Verkauf oder gar Misserfolge abzeichnen, aber die Gründe dafür nicht ersichtlich sind. Gerade hier werden mit der Feldforschung erstaunliche Ergebnisse erzielt.

Feldforschung bedeutet, im Vorfeld des eigentlichen Tests die repräsentativen Probanden und ihr Umfeld zu definieren, denn die Arbeitsumgebung und -bedingungen fließen mit in die Bewertung ein. Hier ist eine genaue Zeitplanung vonnöten, da sich der Versuchsleiter nur wenige Stunden in einem Bereich aufhält. Eine aufmerksame Beobachtung ist in der Feldforschung grundlegend, da von den Ergebnissen ja gerade erwartet wird, dass sie dort liegen, wo niemand sie vermutet. Die Feldforschung gestaltet sich demnach äußerst explorativ und liefert ein weites Feld an Ergebnissen. Die Ergebnisse werden gerne in Artifacts (Artefakte) und Outcropping (Sichtbarem / Zutagegetretenem) ausgewertet. Artifacts stellen benutzbare, physikalische Objekte dar, während Outcroppings messbare Eigenschaften sind, die das Produkt ebenso wie den Menschen und seine Umgebung beschreiben. Als Versuchsleiter eignen sich in der Feldforschung besonders Doppelexperten, die sowohl in der Usability als auch in dem Untersuchungsbereich ausreichend geschult sind.

Contextual Inquiry

Eine verwandte Methode ist das Contextual Inquiry, auch strukturierte Feldmethode genannt. Bei der strukturierten Feldmethode wird davon ausgegangen, dass der Benutzer in dem ganzen Entwicklungsprozess des Produkts die Rolle eines Partners einnimmt. Diese Entwicklungsphilosophie betont die Wichtigkeit des Nutzungskontextes eines Produkts und stellt damit das Usability Testing als entwicklungsimmanent in den Vordergrund. Zwischen dem Interviewer und dem Interviewten entsteht ein Dialog, der beiden einen Einfluss auf die Produktentwicklung einräumt. Damit verliert die strukturierte Feldmethode für die Testpersonen allen experimentellen Charakter. Der Versuchsleiter ist Teil des Alltags und wird damit nicht mehr als Fremdkörper wahrgenommen. Motivationen und Erfahrungen spielen in diesem Prozess eine größere Rolle als statistische Auswertungen. Die strukturierte Feldmethode ist eine Langzeitstudie, bei der mit mehrmonatigen Laufzeiten gerechnet werden muss.

6.3.4
Online-Panel

Ein Online-Panel ist eine Befragung von Nutzern über das Internet mit dem Ziel, quantitative Daten zu generieren. Das Panel ist die Datenbank, in der die Nutzer mit soziodemographischen Daten wie Geschlecht, Alter, Ausbildung oder Beruf und weiteren Angaben wie z.B. Häufigkeit und Dauer der Internet-Nutzung, technische Ausstattung oder auch Hobbys registriert sind. Panels werden von auf Konsumentenforschung ausgelegten Unternehmen wie Marktforschungsinstituten oder auch Agenturen angelegt, gepflegt und erweitert. Je größer dabei das Panel ist, desto genauer kann eine Zielgruppe festgelegt werden. Gleichzeitig muss ein Panel gut gepflegt werden. Nicht nur die Nutzerdaten können sich ändern, auch sollte eine verteilte Nutzung der Teilnehmer stattfinden, und einzelne Testpersonen sollten nicht durch ständige Nutzung überbeansprucht werden.

Jeder eingetragene Nutzer dieses festen Datenbestands kann wiederholt online befragt werden. Welche Nutzer angeschrieben werden, um an der Befragung teilzunehmen, hängt direkt mit der Zielsetzung des Projekts und der daraus resultierenden Zielgruppe zusammen. Der Aufwand des Nutzers durch die Beantwortung der Fragen wird unterschiedlich vergütet. In den meisten Fällen erhält er Bonuspunkte, die auf einem von dem ausführenden Institut angelegten Konto verbucht und ab einer bestimmten Ansammlung gegen Geld oder Güter eingetauscht werden können. Die Fragebogen sind wegen der späteren Computerauswertung fest formuliert und werden zugesandt oder können vom Benutzer nach einer Anmeldung auf der Web-Seite ausfüllt werden.

Mit Hilfe von Online-Panels können Trends im Internet-Bereich wie auch auf allgemeinen Gebieten schnell erfasst werden. Genauso gut eignen sich Online-Panels durch die Sammlung repräsentativer Daten zur Online-Forschung oder zur Erstellung von Studien. Durch die Wiederholung von Online-Panels ist es einerseits möglich, langfristige Prozesse in der Nutzung der gleichen Anwender zu verfolgen. Gleichzeitig können durch kurze Umfragen Momentaufnahmen einer Fragestellung generiert werden.

Bearbeitet der Nutzer den Fragebogen, gibt er nicht nur seine Antworten an. Speziell programmierte Software speichert im Hintergrund, wie viel Zeit sich der Nutzer bei den einzelnen Fragen gelassen hat. So können Rückschlüsse auf die Antwortsicherheit der Testperson gezogen werden. Der Nutzer wiederum kann sich den für ihn günstigsten Zeitpunkt und Ort aussuchen, die Fragen zu beantworten, und wird nicht wie z. B. in einem Telefoninterview bei seinen alltäglichen Aktivitäten gestört. Gleichzeitig gibt es keine Einflussnahme von Seiten eines Versuchsleiters, keine Prüfungssituation oder Fehler bzw. Missverständnisse in der Protokollführung.

Online-Panels können problemlos mit multimedialen Elementen wie Bildern, Sound oder kleinen Filmen erweitert werden, was das mögliche Erfassungsspektrum sehr erweitert. Gleichzeitig entfällt jede Protokollierung seitens des Instituts, da die Testpersonen ihre Ergebnisse selbst eingeben. Insgesamt ist das Online-Panel ein sehr nützliches Werkzeug, mit dessen Hilfe ein breites Spektrum schnell und effizient durch eine genau ausgesuchte Zielgruppe abgefragt werden kann.

Obwohl sich ein Panel repräsentativ der Nutzung des Internets zusammensetzt, kann es trotzdem zu Verzerrungen kommen. Da das gesamte Panel aus Internet-Nutzern besteht, kann die Nutzerschaft eines Testes nicht dem Bevölkerungsdurchschnitt entsprechen. Es besteht auch kein Einfluss auf den Beantwortungsvorgang. Der Proband kann seine spezielle Methode haben, die Fragen zu beantworten, die von der Software falsch interpretiert wird. Störfaktoren aus der Umwelt wie z. B. Telefonanrufe, Rechnerprobleme, Toilettengänge können in der Auswertung ebenfalls nicht berücksichtigt werden.

6.3.5
Onscreen-Befragung

Bei einer Onscreen-Befragung wird der x-te Besucher einer Web-Seite mit einem Fragebogen konfrontiert und gebeten, diesen zu beantworten. Teilweise kann der Benutzer die Fragen beantworten, ohne mehr Angaben zu seiner Person als zur Auswertung notwendig zu machen, meist aber wird die Onscreen-Befragung zur Adressgenerierung für ein Unternehmen oder auch zur Panel-Erweiterung benutzt.

Sowohl in der Erstellung als auch in der Durchführung und Auswertung unterscheidet sich die Onscreen-Befragung wenig von der Panel-Befragung. Der wichtigste Unterschied liegt in der mangelnden Validität der Ergebnisse. Zum einen beantworten Internet-Vielnutzer, die so genannten Heavy-User, Fragen im Internet viel lieber und damit öfter als die Wenignutzer oder Light-User. Insgesamt sind es natürlich auch in einer Onscreen-Befragung die Internet-Nutzer, die die Fragen beantworten, und keine repräsentative Auswahl der Allgemeinpopulation. Da die Testpersonen wählen, ob sie den Fragebogen beantworten, möchten oder nicht, sind die Beantworter nicht einmal repräsentativ für die Population der Internet-Nutzer. Eine Zielgruppe kann ebenso schwer eingegrenzt werden.

Viele dieser Nachteile werden relativiert, wenn ein Unternehmen die Akzeptanz seiner eigenen, bestehenden Web-Seite abfragen möchte. Hierzu kann, muss aber nicht ein Panel gemietet werden, denn die Zielgruppe befindet sich ja schon auf der Seite. Darüber hinaus wird eine solche Befragung von den Nutzern oft als Interesse ausgelegt und dient dem Unternehmen als Kundenbindungsmaßnahme.

Bei allen Arten der Online-Umfragen stellt sich das Problem der Validität: Bei Online-Befragungen sind Online-Nutzer überrepräsentiert und bei Offline-Befragungen die Offline-Nutzer. Sind wirklich repräsentative und valide Daten angestrebt, empfiehlt sich eine Kombination von Online- und Offline-Befragung. In Fragen der Usability sind Online-Umfragen lange nicht so produktiv wie Testings mit Nutzern. Die eingeschränkten Antwortmöglichkeiten geben weniger Aufschluss über die Benutzung des Produkts als mehr über die Meinung der Testperson über das Produkt. Panels oder Screenings sind aber sehr gut geeignet, im Vorfeld eines Usability-Labors oder einer Gruppendiskussion die Testausrichtung zu ermitteln.

6.4
Usability-Inspektion durch Experten

Benutzerbefragungen wenden sich an die Anwender eines Produkts, um dessen Usability festzustellen. Die Ergebnisse, die bei Anwendung dieser Methoden erzielt werden, mögen zur Zufriedenheit der Produktentwickler ausfallen oder überraschend und unbequem sein – sie sind aber ohne Zweifel die Meinung der Benutzer, die dieses Produkt erwerben und anwenden sollen, und stellen damit grundlegende und relevante Resultate dar. Leider ist es immer mit einigem zeitlichen und auch finanziellen Aufwand verbunden, die Benutzer zu befragen. Auch wenn bei jeder Untersuchung neben den gewünschten Ergebnissen große Mengen an weiterem verwertbaren Material rund um die Benutzung eines Produkts anfällt, kann es in der Produktentwicklung phasenweise wichtiger sein, schnell, effektiver und auch kostengünstiger zu einem dafür weniger umfangreichen Ergebnis zu kommen. In diesem Fall ist der Einsatz einer Inspektion ratsam, bei der Ergonomie-Experten die Usability eines Produkts testen.

Der Ansatz des Testens durch Experten oder Gutachter geht davon aus, dass es den Gutachtern möglich ist, die Probleme der Endanwender vorauszusagen. Als Experten am wenigsten geeignet sind damit die Projektbeteiligten selbst, denn gerade der Umstand, dass sie intensiv an der Entwicklung beteiligt sind, macht für sie ein objektives Urteil sehr schwierig. Ausgebildete Ergonomen dagegen können auch in für sie neuen Produktbereichen hochwertige Usability-Inspektionen durchführen, da ergonomische Grundregeln sich nicht auf bestimmte Produktgruppen beschränken. Die qualitativ hochwertigsten Ergebnisse liefern so genannte „Doppelexperten", die sowohl in der Usability als auch im zu untersuchenden Metier ausgebildet sind. Hier verbinden sich wissenschaftlich fundierte Grundlagen mit dem oft nötigen Verständnis der produktspezifischen Eigenheiten.

Die Ziele einer Inspektion liegen in der schnellen und eindeutigen Identifikation von Usability-Problemen. Zu diesem Zweck werden die Charakteristiken eines Produkts untersucht, die die Effizienz, die Effektivität oder die Zufriedenheit des Benutzers in der Anwendung des Produkts beeinträchtigen können. Die weiteren Zielsetzungen hängen von der Wahl der Methode und Untersuchungsgrundlagen ab und können z. B. auch die leichte Erlernbarkeit, einen Wiedererkennbarkeitsfaktor oder die Einhaltung von Standards betreffen.

Die Inspektionsmethoden können in jedem Projektstadium eingesetzt werden. Wenn in einer sehr frühen Phase des Entwicklungszyklus erst frühe Entwürfe in Form von Skizzen vorliegen, ist allerdings auch mit eingeschränkten Ergebnissen zu rechnen. Für ein befriedigendes Ergebnis ist zwar nicht notwendig ein implementiertes, aber doch eine fertig gestaltete Benutzeroberfläche empfehlenswert. Ideal ist der Einsatz von Inspektionsmethoden im mittleren Projektzyklus in der Kombination mit einer Aufgabenanalyse, einem Szenarienentwurf am Anfang und Benutzertests am Schluss.

6.4.1
Heuristische Evaluation

Die bekannteste Inspektionsmethode ist die heuristische Evaluation, in der Gutachter anhand von allgemein gültigen Prinzipien zur benutzerfreundlichen Gestaltung überprüfen, inwieweit diese Prinzipien mit den Eigenschaften des Produkts übereinstimmen. In der Entwicklung der heuristischen Evaluation hat sich mit diversen Publikationen der Amerikaner Jacob Nielsen einen Namen gemacht. Er sieht in dieser Methode eine Alternative und Ergänzung zum klassischen Usability-Test und nennt seine Heuristiks auch „Discount Usability Engineering". Durch die schnelle und kostengünstige Einsatzmöglichkeit der Expertenevaluation möchte er nach eigenen Aussagen die Hemmschwelle zum Einsatz von Usability Testing senken.

Bei einer heuristischen Evaluation werden in einem ersten Schritt alle teilnehmenden Experten eingeladen, um die im Vorfeld festgelegten Heuristiken abzusprechen. Anschließend vergleicht jeder Experte für sich alleine bzw. mit einem Protokollanten das Produkt unter Zuhilfenahme der heuristischen Vorgaben in ein oder zwei Durchgängen. Empfohlen werden meistens zwei Durchgänge, damit sich der Experte bei der ersten Runde ganz auf sein Gefühl für den Informationsablauf und die Funktionalitäten konzentrieren und anschließend die einzelnen Bedienelemente genauer unter die Lupe nehmen kann, ohne die Gesamtanwendung aus den Augen zu verlieren. Erst wenn alle Experten ihre Untersuchung beendet haben, werden die Ergebnisse abgeglichen und gemeinsam diskutiert.

Cognitive Walkthrough

Eine weitere Methode der Inspektion ist das kognitive Hineinversetzen (Cognitive Walkthrough). Hierbei durchlaufen Experten vorgegebene, im Vorfeld analysierte Handlungsabläufe in der vorgesehenen Form. Dabei untersuchen sie, ob diese Abläufe tatsächlich auch von den Benutzern verstanden werden können. Die Experten dokumentieren die Benutzungsprobleme und schlagen gleichzeitig Benutzungsalternativen vor. Die Vorschläge bilden die Grundlage für die später tatsächlich umgesetzte Lösung. Die Methode des Cognitive Walkthrough stammt aus der Kognitionspsychologie. Die grafische Benutzerschnittstelle tritt dabei zugunsten der mentalen Prozesse des

Benutzers zurück. Das Produkt selber darf kein Wissen voraussetzen, das der Anwender nicht haben kann.

Eine Variante des Cognitive Walkthrough ist das gemeinsame Hineinversetzen (Pluralistic Walkthrough), bei dem Benutzer, Entwickler und Experten gemeinsame Benutzungsabläufe durchgehen, um die verschiedenen Herangehensweisen an ein Produkt gemeinsam zu diskutieren und ein „Agreement" zu verabschieden. Ebenfalls gemeinsam wird bei der Konsistenzinspektion (Consistency Inspection) über eine Lösung diskutiert. Diskussionsgrundlage ist dabei die Durchgängigkeit der Handhabung eines Produkts.

6.4.2
Checklisten

Anstelle von Heuristiken können sich die Experten bei der Usability-Inspektion auch an Standards oder Guidelines orientieren, die in Checklisten zum Abhaken zusammengefasst werden. Checklisten sind Aufzählungen aller relevanten Parameter und orientieren sich meist an industriellen Standards. Ähnlich wie bei der heuristischen Evaluation messen hier Experten die Usability eines Produkts mithilfe von Checklisten an vorgegebenen Maßstäben. Sie vergleichen bei ihrer Inspektion Punkt für Punkt der Checkliste mit der Benutzung und können so ein Maß für die Usability des Produkts finden.

Die Anwendung von Checklisten empfiehlt sich, wenn mehrere Produkte nach den gleichen Parametern miteinander verglichen werden sollen. Die Ergebnisse von Checklisten lassen sich von allen qualitativen Methoden am leichtesten miteinander verrechnen. Mit sehr starr angelegten Checklisten können sogar bei entsprechend großer Expertenrunde prozentuale Angaben zu der Usability gemacht werden. Allerdings sind in diesem Fall die Ergebnisse an zwei Einschränkungen zu messen: Zum einen schränken allzu starre Fragen den Raum der Ergebnisse von vornherein ein, zum anderen haben nicht die Benutzer die Checklisten abgearbeitet, sondern Experten.

6.4.3
Quantitative Inspektionsmethoden

Auch wenn mit Hilfe von Checklisten quantitative Ergebnisse im Usability Testing erzielt werden können, gibt es Inspektionsmethoden, die von vornherein zur quantitativen Messung der Usability ausgelegt sind. Diese Methoden sollen hier aufgrund der Ausrichtung des Beitrags auf gängige Usability-Methoden nur kurz erwähnt werden.

GOMS

GOMS steht als Abkürzung für Goals, Operations, Methods und Selection Rules und dient als heuristisches quantitatives Maß zur Berechnung von Interaktionszeiten. Goals bezeichnet die Ziele bzw. Aufgaben des Systems nach der Vorstellung des Anwenders. Operations sind die Grundfunktionen des Systems, ebenfalls nach Vorstellung des Anwenders. Methods stellen die Art und Weise der Erfüllung von Aufgaben dar, die Zielhierarchie und Handlungssequenz des Benutzers. In den Selection Rules schließlich werden die Bedingungen für die Handlungsauslöser bezeichnet und die Methoden, die zum Erreichen des Ziels führen, spezifiziert.[*]

Fitt

Mit Fitts Gesetz wird die Zeit ermittelt, mit der ein Cursor zu einem Ziel bewegt wird. Wenig überraschend kommt dabei heraus, dass sich kurze Wege und große Ziele am besten vertragen. Mit Fitt lässt sich die Abhängigkeit der Parameter mathematisch errechnen.

Hick

Hick beschäftigt sich mit der Zeit, die benötigt wird, um ein Element aus einer bestimmten Anzahl von alternativ angebotenen Elementen auszuwählen. Danach ist es für den Benutzer z. B. einfacher, ein Element aus einem großen Menü auszuwählen als aus einer Menühierarchie, wenn alle Menüpunkte gleich wahrscheinlich sind.

---

[*] vgl. Raskin, Jef: Human Interface

  Methoden des Testings im Usability Engineering

6.5
Methodenauswahl

Die Frage nach der richtigen Methode hängt nicht nur von zeitlichen und finanziellen Aspekten ab. Einige der Parameter, die bei der Methoden-Entscheidung relevant sein können, sind in der folgenden Tabelle aufgeführt. Die Bewertungen der Parameter zu den einzelnen Testing-Methoden sind als Orientierung zu verstehen und können durchaus bei entsprechendem Testdesign nach oben oder unten variieren.

Methode	Projektlaufzeit	Kosten	Abfrageumfang	Antwortrate	Objektivität	Komplexität der Inhalte	explorative Fragen	quantifizierbar
Gruppendiskussion	mittel	mittel	mittel	mittel	mittel	hoch	hoch	hoch
Usability Lab	mittel	hoch	hoch	hoch	mittel	hoch	mittel	hoch
Feldforschung	sehr hoch	hoch	gering	hoch	hoch	sehr hoch	sehr hoch	mittel/ gering
Online-Panel / Onscreen-Befragung	mittel	niedrig	mittel	mittel	mittel	mittel	gering	sehr hoch
ExpertenEvaluation	mittel	mittel/ hoch	hoch	mittel	mittel/ hoch	hoch	mittel	hoch

Die Methoden der Experten-Evaluation sind in Tabelle 1 zusammengefasst, da die genannten Parameter für die heuristische Evaluation oder die Evaluation durch Checklisten in etwa ähnlich bewertet werden können. Bei allen Methoden, in denen Experten die Usability eines Produkts testen, muss eben genau dieser Umstand ausreichend berücksichtigt werden. Erfahrendste Experten wie auch Doppelexperten bleiben solche, wenn sie sich eines Produkts annehmen. Die Überprüfung der allgemeinen Heuristik eines Produkts oder die Messung an Checklisten sind effektive Werkzeuge, um die allgemeine Usability zu messen. Die Ergebnisse einer Inspektion bleiben aber immer die Gedanken von Experten und spiegeln somit die Benutzungsparameter der wirklichen Anwender nicht in vollem Maße wider. In der Inspektion gilt zusätzlich die Regel: Die Probleme werden oft gefunden, aber keine Lösungen dazu. Die von den Anwendern gewünschten Lösungen werden aus der Befragung der Anwender selbst gewonnen.

Aus diesen Gründen werden Befragungen und Inspektionen häufig kombiniert, wenn die entsprechenden Ressourcen zur Verfügung stehen. In diesem Fall liefern Inspektionen die Basis und

Richtung der Usability-Problematiken, die dann in Befragungen und Labs überprüft, vertieft und verbessert werden.

6.5.1
Auswahl nach Projektphasen

Innerhalb des iterativen Prozesses ist das aktuelle Projektstadium ebenfalls ein wichtiger Entscheidungsparameter für den Einsatz der Testing-Methode. Am Beginn des Projekts sind Projektstudien und die Definition des Projekts angesagt. Hier finden Forschungstests statt, wenn in einem frühen Entwicklungsstadium noch viele Änderungsmöglichkeiten offen sind. Ein anschließender Assessment-Test zeigt in der Entwicklung, Konstruktion und Integration des Produkts, in welcher Form und in welchem Umfang die Anregungen aus den Forschungstests umgesetzt wurden. In den Assessment-Tests können sich auch nach der Veränderung des Produkts neue Problematiken ergeben. Der Konkurrenztest schließlich findet nach der Produktauslieferung statt, bewertet den Erfolg des Produkts und vergleicht es mit den Produkten der Mitbewerber.

Tabelle 2
ethodenfahrplan
nach
Projektphasen

Projektphase	Tests	Testmaterial	Empfohlene Methode
Studie	Forschungstest	Benutzerbeschreibung Aufgabenbeschreibung	Inspektion Feldbeobachtung
Definition	Forschungstest	Benutzerbeschreibung Aufgabenbeschreibung Dialogdesign	Inspektion Panel, Screening
Entwicklung	Assessment-Test Tests von Teilaufgaben	Spezifikationen Simulationen Dokumentation	Usability Lab
Konstruktion Integration	Assessment-Test vollständige Tests	aktuelles Produkt Dokumentation Endprodukt	Usability Lab
Auslieferung	Konkurrenztest	Endprodukt	Inspektion
Verifikation	Konkurrenztest	gesamtes Produkt Dokumentation	Feldbeobachtung

Die Tabelle bietet nur eine Orientierung. Je nach Produkt und Produkteinsatz können auch Methoden zu Projektphasen angewandt werden, die in dieser Tabelle nicht aufgeführt sind.

Methoden des Testings im Usability Engineering

6.5.2
Usability Engineering

Für die Auswahl und die Kombination der für ein bestimmtes Projekt geeigneten Testing-Methoden werden Fachleute mit einem breiten Wissen im technischen, physiologischen und psychologischen Bereich benötigt. Erkenntnisse aus der systematischen Empirie wie ergonomische Versuchstechnik, Normen, Standards, Richtlinien und Orientierung am real existierenden Benutzer sind ebenso von Bedeutung wie Vertrautheit mit Parametern wie Gestalt, Sehen, Bewegung, Tiefe und Größe, Gedächtnis, Lernen oder Kognition. Als gelungene Verbindung aus Wissenschaft und Technik hat sich als Fachgebiet für das Usability Testing das so genannte Usability Engineering entwickelt. Usability Engineering wird als iterativer Prozess angesehen, indem die Erkenntnisse aus dem Testing in die Entwicklung eines Produkts und damit in das weitere Testing mit einfließen.

Innerhalb dieses iterativen Prozesses entscheidet der Usability-Spezialist, wann welche Methoden des Usability Testing angewandt werden. Gemeinsam mit den Projektverantwortlichen setzt er das Ziel der Untersuchung fest. Er schätzt den zeitlichen, finanziellen und personellen Aufwand der einzelnen Methoden ab. Auch die Usability der Methoden selbst kann abgefragt werden, indem die einzelnen Methoden an Aufwand, Erlernbarkeit, Einsetzbarkeit und Ergebnisorientierung gemessen werden. Jede Methode hat Stärken und Schwächen, die an der Zielsetzung des Testings gemessen werden. Im Hinblick auf den iterativen Prozess des Usability Engineerings und die fundiertesten Ergebnisse ist meist eine Kombination der Usability Testing-Methoden zu empfehlen.

Literatur

Bortz, Jürgen, Döring, Nicola: Forschungsmethoden und Evaluation.
Für Sozialwissenschaftler. Berlin Heidelberg: Springer-Verlag 2001
Dammer, Ingo, Szymkowiak, Frank: Die Gruppendiskussion in der Marktforschung.
Grundlagen, Moderation, Auswertung. Wiesbaden: Weststadt Verlag 1998
Dumas, Joseph: Practical Guide to Usability Testing. Intellect Books 1999
Faulkner, Xris: Usability Engineering. Palgrave, formerly Macmillan Press 2000
Felser, Georg: Werbe- und Konsumentenpsychologie. Eine Einführung.
Stuttgart: Schäffer Verlag 2001
Kelle, Udo: Empirisch begründete Theoriebildung. Zur Logik und Methodologie
interpretativer Sozialforschung. Deutscher Studienverlag 1994
Kroeber-Riel, Werner, Esch, Franz-Rudolf: Strategie und Technik der Werbung.
Verhaltenswissenschaftliche Ansätze. Stuttgart: Kohlhammer 2000
Kroeber-Riel, Werner, Weinberg, Peter: Konsumentenverhalten. München: Vahlen 1999
Kromrey, Helmut: Empirische Sozialforschung.
Stuttgart: Universität Tübingen GmbH 2000
Lamnek, Siegfried: Gruppendiskussion. Theorie und Praxis.
Psychologie Verlagsunion 1998
Lienert, Gustav A., Raatz, Ulrich: Testaufbau und Testanalyse.
Psychologie Verlagsunion 1998
Loos, Peter, Schäffer, Burkhard: Das Gruppendiskussionsverfahren.
Theoretische Grundlagen und empirische Anwendung. Leske u. B. Verlag 2000
Lueger, Manfred: Grundlagen qualitativer Feldforschung. Methodologie – Organisierung
– Materialanalyse. Stuttgart: Uni-TB. GmbH 2000.
Mayhew, Deborah J.: The Usability Engineering Life Cycle. Morgan Kaufmann 1999
Mummendey, Hans Dieter: Die Fragebogen-Methode. Göttingen: Hogrefe Verlag 1999
Nielsen, Jakob: Usability Engineering. Academic Press 1994
Raskin, Jef: The Humane Interface. Longman Higher Education 2000
Schnell, Rainer, Hill, Paul B., Esser, Elke: Methoden der empirischen Sozialforschung.
Oldenburg, München: 1999
Trommsdorff, Volker: Konsumentenverhalten. Stuttgart: Kohlhammer 1998

Tanja Diezmann

7 Navigation und Usability

Abstract

Probleme im Gebrauch interaktiver Anwendung haben viele Hintergründe. Struktur, Navigation, Wortwahl, Design und Verhalten greifen ineinander. Nicht wie manch einer vermuten möchte ist immer die Gestaltung verantwortlich für unzureichende Brauchbarkeit. Design ist lediglich die letztlich sichtbare Form der Struktur, Funktion und Verhaltensweise. Anhand von Gestaltung wird zwar sichtbar, greifbar und zunächst überhaupt benutzbar, was ein Programm leistet, oder leisten soll. Doch oft haben Usability-Probleme andere Ursachen, Design ist oftmals nur das Symptom. Viele Probleme, wie unlogisch, unstrukturiert aufgebaute Applikationen und deren funktionale Inkonsistenzen, werden häufig nicht erkannt. Daraus resultieren Vorgaben, die alte Fehler fortsetzen.

7.1
Usability

Unter Usability wird nicht etwa persönliches Gefallen oder subjektives Empfinden von Websites verstanden, sondern die Brauchbarkeit interaktiver Applikationen. Usability meint den Gebrauchswert und die Nutzbarkeit bzw. die Benutzbarkeit, die sich in der Angemessenheit der Form und Funktion in Bezug auf die Zielsetzung des Produktes darstellt.

In der analogen Welt wurde diese Thematik, die Frage nach der angemessenen Gestaltung, schon vor über hundert Jahren relevant und hat heute ihren festen Stellenwert in Architektur und Design. Designprinzipien, wie sie sich von dem Zitat Sullivans „Form follows Function" ableiteten, werden inzwischen in allen Bereichen, von Biotechnologie bis zur Fahrzeuggestaltung, als Gestaltungsmaxime deklariert oder als Marketingargument eingesetzt. Es gibt kaum einen Web-Designer, der nicht hin und wieder einmal mit den Worten Mies van der Rohes „Less is more" argumentiert.

Dennoch scheint es nicht zu gelingen, wirklich funktionale Applikationen zu entwerfen. Die Auflösung der Verbindung von Raum und Zeit im Digitalen – alles ist einen Klick entfernt (wenn „entfernt" hier überhaupt noch die richtige Formulierung ist) – scheint mehr Probleme mit sich zu bringen als das Erbauen eines Hochhauses, was schwer fällt zu glauben. Vielleicht aber versuchen dort einfach weniger Menschen mitzureden. Denn es gibt sicherlich mehr Menschen, die sich nicht mit Statik, Strukturen und Materialien auskennen als mit Informationen, Daten, Hierarchien und dem Internet.

Bei der Produktion von Websites redet gern jedes Teammitglied mit, sei es auf Kundenseite oder auf Seite der Agentur. Da wird oft versucht, persönliche Interessen und Vorlieben durchzusetzen. Mit dem Ergebnis, dass am Ende eine möglicherweise anfangs stringente und logische Konzeption in Mittelmaß und Kompromiss zergeht. Alles auf Kosten der Nutzer, denn sie müssen sich später durch Unlogik und schlecht durchdachte Interaktionsabfolgen quälen. Was früher oder später auf Kosten des Kunden geht, der seine Site dann teuer testen und optimieren lassen muss.

7.2
Usability-Tests

Usability-Tests ermitteln, in welchem Kontext und warum Nutzer mit den angebotenen Funktionalitäten nicht zurechtkommen. Warum sie der Anweisung der Applikation oder des Programms nicht Folge leisten können bzw. umgekehrt.

Ein Usability-Test ermöglicht – ist er wissenschaftlich aufgebaut – eine sehr präzise Fehlererkennung und -definition. Dort werden in der Regel Daten mittels wissenschaftlich aufgebauter Fragebogen, Blickwinkelanalysen, Interaktionsanalysen und Vidoeaufzeichnungen qualitativ und quantitativ erhoben. Dabei werden Ergonomie, Funktion und Erscheinung getestet. In statistischen Auswertungen werden die Ergebnisse der einzelnen Handlungsanweisungen verglichen oder mittels Gesamtvergleiche ausgewertet. In Testberichten werden die Fehlerquellen protokolliert und priorisiert. Zusätzlich können von Interface-Experten Optimierungsberichte und -konzepte auf Basis der Testergebnisse angefertigt werden.

Doch gerade in letzter Zeit werden Usability-Tests oft missbraucht, um lediglich die Qualität inhaltlicher Konzepte oder subjektives Empfinden des Designs zu ermitteln. Verfahren und Methoden zur Analyse der tatsächlichen Nutzungsqualität sind darin nicht enthalten. Häufig werden User-Aussagen einfach interpretiert und Tests nicht fachgerecht durchgeführt und ausgewertet. So wird allerdings nur ein Bruchteil der tatsächlichen Nutzungsprobleme zu Tage gefördert. In derartigen „Schmalspurtests" werden oft nur Ergebnisse gewonnen, die in einfachen und weitaus günstigeren Screen-Evaluationen von Fachleuten wie Interface-Designern ermittelt worden wären.

Hinzu kommt, dass nur einmal stattfindende Usability-Tests häufig Ergebnisse erbringen, die Experten bereits vorher bekannt sind, z.B. eine scheinbar schlecht lesbare Schrift, die für eine nicht erkannte interaktive Zone verantwortlich gemacht wird, obwohl diese einfach nur falsch oder unpräzise benannt wurde. Die daraus abgeleitete Empfehlung, die Schriftfarbe zu ändern, würde das Problem somit nur bedingt lösen.

Um wirklich Applikationen optimal zu entwickeln, ist es unabdingbar, mit Experten zu arbeiten und den Entwurfsprozess durch kontinuierliches Evaluieren und Testen zu begleiten. Ein Usability-Test mit End-Usern ist dabei nur ein Modul von vielen begleitenden Maßnahmen bei der Entwicklung von Interfaces. Vor einem Usability-Test mit End-Usern sollte analysiert, evaluiert, intern getestet und immer wieder optimiert werden.

7.3
Individueller Informationszugriff

Viele Anwendungsprobleme, die in teuren Usability-Tests ermittelt werden, sind nicht zuletzt auf unzureichende Kenntnis der Produzenten über das Nutzerverhalten der Anwender zurückzuführen. Häufig schließen die Mitglieder der Produktionsteams von sich auf Millionen von Nutzern. Das Nutzerverhalten stellt aber eine äußerst komplexe Thematik dar. Jeder Mensch verarbeitet Information anders, legt sie anders ab und greift im Laufe seines Lebens auf die unterschiedlichsten Weisen darauf zurück.

Um der Vielfalt dieser Umgangsmöglichkeiten mit Information annähernd gerecht zu werden, ist es notwendig, zumindest alle in dem Datensatz möglichen Zugriffsweisen zur Verfügung zu stellen. Ziel ist, eine möglichst uneingeschränkte Handlungsfreiheit für den User zu schaffen. Eine Möglichkeit hierzu ist der individuelle Informationszugriff, der den verschiedenen Nutzern eine Vielzahl paralleler Zugriffsstrukturen zu ein und derselben Information bietet – je nach ihren Präferenzen, also keine redundanten Angebote wie z.B. drei Zugriffe zur Suche auf einer Site, sondern verschiedene Sichtweisen auf die Menge aller Daten. Dazu lassen sich sieben Ordnungsprinzipien zu Hilfe nehmen:

Vgl. Information Anxiety Richard Soul Worman S. 59

- alphabetisch
- numerisch
- zeitlich
- geografisch
- chaotisch
- logarithmisch
- kategorisch

Das bedeutet, die Daten / Informationen müssen mittels mehrerer Ordnungsprinzipien erreichbar und flexibel visualisiert sein. Werden keine individuellen Zugriffsmethoden angeboten, wird einem Großteil der Nutzer das Handeln vorgegeben – so wie das heute bei fast jeder Website der Fall ist. Meistens werden lediglich ein kategorischer Zugang und ein Suchfeld angeboten. Wobei die Autoren der Sites oft Kategorien von unterschiedlicher Qualität bilden, sodass am Ende oft nur noch das Suchfeld weiterhilft, um das Gesuchte zu finden.

7.4
Orientierung – Voraussetzung für Navigation

Noch heute wird häufig versucht, mittels Metaphern dem Nutzer ein Hilfsmittel zur Hand zu geben, das ihm aus der Realität bekannt ist und schnell vermitteln soll, wie z.B. eine Website funktioniert oder aufgebaut ist. Denkt man an das „Karteikasten-Reiter-Prinzip", ist dies eine solche Metapher. Doch Websites werden, wie auch der Rechner an sich, immer anders funktionieren als ihre realen Pendants. Metaphern sind nur dienlich, solange sie genau dasselbe leisten wie in der Realität. Kommen dagegen die medienspezifischen Eigenschaften zum Tragen, sind Metaphern schnell am Ende ihrer Logik und damit am Ende ihrer Einsetzbarkeit angelangt.

Die medienspezifischen Eigenschaften des WWW:

- aktuell
- direkt
- interaktiv
- multimedial
- vernetzt
- global
- dialogisch

Websites sind nicht physisch greifbar, und genau das ist ein wesentliches Problem. Wir benötigen Möglichkeiten und Methoden, dem Nutzer die Gesamtheit eines Web-Angebots begreiflich zu machen. Nur wer ein Bild vom Ganzen hat, kann seine Position in Relation dazu betrachten und sich entsprechend orientieren und verhalten. Wüsste man beispielsweise nicht, wie umfangreich ein Buch ist, würde man es möglicherweise gar nicht erst beginnen zu lesen. Ähnlich ist es im Internet, wo sehr viel Zeit damit verbracht wird, herauszufinden, ob auf einer Website nun das Gesuchte zu finden ist oder nicht. Denn Websites geben ihren Inhalt nicht preis. Sie verstecken oft mehr, als sie zeigen. Und Konzepte wie „alles auf der ersten Seite zu platzieren" folgen zwar dem Wunsch, mehr von dem zu zeigen, was enthalten ist, schaffen aber dadurch ein Information Overflow, das der eigentlichen Intention, nämlich Überblick zu schaffen, entgegenwirkt.

Transparenz und Nachvollziehbarkeit der Applikationsstruktur und ihres Verhaltens sind wesentliche Voraussetzungen für Orientierung. Ist der Nutzer selbst in der Lage, sich ein Bild von der Situation zu machen, so kann er auch eigenständig und zielgerichtet handeln. Das ist notwendig, um schnell und vorausschauend agieren zu können. Hat er den Überblick, so kann er autark durch die Inhalte navigieren, und das ist das Ziel eines jeden Interfaces, ganz gleich, ob es sich um eine Programmoberfläche oder eine Website handelt.

7.5
Navigation, müssen Links immer links stehen?

Navigation ist im Prinzip die Kombination von individuellem Informationszugriff und Orientierung. Navigation wird dem Nutzer von Websites anhand der Benutzerführung ermöglicht. Hier hat sich im Laufe der Jahre durch kollektives „Abkupfern" ein Usus entwickelt, der sich nicht zwangsläufig als der beste Weg erwiesen hat. Häufig wurde Navigation in hierarchische Schritte unterteilt. Man spricht von Primär- Sekundär- und Tertiärnavigation, die in der Regel horizontal, vertikal und entweder gar nicht mehr in einer Benutzerführung abgebildet wird oder aber wiederum horizontal oder vertikal am rechten Bildschirmrand platziert wird. Eine funktionale oder inhaltliche Relevanz oder Begründung dafür gibt es nicht.

Wie die Entwicklung zeigt, gibt es zunehmend mehr Produzenten, die ihre Navigationen mittels Interaktion dynamisch gestalten – was im Übrigen schon seit einigen Jahren möglich ist, aber nicht erwünscht war. Denn oft hat der Kunde mehr Einfluss auf die Funktionsweise einer geplanten Website als einem als Designer lieb ist. Da schließt der Kunde von sich auf andere und zwängt dem Designer seine Ansicht als Vorgabe auf, anstatt es Experten zu überlassen, sinnvolle Navigationsprinzipien und -modelle zu entwickeln.

Was aber ist eine gute Navigation? Dafür gibt es zwar kein allgemeines Rezept, doch auch für die Gestaltung von Benutzerführungen gibt es glücklicherweise ein paar Regeln, die man befolgen kann. Leider sind diese jedoch unter den Web-Designern nicht sehr bekannt und wenn, dann werden sie äußerst selten konsequent durchgeführt. Hinzu kommen die Grundregeln der Wahrnehmung und Gestaltung, die in Kombination mit all den anderen Komponenten wie Aufmerksamkeitssteuerung (Informationshierarchie), Navigation (Interaktion) und Dynamik (Zustandsänderung) nicht mehr leicht zu befolgen sind.

Wird dem Nutzer beispielsweise in einer Anwendung jederzeit durch das Interface Folgendes (siehe Abb. 1) klar und deutlich vermittelt, so liegt zumindest die Basis einer Benutzerführung vor. Eine Benutzerführung hat zur Aufgabe, den Benutzer nicht tatsächlich zu führen, sondern ihm einen Überblick über das System zu geben

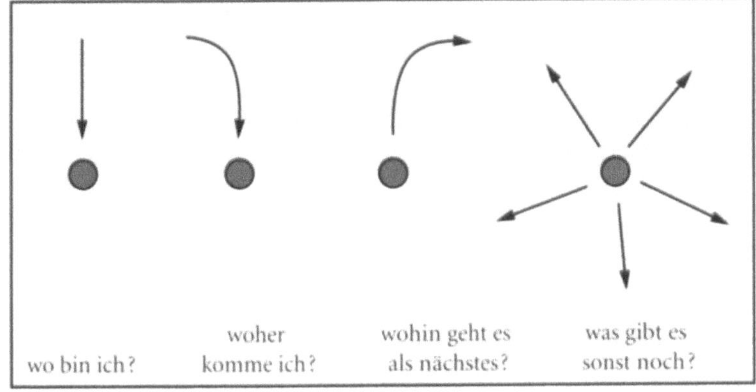

Abb. 1
Die vier Ws
Eine Benutzerführung sollte zu jedem Nutzungszeitpunkt in einer Applikation Antworten auf diese vier Fragen geben.

und ihn jederzeit darüber zu informieren, was innerhalb der Site und in Bezug auf die gesamte Applikation an Navigationsmöglichkeiten besteht.

Eine Navigation sollte möglichst direkte Zugriffe zwischen Themen und Hierarchien ohne Rücksprung anbieten. Besonders bei Benutzerführungen auf Websites kostet das erheblich viel Zeit und damit auch Geld. Das „vor" und „zurück" Klicken ist grundsätzlich nicht besonders medienadäquat und zudem wenig komfortabel. Auch das ist ein Fakt, der seit Jahren bekannt ist. Warum sollte man dem Nutzer einen linearen Weg vorschreiben, wenn er wesentlich schneller in einer von ihm bestimmten Reihenfolge die Inhalte durchwandern könnte? Eine Benutzerführung ist im Idealfall der individuelle, persönliche rote Faden durch eine Anwendung.

Eine Benutzerführung ermöglicht dem Nutzer, schnell in die Situation der Selbstbestimmung zu gelangen. D. h., sie muss konsistent und logisch aufgebaut sein, sodass der Nutzer nach wenigen Klicks die folgenden Reaktionen der Applikation selbst vorhersehen kann. In der Software-Ergonomie sowie im Usability-Testing spricht man hier gern von „Erwartungskonformität". D. h., reagiert die Applikation auf die User-Aktion so, wie es der User aufgrund der bereits erlernten Mechanismen erwartet? Das erweist sich oft als schwierig, denn jeder User durchläuft das System auf individuelle Weise. Somit ergeben sich unzählige Möglichkeiten an Handlungsabläufen. Auch die Arten der Interaktionen sind oftmals sehr verschieden und müssen dennoch immer den vorher festgelegten Regeln folgen und der Erwartungshaltung des Nutzers jederzeit entsprechen. Auch das ist nicht ganz einfach, denn die Erwartungshaltung des Nutzers wird nicht nur innerhalb der Applikation aufgebaut, sondern ist die Summe aller bereits von ihm erlernten und antrainierten Interaktionsstrategien.

Inzwischen ist allgemein verbreitet, die Nutzer würden eine Horizontal-vertikal-Anordnung der Navigation am besten verstehen.

Doch das ist kein naturgegebener Fakt, sondern hat mit Erlerntem, mit ihnen seit Jahren auf diese Weise vorgesetzten Navigationen zu tun. Und diese Anordnung entstand nicht aufgrund von ausgesprochen guter Usability, sondern aufgrund technischer Bedingungen.

Derartige Standardnavigationen sind der Grund dafür, warum so viele Applikationen nicht wirklich gut benutzbar sind. Sie zwingen den Nutzer, Schritt für Schritt in Hierarchien Punkte auszuwählen. Alles basiert auf simpler Interaktion von „Knopf drücken" oder „Knopf nicht drücken" – „next Site" oder nicht.

Gerade in derart linear, statisch und hierarchisch aufgebauten Navigationen werden Benutzerprobleme selbst geschaffen. Oft werden mehr als sieben Begriffe in den Menues angeboten, aber mehr als sieben Begriffe sind nicht merk- und unterscheidbar. Viele Navigationen sind nur bis zur zweiten Hierarchie durchdacht und ausgearbeitet. Alle weiteren Aktionen muss der Nutzer durch Vor- und Zurückklicken mittels Browserbuttons auslösen. Statische Navigationsmenues erfordern oft viel Platz und erzwingen somit noch mehr Unterteilungen in der Navigation.

Dynamische Menues hingegen sind eine Möglichkeit, den Nachteilen zu begegnen. Doch häufig sind sie so angelegt, dass sie ihren ursprünglichen Zustand nicht mehr zeigen – sich Menues ausklappen und angeschnitten werden oder weil sich ein vorher vertikales Menue plötzlich horizontal platziert. Dynamik wird somit sinnlos, wenn wieder ein harter Schnitt in der Nachvollziehbarkeit für den Nutzer entsteht. Doch genau das ist der eigentliche Vorteil von dynamischen Interfaces, nämlich die Moderation, das Zeigen der Veränderungen zum Mitverfolgen für den User. So können Interfaces entwickelt werden, die sich von selbst erklären. Indem sie ein logisches und nachvollziehbares Verhalten aufzeigen und dem Nutzer auch trotz unkonventioneller Erscheinung und Funktionsweise einen optimalen Zugriff bieten.

7.6
Ein Beispiel – ein Bild der Situation

Anhand der Usability-Testergebnisse einer unkonventionell gestalteten Website wird ersichtlich, wie gut die Nutzer in der Lage sind, durchaus andere Formen der Navigation zu begreifen und zu nutzen. Das Interface für die Website und die Community-Plattform der „www.estonia-sinking.org" Sites wurde von „pReview digital design" entwickelt. Die Interface-Experten bei pReview wenden eine selbst entwickelte Methode der Gestaltung von Interfaces an. Dabei wird der Visualisierung von Systemzuständen, Bezügen, Workflows und Informationsstrukturen eine besondere Bedeutung beigemessen.

Sowohl die Website als auch die Community-Plattform ermöglichen es dem User in einer Menge von Daten zu recherchieren, die Informationen und Aussagen zum Unfallhergang beinhalten. Da die Unfallursache noch immer ungeklärt ist, ist diese Online-Plattform für Hinterbliebene und Beteiligte die einzige Möglichkeit, sich zu informieren und auszutauschen. Der eigentlichen Plattform ist eine Website vorgeschaltet, die einen kurzen Überblick bietet.

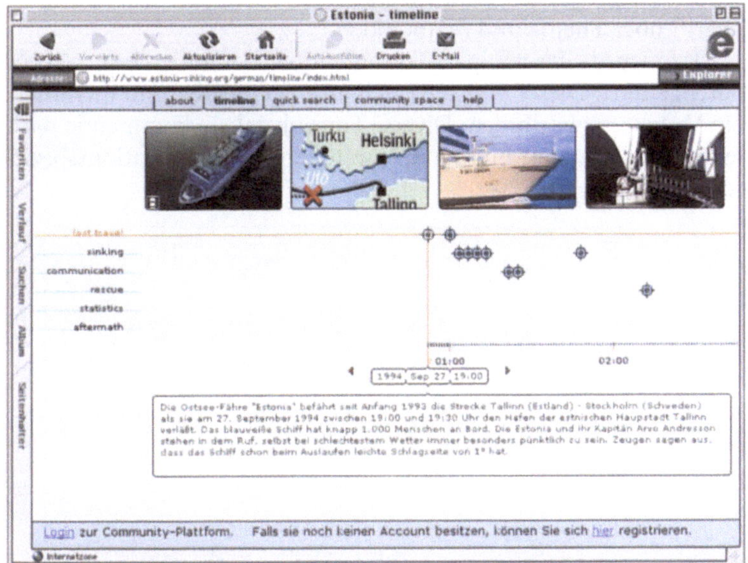

Abb. 2
www.estonia-sinking.org

Website zur Recherche über den Unfallhergang des Untergangs der Fähre „Estonia"

Interface-Design von pReview digital design, Berlin

Die Inhalte der Datenbank wurden chronologisch, in einer Art Timeline, geordnet und in Themenkomplexe sowie in Themen gegliedert. Das bietet zunächst den Überblick über das Geschehen, indem sichtbar wird, zu welchem Thema, wann und in welcher Frequenz Ereignisse stattfanden. Dieses Konstrukt der Timeline ist dynamisch und kann vom Nutzer auf verschiedene Weise bedient werden.

Er kann ein Ereignis direkt auswählen (thematisch), er kann immer zum nächsten gehen (chronologisch), und er kann entlang eines Themas alle Ereignisse (thematisch und chronologisch) abfragen. Dazu gibt es eine zentrale Zone (vertikale Linie), welche die aktuelle Auswahl markiert. Jedes Ereignis ist mit dem zugehörigen Thema und dem Textfeld verbunden. Jedes aktivierte Ereignis zeigt im Textfeld die Information über das Geschehen zu diesem Zeitpunkt und zu dem zugehörigen Thema. Oberhalb der Timeline ist ein Bereich zur Darstellung von Bild-, Video- und Tondokumenten, die verknüpft mit dem Ereignis Zusatzinformationen bieten. Die Medien und Textbereiche werden direkt auf der Site dynamisch ausgetauscht. Die synchron navigierbare Timeline ist dynamisch und ermöglicht die Visualisierung der Zusammenhänge der Themen innerhalb einer einzigen Site. Das Prinzip „Alles auf einer Site" ist auch der Estonia-Plattform eigen, deren Interface sich aus- und einfaltet, sodass keine Rücksprünge erforderlich sind.

In einem Interface-Test im Usability-Labor von pReview wurde die Timeline der „Estonia Website" mit einer inhaltlich und strukturell ähnlichen, aber klassisch textbasierten Website verglichen. Beide Seiten boten chronologische Inhalte, verschiedene Medien und einen Zugriff über Thema und Zeitpunkt.

Dazu wurde der von pReview entwickelte Usability-Test „pReact" durchgeführt. Dieser Test setzt sich aus qualitativen und quantitativen Verfahren zusammen. Diverse Fragenkataloge kommen je nach Testanwendung zum Einsatz und werden durch applikationsspezifische Fragen ergänzt.

Navigation und Usability

Die Kombination von quantitativen und qualitativen Methoden
hat mehrere Vorteile. Die quantitativen Verfahren ermitteln rein statistische Auswertungen, konkrete Fakten. Die qualitativen Methoden
ermöglichen darüber hinaus, das subjektive Meinungsbild der Nutzer
zu ergründen und dadurch Ergebnisse zu generieren, die möglicherweise Ansatzpunkte zur Optimierung bieten. Der „pReact"-Test kann
je nach Anforderung alle oder nur einige Teile des Verfahrens beinhalten, er besteht aus vier Modulen:

1. Eyetracking
2. Aufgaben/Applikationsspezifische Fragen
3. Fragenkatalog
   (Ergonomie, Gestaltung, Inhalt, subjektive Eindrücke)
4. Tiefeninterviews

Der Test wird mittels Videoaufzeichnung dokumentiert und ausgewertet. In der Regel werden zwischen fünf und sieben Personen
den Test durchlaufen.

Beim Erstkontakt der Testperson mit der Oberfläche wird ein Eyetracking durchgeführt. Dazu bekommt der User eine Aufgabe, die
er durch Finden eines Begriffes oder Elementes auf der Oberfläche
lösen soll. Dabei wird ermittelt, in welcher Reihenfolge der User die
Oberfläche betrachtet und wie lange er verschiedene Elemente angesehen hat. Dazu werden so genannte Lookzones angelegt, Zonen die
im besonderen Interesse des Tests stehen, wie Menues und grafische
Elemente.

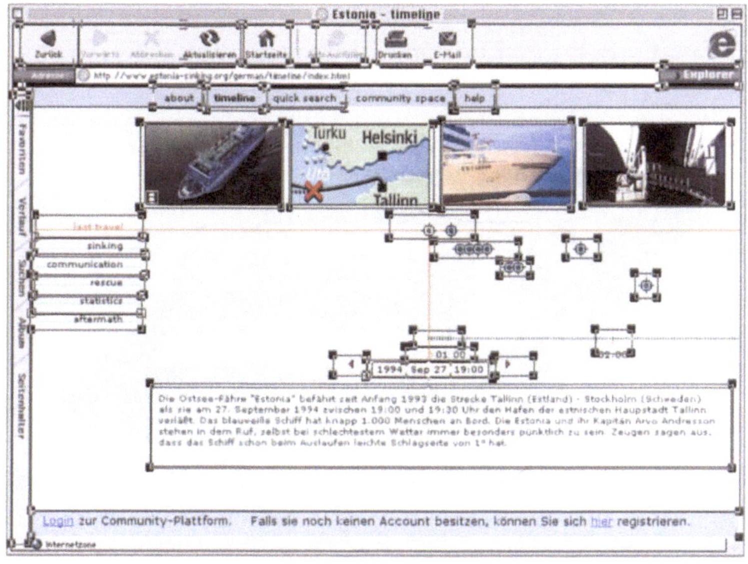

Abb. 4
„pReact"-Test:
Modul 1,
Eyetracking

Darstellung
der angelegten
Lookzones auf
dem Testscreen

Das Analyseprogramm markiert den zeitlichen Verlauf des Auges durch farbige Verbindungslinien zwischen den Fixationspunkten. Diese können mit genauer Zeitangabe dargestellt werden.

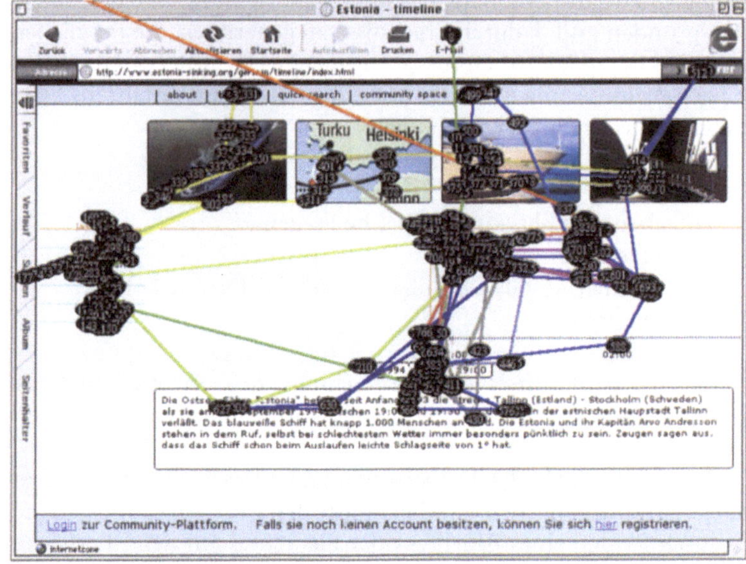

In diesem Beispiel sollte der User das grafische Element finden, das ein „Ereignis" symbolisiert. Der Proband hat mehrmals die kleinen runden Elemente mit dem „e" darin betrachtet, sie aber nicht als Ereignis-Icon erkannt.

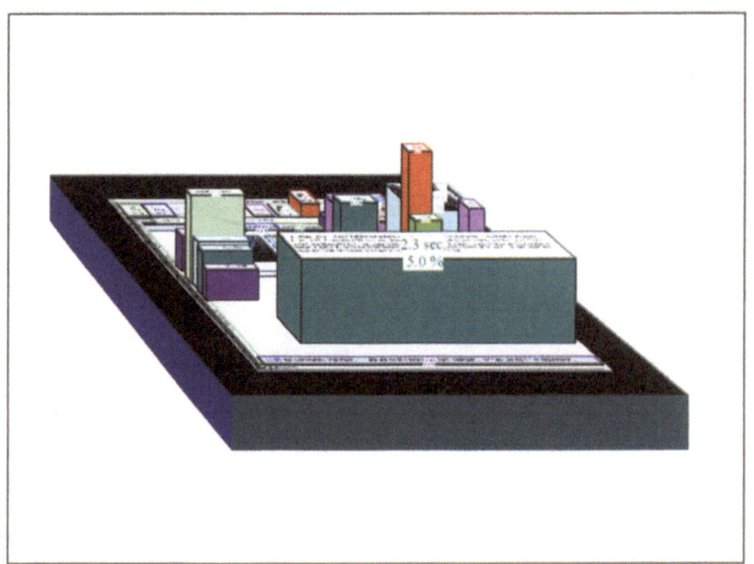

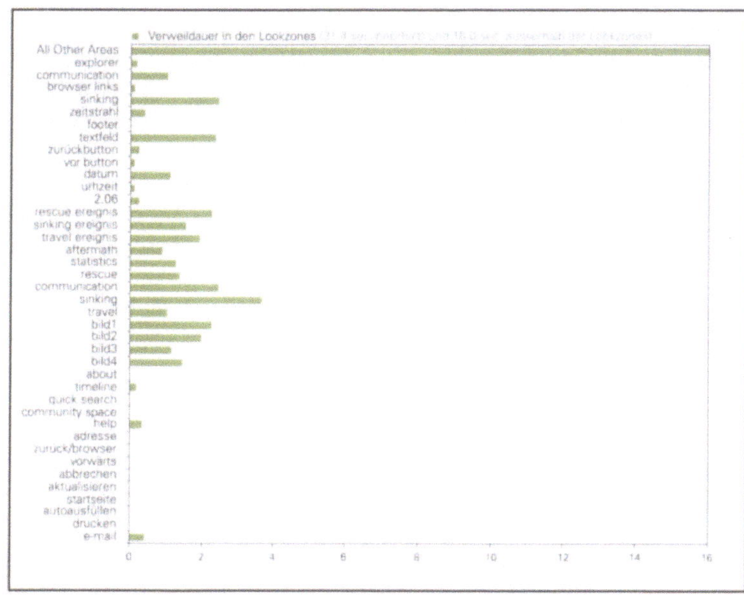

Abb. 7
„pReact"-Test:
Modul 1,
Eyetracking

Grafische
Darstellung
der Ver-
weildauer
in den
Lookzones
(Angaben in
Sekunden)

Wird dem Probanden die zweite Aufgabe am Eyetracking-System gegeben, wird sichtbar, wie schnell und direkt er das Bedienelement angesteuert hat. Der Nutzer hat hier bei der ersten Session viel über das Layout des Interfaces gelernt. Er konnte die Aufgabe sehr schnell lösen und das Bedienelement finden.

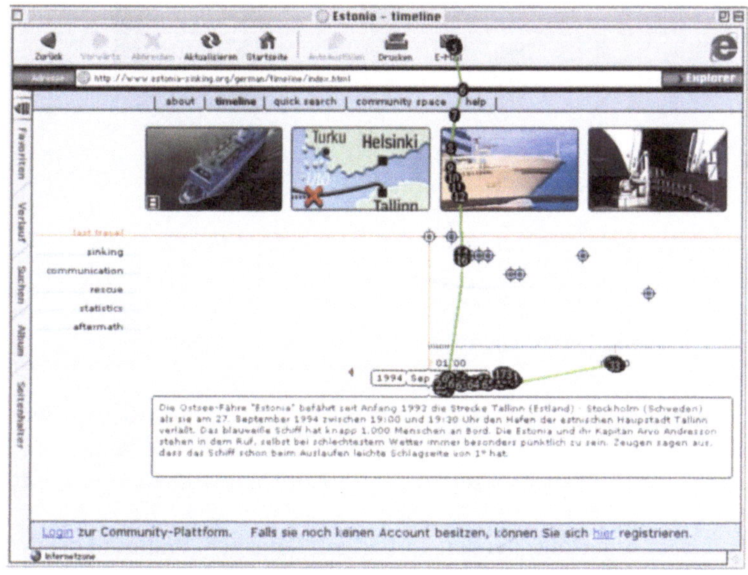

Abb. 8
„pReact"-Test
Modul 1,
Eyetracking

Screenshots des
Eyetracking 02

Der Nutzer hat sein
erlerntes Wissen
über das Interface
zielstrebig einge-
setzt. Er hat lediglich
kurz das Bedien-
element mit der
Zeitangabe (rechts)
verglichen.

Die Auswertung von Eyetracking-Sessions ergibt neben den konkreten Ergebnissen Aufschluss über das Wahrnehmungs- und Lernverhalten der Nutzer. Dieses Beispiel zeigt, wie das reine Betrachten eines vorher nicht bekannten Screens sehr schnell Aufschluss über die Funktionsweise einer Applikation bietet – auch dann, wenn sie ein unbekanntes Layout aufweist, aber mit klar nachvollziehbaren Mitteln arbeitet. Zusätzlich wird hier deutlich, wie durch das reine Aussehen der Applikation und seiner Elemente eine Erwartungshaltung beim Nutzer generiert wird. Offensichtlich hat diese Testperson fast genau gewusst, wo sie hinsehen soll. Sie hat lediglich einmal überprüft, ob nicht etwa die Zeitangabe das gesuchte Navigationselement ist. Es war ihr klar, dass alle anderen Zonen von vornherein irrelevant sind.

Die Auswertung der Fragen zur Ergonomie ergab in diesem Beispiel sehr interessante Ergebnisse. Die Resultate der konkreten Handlungsanweisungs-Fragen wurden ausgewertet und verglichen. Antworten, die sich auf die Anstrengung, die Erwartungskonformität und die Lernförderlichkeit beim Lösen der einzelnen Aufgaben bezogen, wurden in der folgenden Grafik zusammengefasst und gegenübergestellt.

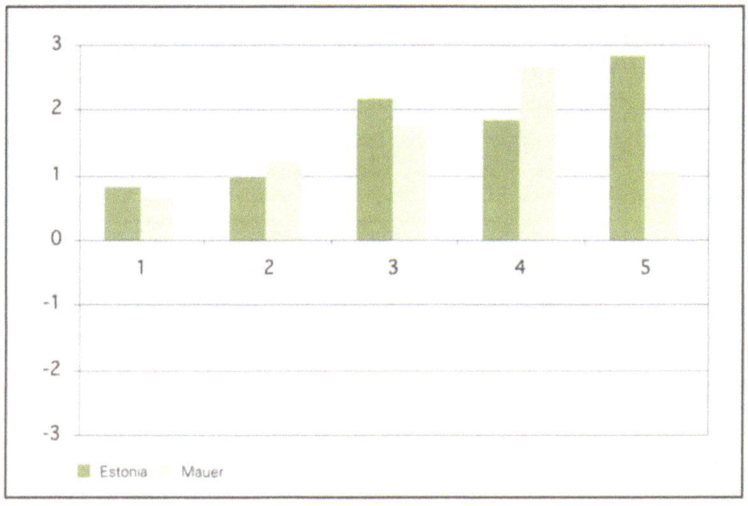

Diese Grafik zeigt, dass die Vergleichsapplikation zunächst schwerer zu benutzen war als „Estonia". Dennoch wird im Verlauf des Lösens der Aufgaben sichtbar, dass bis Aufgabe 4 das Lösen kontinuierlich leichter wurde. Aufgabe 5 war dann schwierig zu lösen – trotz der Lernerfolge bei den vorherigen Aufgaben. Während bei der „Estonia Applikation" nach dem Abfallen der Werte (Aufgabe 4) die Erfolgskurve bis Aufgabe 5 wieder deutlich zunimmt. Anscheinend wurde das Prinzip des Interfaces dann verstanden. In der Aufgabe 5 sollte der Nutzer zählen, wie viele Beiträge zu einem bestimmten Thema vorhanden sind. Beim Lösen dieser Aufgabe konnte die grafische Darstellung der Inhalte auf der Estonia Site deutlich besser unterstützen.

Der folgende Ausschnitt aus der Befragung zum subjektiven Empfinden der Site zeigt einen deutlichen Vorsprung für die Estonia-Website.

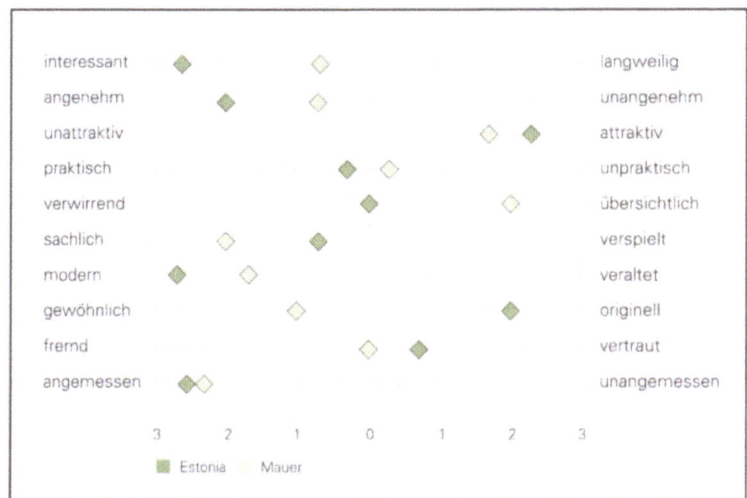

Abb. 10
„pReact"-Test:
Modul 3. Frage-
bogen allgemein
Teil 4: subjektives
Empfinden

Ergebnisse der
Abfrage nach
„subjektivem
Empfinden"

Obwohl die Struktur, Navigation und Gestaltung der Estonia Timeline sehr ungewöhnlich ist, schnitt die Estonia Website sehr gut ab. Das zeigt, wie andere Testergebnisse auch, dass Interfaces nicht zwangsläufig so aussehen und funktionieren müssen, wie wir es heute kennen, und dass Bekanntes in diesem Falle kein Argument gegen bessere Lösungen ist. Denn das Bekannte ist in Bezug auf Interfaces oft identisch mit dem am einfachsten und am schnellsten Machbaren für die Produzenten. Die Nutzer sind durchaus in der Lage, neue Informationsarchitekturen zu begreifen und diese auch mittels ungewöhnlicher Interaktionsmechanismen zu navigieren – so dumm, wie gern seitens der Produzenten angenommen, sind die Nutzer nämlich nicht! Wenn etwas nicht verstanden wird, liegt der Grund dafür meist in der Applikation, wie Usability-Tests zeigen.

7.7
Navigationsmodelle

Das konkrete Erreichen einzelner Inhalte und Funktionen ist eine Sache, das Ganze begreifen ist eine andere. Da arbeitet das Hypertextprinzip ein wenig gegen unsere Gewohnheit. Es bietet in seiner Dynamik keine nachvollziehbare Struktur für den Nutzer. Der Nutzer kann sich kein Bild seines Handelns machen. Und er kann sich seine Nutzungsvergangenheit schlecht merken. Es ist oft nur noch möglich, mittels der History-Funktion im Browser Aktionen nachzuvollziehen. Das führt zur Ausprägung neuer Nutzerverhaltensweisen, die in dem Falle z. B. für jede Site ein neues Browserfenster öffnen.

Nachvollziehbarkeit, Vorhersagbarkeit, Konsistenz und eine Grundstruktur sind die wichtigsten Komponenten, die es beim Entwurf von Navigationssystemen für digitale Medien einzulösen gilt. Dass die Struktur, die Funktionsweise und das Verhalten der Applikation der Logik folgen, sollte selbstverständlich sein. Das klingt einfach, und gleichzeitig ist es die schwierigste Aufgabe des Interface-Designs.

Um all diesen Komponenten gerecht zu werden, besteht die Möglichkeit, neben einer guten Benutzerführung ein Navigationsmodell zu entwerfen, welches ein logisches Konstrukt der Informationsstruktur ergibt, das mehr oder weniger für den Nutzer sichtbar, auf jeden Fall aber für ihn nachvollziehbar ist. Ein Navigationsmodell ermöglicht, die Gesamtstruktur und damit die Benutzerführung/Navigation nachvollziehbar zu gliedern.

Navigationsmodelle können auf unterschiedliche Weise entwickelt werden. Dazu kann beispielsweise auf bekannte Verhaltens- oder Wahrnehmungsweisen zurückgegriffen werden, die dem Nutzer schnell durch das Verhalten der Applikation vermitteln, wie diese aufgebaut ist bzw. wie sie funktioniert.

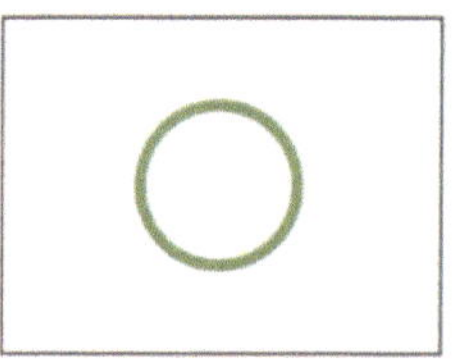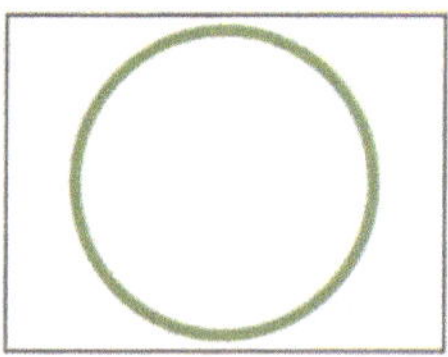

Abb. 11, 12, 13 Prinzipien aus der Wahrnehmung, z. B. Fokussieren

Beispielweise können Menues beim Aktivieren den Zustand von unscharfer auf scharfe Darstellung wechseln oder sich näher zum Betrachter bewegen. Dadurch wird schnell das momentan Wichtige vom Unwichtigen, aber trotzdem stets Vorhandenen unterschieden. Auch die Methode der so genanten Kognitiven Modelle als Orientierungssysteme zu nutzen wird oft angewandt. Kognitive Modelle sind in diesem Kontext Navigationsmodelle, die der Nutzer in seiner Vorstellung erstellt, während er eine Anwendung benutzt. So stellt man sich schnell einen Kreislauf voller Inhalte vor, wenn man immer nach rechts „scrollend" wieder am Anfang der Themen angelangt. Kognitive Modelle werden in der Regel für komplexere Datenstrukturen eingesetzt.

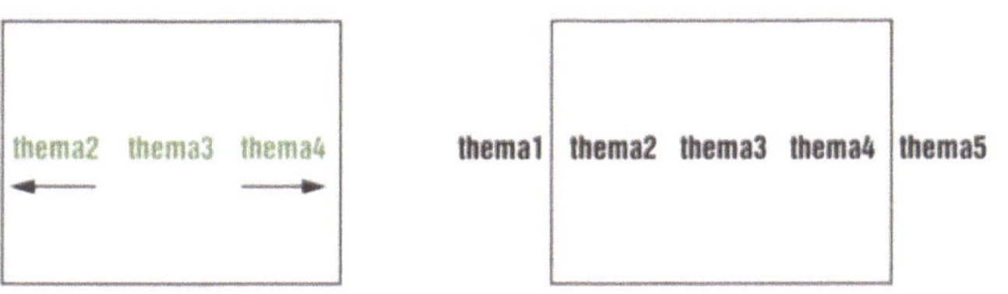

Abb. 14, 15 Kognitives Modell, z.B. ein horizontales „Themen-Band", es entsteht in der Vorstellung der Nutzer.

Werden Inhalte in horizontaler und dynamischer Anordnung auf dem Screen präsentiert, entsteht ein kognitives, ein gedachtes Modell, das der Orientierung dient. Ohne eine Abbildung der noch außerhalb des Screens liegenden Begriffe kann der Nutzer durch das Verhalten (horizontal beweglich) die Vollständigkeit des Konstruktes erzeugen. Er weiß, rechts wird Thema 5 und links Thema 1 liegen.

Navigationsmodelle können auch durch ihre direkte Abbildung dem Nutzer helfen schneller zu begreifen und zu agieren. Je klarer die grundlegende Ordnung eines Interfaces visualisiert wird, desto einfacher ist es für den Nutzer, sie zu verstehen und sie zu nutzen (z.B. Estonia Timeline). Dazu werden häufig bekannte Prinzipien, wie beispielsweise Aneinanderreihen, Verdrängen, Aufklappen u.v.m., eingesetzt. Mechanismen, die bekannt und deswegen einfach nachzuvollziehen sind.

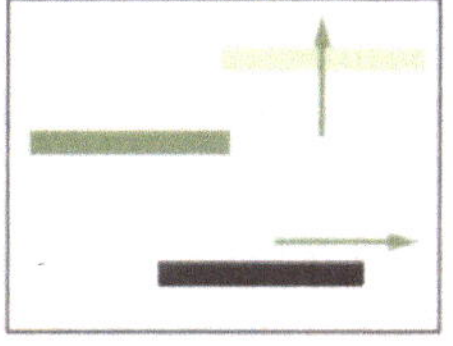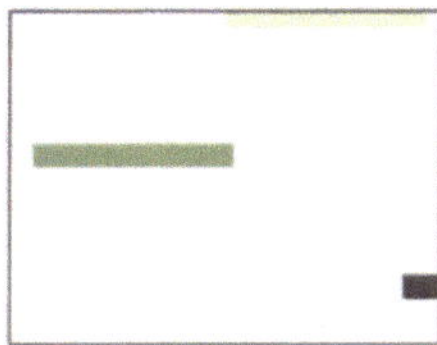

Abb. 16, 17, 18 Direktes Abbilden eines Navigationsmodells, z.B. Verdrängung

Eigentlich ist das „Weiterblättern" von Websites – denn das ist heute Status quo – keine wirklich schwierige Aufgabe der Oberflächengestaltung. Sie wird es nur dann, wenn lineare und hierarchische Strukturen direkt auf Hypertextsysteme angewandt werden. In der Kombination Linearität und Hypertext endet das meist früher als später im Navigationschaos und somit in der Nicht-Benutzbarkeit für den User.

7.8
Einfach oder effizient? – User Experience

Kennt man die Vernetzung eines Systems, so ist noch nicht alles gewonnen. Denn entscheidend ist nicht nur, was mit wem verbunden ist, sondern auch, wie es damit verbunden ist, also die Kenntnis der Wechselwirkungen zwischen Teilen.

Frederic Vester Unsere Welt – ein vernetztes System S. 37

Wären selbst alle bisher genannten Komponenten gut gelöst, so gäbe es noch eine wichtige, letzte Aufgabe, nämlich die Organisation zu entwerfen. Sie zeigt, was auf bzw. in der Informationsstruktur möglich sein soll. Dazu erstellt man, ehe eine Applikation entwickelt wird, zunächst eine Zielgruppen- sowie eine Tätigkeitsanalyse. Daraus ergibt sich neben dem Detailgrad der Anforderungen u. a. eine grundlegende Richtung für das Interface – nämlich die Abwägung zwischen schnell lernen oder schnell benutzen.

Eine Software beispielsweise sollte den Fokus eher auf schnellem Gebrauch haben als auf einer schnellen Erlernbarkeit, denn erlernt wird sie nur einmal, gebraucht aber unter Umständen täglich. Anders verhält es sich bei klassischen, also präsentierenden Websites mit geringer Interaktion. Hier ist es wichtig, dass die User schnell lernen, wie die Site funktioniert, da sie schnell zum Ziel kommen wollen und die Site nicht so oft benutzen. Handelt es sich hingegen um Sites, die sehr funktional und interaktiv sind, wie Banking- oder E-Commerce Sites, gilt es, den Lernaufwand in Relation zur Nutzungsfrequenz präzise auszuloten.

Oft führen falsche Annahmen oder Zielvorgaben zu „Horrorszenarien" im Gebrauch. Da werden Prozesse in überflüssig viele einzelne Schritte unterteilt, obwohl man die Applikation fast täglich nutzt und durchaus bereit wäre, ein wenig Zeit zum Erlernen schnellerer Interaktionsfolgen zu investieren. Doch das Zersplitten ist für viele Produzenten von Programmen und Websites die einzige Möglichkeit, sich der Komplexität zu nähern und diese im wahrsten Sinne des Wortes „runterzubrechen". Statt sie zu begreifen und sie dem Nutzer durch oben genannte Hilfsmittel zugänglich zu machen, werden Parolen wie „keep it simple and stupid" ausgerufen, und das Einzige, was passiert, ist, dass der Nutzer für dumm verkauft wird und sich durch unnötig lange Dialoge quälen muss.

Was hier fehlt, ist das Definieren und Entwerfen aller Handlungsabläufe: das vorherige sorgfältige Planen und Konzipieren von User Experience, die Summe aller Möglichkeiten, die ein Nutzer beim sinnvollen Gebrauch der Applikation durchlaufen kann und soll. Der Nutzer bewegt sich dabei auf den vorhandenen Komponenten wie Benutzerführung, Menues, Dialogfenster sowie auf Inhalten, die das System anbietet. Eine schwer greifbare Komplexität entsteht somit durch das Benutzen, die es aber dennoch zu gestalten gilt. Werden nicht alle Nutzungsszenarien durchdacht und visuell sowie funktional optimal gelöst, so werden genau an der Stelle Usability-Probleme generiert.

Seitens des Interface-Designs bedeutet dies, User Experience von Anfang an einzuplanen. Sie wirkt sich auf den Entwurf der gesamten Interface-Struktur aus. Werden einfach nur Funktionseinheiten aneinandergereiht oder platziert, so entsteht der Mehraufwand im Gebrauch durch den Nutzer. Wird hingegen versucht, Redundanzen und unnötige User-Aktionen durch ganzheitliches Entwerfen zu vermeiden, indem das Gesamtkonstrukt und die Use Cases gleichzeitig durchdacht werden, so besteht die Möglichkeit, dass Tätigkeiten der User effizienter ausgeführt werden können.

7.9
Fazit

Glücklicherweise wurde in letzter Zeit der Fokus bei der Entwicklung digitaler Produkte wieder mehr auf die Brauchbarkeit statt auf die Verkaufbarkeit gelegt. Es gibt inzwischen einige zeitbasierte Interaktionsmechanismen die zum Standard geworden sind. Offensichtlich sind sie inzwischen einfach genug zu verstehen, wie z. B. Reaktionen des Systems auf Roll-over, was immerhin ein etwas vorausschauenderes Handeln für den Nutzer ermöglicht.

Wünschenswert wäre allerdings ein anspruchsvollerer Umgang mit dem Medium, und das auf beiden Seiten der Mensch- und Maschineschnittstelle. Seitens der Interface-Gestaltung, indem der Komplexität begegnet und diese intelligent und transparent zugänglich gemacht wird, und seitens der Nutzer, indem eine größere Lernbereitschaft im Interagieren mit digitalen Medien besteht.

Schon heute sind die Prozesse, die mittels elektronischer Medien abgewickelt werden, komplex, und sie werden mit Sicherheit in Zukunft nicht einfacher. Das Anwenden derer soll aber gleichzeitig immer leichter werden? Wir werden nicht umhinkommen, Interaktionsmechanismen zu erlernen, die über das „Drücken" von Buttons hinausgehen. Die reale Welt „bedienen" wir auch nicht mit nur einem „Knopf".

Literatur

Card, S. K., Mackinlay J. D., Schneiderman, B.: Readings in Information
    Visualisation, Using Vision to Think, Imprint Academic Press, London,
    San Diego, San Francisco: Morgan Kaufmann Publishers 1999
Minsky M. L.: Mentopolis, Stuttgart, Klett-Cotta 1990
Mullet K., Darrell S.: Designing visual Interfaces, Mountain View,
    California, SunSoft Press 1995
Raskin J.: The Human Interface, Massachusetts, Addison Wesley 2000
Wurman, R.: Information Anxiety. Aufl. Bantam. New York:
    A Bantam Book/published by arrangement with Doubleday 1990
Wurman, R.: Information Anxiety 2. Indianapolis, Indiana: Que 2001
Vester, F.: Unsere Welt – ein vernetztes System. DTV München 1983

Sascha Prosek, Sven Ehmann

8 Skip Intro:
Funk vs. Funktionalität?

Intro

Lassen Sie uns nicht über Flash reden. Das wäre langweilig. Und lassen Sie uns auch nicht über Usability reden, das wäre genauso langweilig.

Reden wir stattdessen lieber über die Nutzer und das Nutzen von Web-Inhalten, darüber, dass Bruce Mau Unrecht hat, wenn er sagt „The problem with software is that everyone has it."[*], und darüber, dass er andererseits Recht hat, wenn er fordert „Make your own tools."[**]

8.1
Usability vs. User's Ability

Die Diskussion um Usability hat einen entscheidenden Haken: Der User ist nicht doof, sondern gelangweilt. Wenn uns das früher aufgefallen wäre, dann hätten wir Usability[***] nicht mit „Nutzbarkeit …", sondern mit „Nützlichkeit einer Website" übersetzt und würden schon lange viel bessere Projekte machen. Denn was nutzt es, sich auf jeder beliebigen Homepage zurechtzufinden, wenn die Site selbst keinen Wert hat?

Die Diskussion um Usability muss daher
1. eine Auseinandersetzung mit den Nutzern und ihren vielfältigen, sich verändernden Nutzungssituationen sein;

---

[*]   Bruce Mau „An Incomplete Manifesto for Growth" in: Life Style
[**]   ebd.
[***] „Usable" kann mit „brauchbar" und „nutzbar" übersetzt werden.

2. maßgeblich anhand der Inhalte geführt werden. Das umfasst die Konzeption, Recherche, Aufbereitung und Produktion von einzelnen Inhalten ebenso wie die Kontextualisierung zwischen verschiedenen Informationseinheiten;
3. dazu führen, dass in der logischen Konsequenz dieser inhaltlichen Arbeit Interfaces entwickelt werden, die es dem Nutzer erlauben, die Antworten auf eine Frage seinem Interesse, Vorwissen, Zeitkontingent, Bedürfnis entsprechend darzustellen, zu bearbeiten, zu ordnen, zu archivieren oder selbst zu diesem Thema eigene Gedanken zu publizieren.

Nur relevante, exzellent aufbereitete, kontextualisierte Inhalte werden einen Nutzer überhaupt ansprechen. Diese Anforderungen können aber genauso auf einen hochaktuellen Finanzdienstleister wie auf das verspielte Portfolio eines Designers zutreffen. Relevanz ist eben relativ.

8.2
Information Environment

Wie unterschiedlich die Anforderungen an Usability sein können, lässt sich am Beispiel „Lernen mit Hilfe des Internet" zeigen. Auf dem Weg von einer Informations- in eine Wissensgesellschaft ist es schon jetzt von essentieller Bedeutung, dass wir uns kontinuierlich mit neuen Themen befassen, unser Wissen erweitern oder austauschen. Das World Wide Web ist ein Werkzeug für dieses lebenslange Lernen. Doch da Lernen ein besonders individueller Prozess ist und da es außerdem über die Jahre eines Lebens hinweg eher schwerer als leichter wird zu lernen, brauchen wir eine möglichst optimale Lernumgebung. Solch ein Information Environment muss verschiedene Funktionen miteinander verbinden:

1. einen möglichst direkten Zugriff auf Informationen;
2. eine attraktive, didaktische Aufbereitung und intelligente Verknüpfung der Inhalte;
3. die geeigneten Werkzeuge, die es uns erlauben, wesentliche Teile dieser Informationen und unser neu gewonnenes Wissen zu speichern und für uns – wie für andere – abrufbar zu machen.

Im Folgenden wird beispielhaft gezeigt, wie nutzbare und nützliche Umsetzungen zu diesen Anforderungen aussehen können.

8.3
Einfachheit des Interfaces

Die grundsätzliche Forderung nach einem einfachen, eindeutigen Interface ist mehr als berechtigt. Um eine Frage zu stellen – so sollte man meinen – braucht es im Netz nicht mehr als ein Eingabefeld, einen Submit-Button, wenn dahinter ein intelligentes Software-Design steht. Keine Suchmaschine hat dies so sehr beherzigt wie Google[1]. Keine überrascht uns mit ähnlich brauchbaren Ergebnisse.

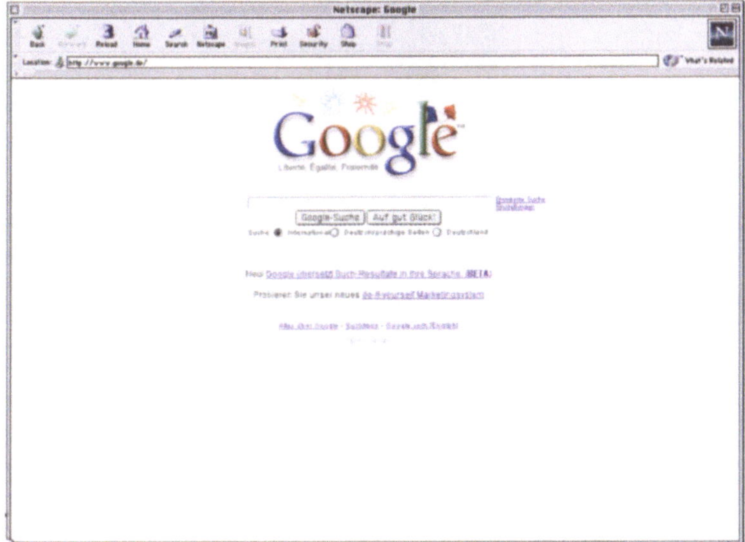

Abb. 1
www.google.de

Und doch ist das Ergebnis auch bei Google eine Liste mit verschiedenen Einträgen und nicht die Antwort. Wenn es dann schon eine Menge an Informationen ist, warum gibt es keine Darstellung, die einen verstehen lässt, wie Frage und Antwort zusammenhängen oder in welchem Bezug die verschiedenen Antworten zueinander stehen? Eine Antwort, die dem Grundmuster des Netzes entsprechend als ein Netzwerk kontextualisierter Inhalte erscheint. Vielleicht mangelt es noch an ausreichend smarter Software. Vielleicht setzt aber genau an dieser Stelle auch schon die wertvolle redaktionelle Arbeit ein, die ein thematisches[2] oder personalisiertes Portal auszeichnet und mitunter zu einer „besseren" Suchmaschine macht.

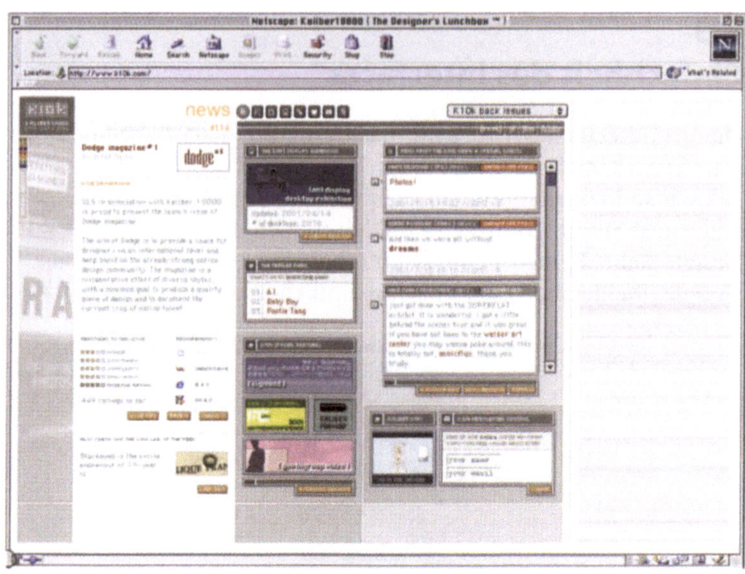

Beim Betrachten und Bewerten von Interfaces ist außerdem zu bedenken, dass bei ausreichendem Anreiz selbst ein komplexes oder schlechtes Interface kein Hinderungsgrund sein muss. Die Navigation der Website von Expedia kann beispielsweise noch so schlecht sein, wenn ich einen Flug brauche, dann buche ich ihn dort und ärger mich halt. Nicht selten finden sich spannende und anregende Artikel im Gewirr amerikanischer Hochschulseiten und sind für den erfolgreichen Jäger und Sammler durch den erhöhten Aufwand gleich doppelt wertvoll. Und mit dem Aufkommen neuer Killerapplikationen, wie es Napster[3] beispielsweise war, gilt es auch jedes Mal, neue Funktionalitäten und Begrifflichkeiten zu lernen.

Wenn zudem noch das Erlebnis spannend ist, wird ein komplexes Interface Teil der Inszenierung. Dies gilt im Bereich experimenteller Interface-Seiten wie artelirium[4], vor allem aber – mit unzweifelhaftem Erfolg – im Bereich der Computerspieleindustrie. Was im Übrigen dazu führt, dass ein paar meiner Freunde zum Erscheinungstermin von Metal Gear Solid 2 Urlaub nehmen, sich einschließen und Tage damit verbringen werden, neue Aktionen auf dem 14-knöpfigen Controller zu lernen. Die vermeintliche Hürde wird in diesem Fall als Herausforderung begriffen. Das Bewältigen eines Levels verschafft Genugtuung.

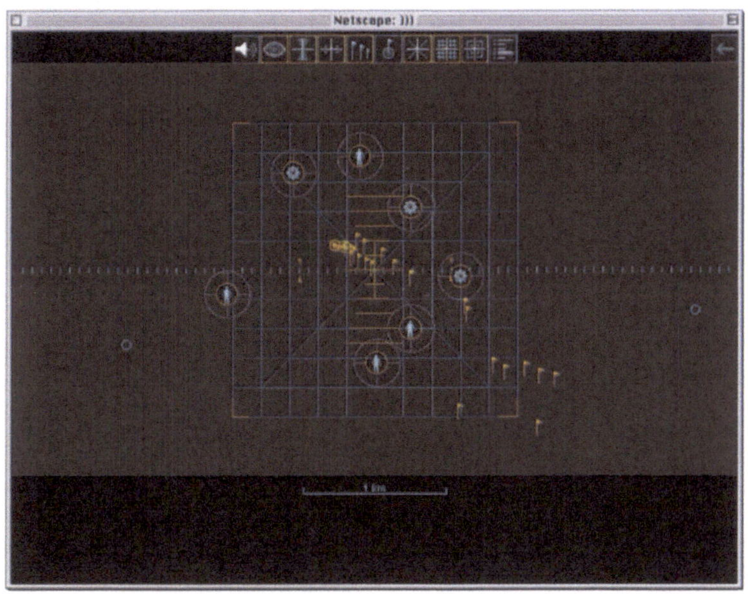

Abb. 3
www.artelirium.de

Dort, wo sich die interaktiven Erzählmechanismen von Computerspielen mit Lerninhalten verknüpfen, ist ein ganz neuer Markt und das Bildungsmodell der Zukunft entstanden. Gerade die Dreamcast- und Playstation-2-Generation, deren erster Online-Rechner nicht auf dem Schreibtisch, sondern vor dem Fernseher stand, gibt uns zu verstehen, wie weit das Thema Usability in Zukunft gedacht werden muss. Die Vorstellung von Sony's GScube auf der Siggraph 2000 legte die Messlatte gleich noch ein weiteres Stück höher. 16 PS2s arbeiteten hier parallel. Tausend Mal schneller als heutige Konsolen, so heißt es, könnte die PS3 sein, die etwa 2004 auf den Markt kommen soll. Spätestens dann ist Bundesliga gucken nichts, Bundesliga sein dagegen alles.

Dabei wird Sony einen entscheidenden Fehler aus der Markteinführung der PS2 zu vermeiden wissen. Hier hatten die Spieleentwickler zu spät von den technischen Spezifikationen erfahren, was dazu führte, dass die Updates populärer Titel erst Monate später auf den Markt kamen. Für die Spieleentwickler gilt das Gleiche, was angesichts der schnellen technologischen Veränderungen auch für die Entwickler von Websites gelten muss: Nur wer sich mit den Möglichkeiten des Machbaren früh genug auseinandersetzt, hat die Fehler schon gemacht, die Erfahrungen schon gesammelt, wenn es ans Geldverdienen geht.

8.4
Radikalität der Darstellung

Ob ein Bild mehr als 1000 Worte sagt oder ein Wort mehr als 1000 Bilder, kann auch an dieser Stelle nicht entschieden werden. Tatsache ist, dass unterschiedliche Inhalte auf verschiedene Weise präsentiert werden können und dass unterschiedliche Menschen in unterschiedlichen Situationen verschieden auf die Darstellungsformen reagieren.

Beispielhaft soll trotz dieser vielen Variablen gezeigt werden, wie mit Hilfe von intelligentem, anspruchsvollem Software- und Grafikdesign komplexe Informationen verblüffend eindeutig dargestellt werden können.

Unverrückbar in seiner Qualität und deshalb ein Maßstab ist nach wie vor die Marketmap von Martin Wattenberg auf Smartmoney[5]. Mit Hilfe eines Java Applets werden hier aktuelle Börsendaten in farbige Quadrate übersetzt. Anhand der Größe lässt sich die Kapitalisierung des Unternehmens, anhand der Farbe die momentane Dynamik der Aktie ablesen. Grüne Quadrate stehen für gute, rote für eine bedenkliche Performance. Mit einem Klick ist man bei den Detailinformationen. Die Marketmap ist klar, nützlich, ästhetisch und hat sich außerdem in einem der konservativsten Märkte bewährt. Und sie vermittelt einen Eindruck davon, wie viel mehr in Sachen Interface und Informationsarchitektur noch geleistet werden kann.

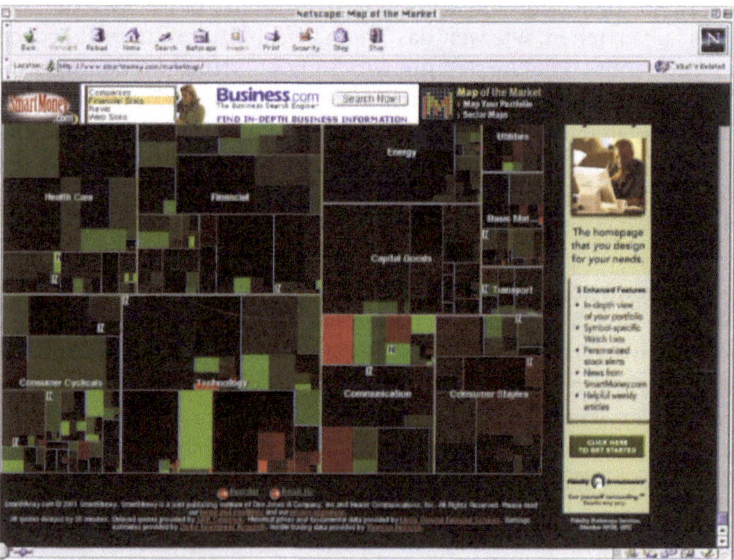

Abb. 4
smartmoney.com

Skip Intro: Funk vs. Funktionalität?

Ebenfalls im Bereich der Finanzdienstleister agiert seit einigen Jahren auch das New Yorker Architekturbüro asymptote[6]. Das Team von Hani Rashid und Lise Anne Couture hat den Trading Floor der New York Stock Exchange in Form einer virtuellen Datenlandschaft abgebildet, die hilft Veränderungen am Markt und ihre Auswirkungen schneller, besser zu erkennen und darauf in Echtzeit zu reagieren. Der nächste Schritt war dann eine Integration medialer Environments in den realen Börsenraum. Eine Evolution, die so am Anfang des Projekts für den Auftraggeber wie für asymptote nicht abzusehen war.

Wattenberg steht hier wie so oft stellvertretend für eine besondere Gruppe von Technologieästheten, asymptote stellvertretend für eine neue Generation von Architekten[7]. Beide mit ihren Projekten für ein hohes Maß an Usability und Inspiration, was dazu führt, dass sich mehr und mehr neue Gestalter (Programmierer, Designer, Architekten, …) auf den Weg machen, die virtuellen Räume und die mehrdimensionalen, transmedialen Bezüge im Prozess zu gestalten.

Abb. 5
www.zoomland.de

Damit löst sich im Übrigen auch das konventionelle Nutzungsszenario (PC, Screen, Tastatur, Maus) auf. Räume werden medial und Medien räumlicher, skalierbar, personalisierbar. Eine Entwicklung, die sich klar auch durch die Vielzahl neuer Devices manifestiert. Die Nutzung von Websites ist nicht mehr auf den PC-Arbeitsplatz beschränkt, sondern hat mit der Einführung von Webpads den Weg aufs Wohnzimmersofa oder per Mobiltelefon und PDA auch ins Freibad, in den Club oder die Natur gefunden. Anbieter wie Gate 5[8] mit ihrer Plattform Zoomland[9] erlauben es, immer wieder auf dieselben

Services zuzugreifen, die nun aber eine dem Device angepasste Darstellung und eine der Situation angepasste Informationstiefe zeigen. Location based information. Anytime, anyplace.

Allein aus der puren Präsenz dieser Devices kann eine vielschichtige Entwicklung folgen. Ähnlich wie durch die veränderte TV-Hardware (Fernbedienung) zunächst ein neues Seh- und Nutzungsverhalten (Zapping) und letztendlich ein Wandel der Inhalte (Formate, Werbepausen, Rhythmen, …) erfolgte.

Diese Beispiele zeigen, wie viel Dynamik weiterhin in der Branche steckt. Wie wenig wir bislang von den Möglichkeiten dieser immer noch neuen Medien wissen. Insofern ist es gut, dass es Bücher gibt, in denen die Regeln stehen, die man brechen muss, und gleichsam ist es gut und wichtig, dass es Leute gibt, die ihre Ideen umsetzen und zur Diskussion stellen. Anspruchsvolle Programmierer, Designer, Autodidakten sind kontinuierlich dabei, das Bestehende zu hinterfragen und nach neuen Ausdrucksformen oder Visualisierungsmöglichkeiten zu suchen.

Der Software Flash[10] kommt in diesem Zusammenhang die Bedeutung eines Katalysators, eines Beschleunigers zu. Mit Flash ist es einfacher geworden, attraktive Interface-Ideen ohne allzu großen Programmieraufwand umzusetzen und ohne allzu große Ladezeiten auch direkt im Netz zu testen. Wo vorher oft der Bruch zwischen abstrakter Idee und verständlicher Realisierung bestand, erlaubt Flash sowohl den schnellen Versuch wie im Weiteren eine umfangreichere Produktion professioneller Websites.

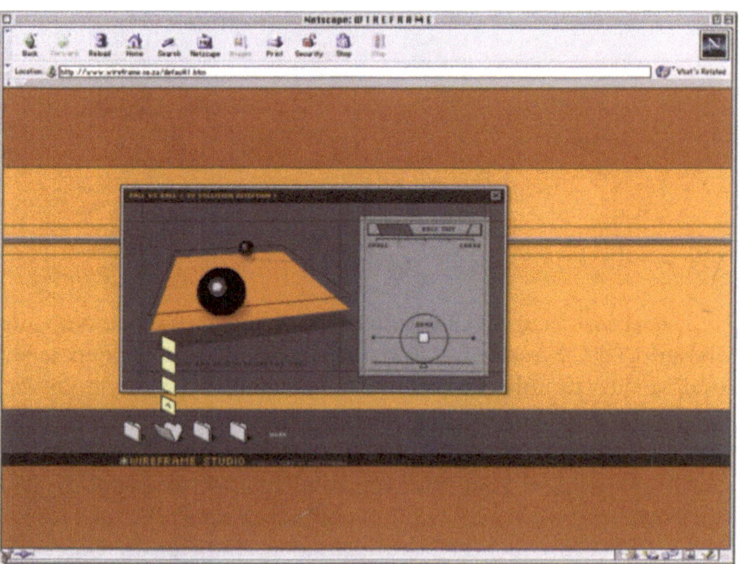

Skip Intro: Funk vs. Funktionalität?

Auf diese Weise kann die notwendige Auseinandersetzung um das Potential von Interfaces und Darstellungsformen im Netz – die in der Diskussion um Standards für Usability fast zu verkommen drohte – wieder aufgenommen und auf einem sehr viel breiteren Niveau geführt werden. Jetzt, wo Seiten wie die von wireframe[11], Tera Group[12] oder den Beatles[13] anschauliche und verständliche Beispiele liefern, die jeder ausprobieren kann, wird unmissverständlich klar, dass eine Website informativ, funktional und emotional ansprechend sein kann. Wir sollten also damit aufhören, Flash nur dazu zu benutzen, Introanimationen zu produzieren, deren größte und nützlichste Errungenschaft der „Skip-Intro"-Button ist. Vielmehr sollten wir mit Hilfe dieser Software herausfinden, wie das Netz sein könnte. Bunt? Bewegt? Multimedial? Mehrdimensional?

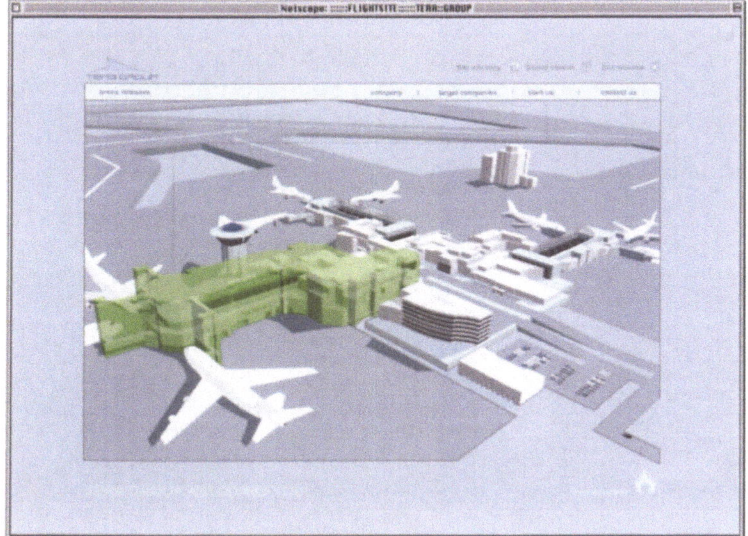

Abb. 7
www.teragroup.net

Die Tatsache, dass Leute, die sich mit diesen Fragen beschäftigen, dieselbe oder zumindest ähnliche Software benutzen, erlaubt einen beständigen Austausch[14] und beschleunigt die Entwicklung. Es gilt, die Grenzen zu finden und darüber hinaus zu gehen. Es gilt, die Software der Idee unterzuordnen und dadurch ein eigenes Tool zu schaffen. So viel zu Bruce Mau.

8.5
Genialität des Werkzeugs

Wenn das Interface nun neben dem Zugriff auf Informationen und der Darstellung noch weitere, speziellere Dienste leisten, im besten Sinn also zu einem Werkzeug werden soll, müssen wir uns wieder fragen, welche Anforderungen da von Nutzerseite zu formulieren sind.

Am Beispiel der Website des amerikanischen Smithonian Institutes[15] lässt sich zeigen, wie Geschichte verständlicher vermittelt werden kann. Aus einer attraktiven, aber vermeintlich nutzerunfreundlichen Idee der New Yorker Agentur Plumbdesign[16] – dem Visual Thesaurus – wurde hier ein lehrreiches Tool.

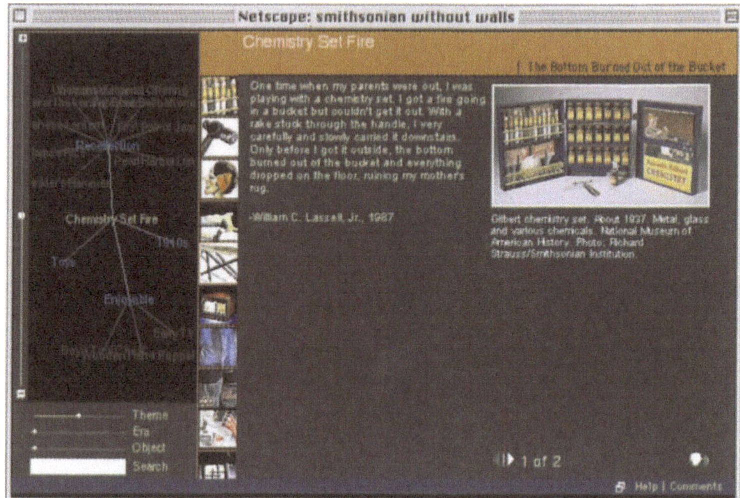

Abb. 8
www.si.edu/
revealingthings/

Wie weiter oben als Antwort auf eine Suchanfrage gefordert, erhält der Nutzer hier zu einem Objekt die Detailinformation und den Kontext gezeigt. In der Auseinandersetzung können nach den persönlichen Interessen Filter angesetzt und Kontexte verändert werden.

Noch ein wesentliches Stück weiter geht die Interface-Studie „NewViews". Sie zeigt – ebenfalls im Museumskontext –, wie jeder Nutzer über die einmalige Nutzung hinaus seine personalisierte Enzyklopädie erstellen und pflegen kann. Die multidimensionale Darstellung einer Ausstellung, das Protokoll eines Besuches, die Bookmarks zu interessanten Exponaten, Rechercheergebnisse von anderen Websites lassen sich im Museum und zu jeder anderen Zeit an jedem anderen Ort skalieren, editieren, erweitern, miteinander verknüpfen. Auf diese Weise wird die Information zum dauerhaften Erlebnis und die Darstellung zu einem wertvollen Werkzeug für lebenslanges Lernen.

8.6

...

Jetzt haben wir also doch über Flash geredet und über Usability, Nutzer, Nutzen, Nutzung, Motivationen, Innovationen, Visionen, und dank Bruce Mau war es nicht mal langweilig. Deshalb an dieser Stelle noch drei weitere Tipps des kanadischen Designers, die das Leben leichter und die Arbeit besser machen:

1. „Don't clean your desk"
2. „Ask stupid questions"
3. „Break it, stretch it, bend it, crush it, fold it."*

Eben.

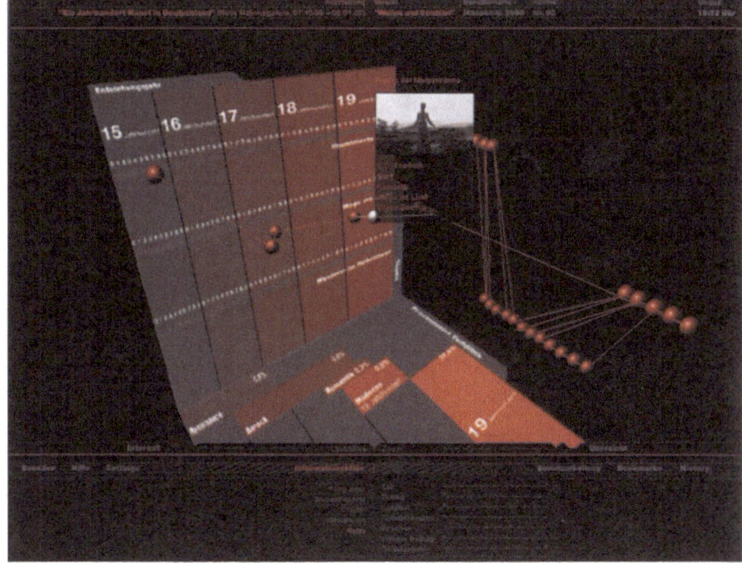

*Abb. 9
New Views –
Diplomarbeit von
Sascha Prosek,
Februar 2000*

---

* Bruce Mau „An Incomplete Manifesto for Growth" in: Life Style

Links

1 http://www.google.de
2 http://www.k10k.com/
3 http://www.napster.com
4 http://www.artelirium.de
5 http://www.smartmoney.com/marketmap/
6 http://www.asymptote.net
7 siehe hierzu auch die verschiedenen Projekte und Publikationen der ETH Zürich z. B. unter http://caad.arch.ethz.ch/
8 http://www.gate5.de
9 http://www.zoomland.de
10 http://www.macromedia.com/software/flash/
11 http://www.wireframe.co.za eine Umsetzung dazu auch unter http://www.com-ebusiness.de
12 http://www.teragroup.net
13 http://www.thebeatles.com
14 http://www.flashkit.com
15 http://www.si.edu/revealingthings/
16 http://www.plumbdesign.com

Bas Raijmakers

9 Usability ist ein Mittel, kein Ziel

9.1
Usability-Tests regen zwei Dialoge an, die Ihr Unternehmen gewinnbringender machen

Dieses Kapitel gliedert sich entsprechend zweier Dialoge. Die Beteiligten des ersten Dialogs sind der Betreiber des Service und der Entwickler des Service, die während der Entwicklung interagieren. Die Beteiligten des zweiten Dialogs sind der Betreiber des Service und seine Kunden, die miteinander kommunizieren, wenn der Service online ist. Usability-Tests erleichtern und fördern diese Dialoge und machen sie um vieles effizienter. Das bringt die verschiedensten Vorteile mit sich, wobei die wichtigsten Vorteile letztendlich ein rentablerer Service für den Betreiber und eine angenehmere Erfahrung für den Nutzer des Service sind. Ein weiteres Ergebnis sind zufriedenere Kunden für die kreativen Kräfte hinter solchen Online-Services und dauerhaftere Beziehungen mit ihnen. Usability-Tests sind ein Mittel für diese Zwecke und kein Ziel an und für sich.

9.2
Nutzer überprüfen die Realisierbarkeit

Dieses Buch beschäftigt sich mit verschiedenen Perspektiven, da viele Berufsgruppen an der Entwicklung und Pflege einer Website beteiligt sind.

Betreiber eines Online-Service verfügen über folgende mögliche Perspektiven:
- CEO
- Projektleiter
- Marketingleiter
- Produktmanager
- Kommunikationsmanager
- Unternehmensentwickler

Beim Entwickler des Online-Service können folgende Perspektiven vorliegen:
- Designer
- Texter
- Projektleiter
- Kundenbetreuer
- Unternehmensberater
- Programmierer

Forscher und Nutzer stehen immer dem Betreiber und dem Entwickler gegenüber und reagieren auf die Betreiber- und Entwicklerperspektiven mit unabhängigen Antworten aus der Nutzersicht. Die Nutzer bieten eine geradlinige, einfache Überprüfung am lebenden Objekt.

Viele Projekte beginnen mit einem Gespräch zwischen Betreiber, Entwickler und Nutzer. Manchmal wird der Forscher als Sprecher für den Nutzer eingeführt, der seine Anmerkungen interpretiert. Diese Gespräche verdeutlichen die Vorteile von Usability-Tests. Sie stammen aus meiner täglichen Praxis und sind von unseren seit vielen Jahren durchgeführten Usability-Tests inspiriert. Wenn Sie schnell Beispiele für die Ergebnisse benötigen, die Ihnen Usability-Tests liefern können, blättern Sie durch die Dialoge, um Beispiele für Kommentare und Bewertungen zu finden, die Nutzer geben würden.

9.3
Der Dialog zwischen Betreiber und Entwickler: Maximierung der Effizienz der Entwicklung

9.3.1
Der Dialog zwischen Entwicklern und Betreibern des Online-Service

Der Betreiber (Auftraggeber) und der Entwickler des neuen Online-Service befinden sich in einem ständigen Dialog. Dieser Dialog entwickelt sich vom ersten Moment ihres Kontakts – üblicherweise der Einladung, sich an einer Präsentation für eine neue Website zu beteiligen – bis zum letzten Moment – normalerweise kurz nachdem der Service online gegangen ist. In dieser Diskussion findet ein Wissenstransfer in zwei Richtungen statt. Der Betreiber erläutert dem Entwickler viele Sachverhalte zur aktuellen Kunden- und Marktposition. Der Entwickler erklärt dem Betreiber die Internet-Nutzer in allen Einzelheiten und spricht oft auch über die Stellung des neuen Online-Service im Internet. Diese Diskussionen sind selten klar und einfach. Beide Parteien sprechen über die zukünftigen Nutzer des Service, aber aus unterschiedlichen Perspektiven. Beide Parteien haben wahrscheinlich in vielerlei Hinsicht Recht, sie widersprechen einander aber auch häufig. Wer hat Recht, was ist der Weisheit letzter Schluss? Usability-Tests können eine große Hilfe für diese Diskussionen sein, weil sie die Meinungen der Nutzer in die Gespräche einbringen – und auf die Nutzer möchten beide Parteien hören. Dem Nutzer wird das letzte Wort zugestanden, das die Diskussion auflöst. In solchen Situationen maximieren Usability-Tests die Effizienz der Entwicklung neuer Services: Sie verkürzen lange Diskussionen, und sie stellen sicher, dass die Nutzer den Service gut verstehen und nutzen können.

Aus den Gesprächen zwischen Betreiber und Entwickler neuer Dienste ergeben sich viele Vorteile. Solche Vorteile sind:

- Eindämmung der Kosten: Was hilft dabei, Kosten zu sparen?
- Unterstützung für die strategische Entwicklung: Wie kann man die Bedürfnisse der Nutzer verstehen?
- Maximierung der Effizienz: Wie kann man die Entwicklung unnötiger und schwer verständlicher Services verhindern?
- Gewinn von Erkenntnissen: Wie kann man den Mitbewerbern immer einen Schritt voraus sein?
- Einsicht in den Nutzer: Wie handelt der Nutzer, und was denkt er?
- Schaffung stärkerer Beziehungen: Helfen Usability-Tests?

9.3.2
Usability-Tests sind kostenwirksam

Betreiber des Online-Service, CEO	Website-Entwickler, Kundenbetreuer	Nutzer
„Usability-Tests machen alles nur noch teurer. Wir sollten erst einmal sicherstellen, dass etwas online ist, dann können wir schauen, wie es bewertet wird."	„Es ist wichtig, Usability-Tests durchzuführen, bevor die Website online geht. Aber sie sollten keinen großen Teil des Gesamtbudgets beanspruchen und den Entwicklungsprozess nicht verlangsamen."	„Wenn ich zum ersten Mal auf eine Website gehe, muss sie mir schnell gewünschte Informationen geben, und sie muss sich gut „anfühlen". Sonst komme ich nicht zurück. Es gibt nur eine einzige Chance."
„Ich möchte sicher sein, dass unsere neue Website gut auf die Bedürfnisse unserer Kunden abgestimmt ist. Wir müssen diesen Service gleich richtig einrichten."	„Wenn Sie neue Services für Ihre Kunden entwickeln, können Sie nicht vorhersagen, wie sie reagieren werden, wenn Sie nur auf vorhandene Marktforschung bauen. Sie müssen neue Konzepte an Ihren vorhandenen Kunden testen, oder Sie riskieren, einen Service zu erstellen, den niemand möchte oder versteht. Sie könnten Ihr Geld also genauso gut aus dem Fenster werfen."	„Ich bin immer daran interessiert, neue Dinge im Internet auszuprobieren. Das ist interessant, weil ich oft über mich selbst überrascht bin. Langweilige Ideen können sich als ziemlich praktisch herausstellen, und interessante Angebote können sich als nutzlos erweisen. Gute Ideen bringen einen deutlichen Mehrwert zu dem, was ich jetzt nutze, und das ist entscheidend, wenn Sie möchten, dass ich als Kunde zurückkomme."

Usability-Tests sparen fast immer Kosten, weil sie sicherstellen, dass das Geld, das für die Entwicklung ausgegeben wird, gut angelegt ist. Untersuchungen bringen die Gewissheit, dass man sich nicht vom Nutzer, der Zielgruppe des Service, entfernt. Ein solches Abweichen kann sehr teuer sein, wenn zu einem sehr späten Zeitpunkt (oder noch schlimmer, wenn der Service bereits online ist) klar wird, dass der Service ganz oder teilweise neu aufgebaut werden muss. Geld falsch auszugeben ist das Gleiche wie Geld wegzuwerfen.

Die zusätzlichen Finanzmittel, die für Korrekturen oder einen Neuaufbau erforderlich sind, stehen selten unmittelbar zur Verfügung. Das bedeutet, dass die erforderlichen Änderungen bis zur nächsten Finanzierungsrunde oder bis zur Freigabe des nächsten Jahresbudgets warten müssen. Das behindert den Service in seinem Kampf mit der Konkurrenz. Der Betreiber des Service wird geschwächt, weil er weniger Gewinn mit dem Service macht, als er erwartet hat.

9.3.3
Usability-Tests sparen Zeit

Tabelle 2

Betreiber des Online-Service, CEO	Website-Entwickler, Kundenbetreuer	Nutzer
„Die neue Website muss zur Messe in Mailand in zwei Monaten fertig sein."	„In so kurzer Zeit sollten wir besser sicherstellen, dass wir genau wissen, was der Nutzer möchte und versteht, bevor wir die Website tatsächlich aufbauen. Wir werden keine Zeit haben, größere Fehler direkt vor dem Start zu beheben."	„Wenn ich eine neue Website besuche und nicht unmittelbar verstehe, was sie mir zu bieten hat, dann bin ich weg."
„Die neue Website muss für die Messe in Mailand in zwei Monaten fertig sein. Wir sollten uns auf etwas Kleines, aber wirklich Smartes konzentrieren, etwas, wozu alle sagen: ‚Warum haben wir nicht daran gedacht?'".	„Bei einem so knappen Zeitplan lassen wir besser alle Extras wie Usability-Tests weg. Wir müssen uns darauf konzentrieren, überhaupt etwas online zu bekommen."	„Manchmal haben neue Services ein wirklich interessantes Angebot, etwas, worauf man schon lange gewartet hat. Aber dann wird das Angebot so präsentiert, dass es wirklich schwierig zu nutzen ist – und schon ist der ganze Zauber verflogen."

Services werden im Allgemeinen im Rahmen straffer Zeitpläne entwickelt. Das liegt an den Startdaten, die sich an bevorstehenden Ereignissen orientieren, und an dem Wunsch, als Erster auf dem Markt zu sein. Auch das Bedürfnis, die Kosten fest im Griff zu halten, macht enge Zeitpläne erforderlich: Wenn man mehr Zeit aufwendet, gibt man mehr Geld aus. Sich zusätzlich mit der Nutzbarkeit zu beschäftigen, erscheint Betreibern und Entwicklern häufig so, als würde dem bereits stark belasteten Team ein weiterer Zuständigkeitsbereich aufgebürdet und der schon sehr enge Zeitrahmen mit einer zusätzlichen Aufgabe belastet. Die Mitarbeiter aus anderen Zuständigkeitsbereichen befürchten, dass sie die gleiche Arbeit in weniger Zeit erledigen müssen. Projektleiter befürchten, dass sie den gesamten Prozess für die Untersuchungen zum Stehen bringen müssen. Ich habe all diese Argumente gegen die Durchführung von Usability-Tests schon häufig gehört. Sie sind allerdings nicht stichhaltig: Wenn Usability-Tests gut geplant sind, sparen sie Zeit und können durchgeführt werden, ohne dass die Entwicklung auf Eis gelegt werden muss.

Es wird Zeit gespart, weil das Entwicklungsteam weniger Zeit für Diskussionen benötigt. Usability-Tests bieten die Antworten auf Debatten, die in jedem Entwicklungsteam immer wieder auftreten. „Sollen wir mit einem Dropdown-Menü oder mit einer komplett sichtbaren Liste von Kategorien arbeiten?" „Wohin sollen wir das Suchfeld setzen?" Diese Debatten können leicht fanatische Züge annehmen. Ab einem bestimmten Niveau können die Leute einander nicht mehr mit Argumenten überzeugen, sodass nur wenige Lösungen vom ganzen Team getragen werden. Dieser Prozess kostet viel Zeit, und was noch schlimmer ist – die Qualität der Ergebnisse ist alles andere als klar. Ein Nutzbarkeitstest kann die Diskussion abkürzen und zur richtigen Lösung führen.

Der Entwicklungsprozess muss für einen Usability-Test nicht angehalten werden. Untersuchungen während der Entwicklung sollten keinen großen Umfang haben und nicht länger als ein paar Tage von den Interviews bis zum Bericht dauern. Die meisten Entwicklungsarbeiten können in diesen paar Tagen weitergehen, weil die Ergebnisse nur auf Teile des Service Einfluss haben werden. Ein Projektleiter kann die Untersuchungen mit anderen Aufgaben verbinden, insbesondere wenn die Usability-Tests von vornherein in die Planung eingeschlossen sind. So verliert man fast keine Zeit.

Wenn das Team auf der anderen Seite irgendwann (normalerweise spät) im Laufe der Entwicklung feststellt, dass es eine Nutzbarkeitsproblematik übersehen hat und ein oder mehr Schritte zurückverfolgen muss, wird eine Menge Zeit verloren. Usability-Tests können in vielen Fällen verhindern, dass dies passiert.

9.3.4
Usability-Tests steigern die Rentabilität

Rentabilität ist das Hauptziel jedes Unternehmens, das Bestandteile seines Service online stellt. Dieses Ziel kann durch höhere Gewinne oder durch geringere Kosten erzielt werden. Der Aufbau, die Aktualisierung oder die Erweiterung von Online-Services bedingen Investitionen in die Entwicklung des Service. Die Kosten bei der Entwicklung gering zu halten, ob durch Einschränkung der Aufwendungen oder durch effektives Zeitmanagement, hat einen direkten Einfluss auf die Rentabilität des Service. Usability-Tests helfen, die Kosten niedrig zu halten, was sie zu einem wertvollen Werkzeug für die Steigerung der Rentabilität von Online-Services macht.

9.3.5
Usability-Tests helfen den Strategen, die Bedürfnisse der Nutzer zu verstehen

Neue Online-Services bringen nicht nur Veränderungen für ihre Nutzer mit sich, sie verändern auch den Service selbst. Das Unternehmen, das den Service anbietet, wird anders arbeiten müssen. Es ist z. B. etwas ganz anderes, eine Website immer aktuell zu halten, als jedes Jahr eine neue Reihe von Prospekten zu veröffentlichen. Die Kundenbetreuung über E-Mail läuft anders als die Kundenbetreuung über ein Call-Center. Und last but not least können Kunden online ganz andere Anforderungen haben: So müssten z. B. die Reaktionszeiten kürzer sein, und die meisten Anfragen würden üblicherweise außerhalb der Bürozeiten eintreffen. Diese Problematik wird starken Einfluss auf die Geschäftsstrategie des Service-Betreibers haben.

Nutzerbezogene Fragen können die frühen Stadien der Entwicklung nur dann beeinflussen, wenn bekannt ist, was die Online-Nutzer erwarten und warum sie das erwarten. Die sehr frühe Durchführung eines Usability-Tests, z. B. anhand schon bestehender themenverwandter Online-Services, wird deutlich machen, dass sich das Geschäft ändert, wenn es online gebracht wird. So werden Usability-Tests im Entwicklungsteam und beim Service-Betreiber das Gespür für die Veränderungen erhöhen, die das Unternehmen des Service-Betreibers durchmachen wird. Dieses Gespür ist wichtig. Es kann den Weg zu einer stärkeren Reflexion über die Veränderungen (auch intern) ebnen, die durch den neuen Online-Service verursacht werden. Wenn diesem Nachdenken ein Handeln folgt, bevor der Service eingeführt wird, können eine Menge Probleme und Verluste, z. B. aufgrund einer Unterbesetzung der Hotline oder des Verkaufsteams, vermieden werden.

9.3.6
Usability-Tests verbessern die Anbindung an bestehende Online- und Offline-Services

Betreiber des Online-Service Marketingleiter	Website-Entwickler, Strategieplaner	Nutzer
„Wir wissen genau, wer unsere Kunden sind, welche Bedürfnisse sie haben und warum sie unseren Offline-Service mögen. Dieses Wissen können wir selbst problemlos auf Online-Services übertragen."	„Online-Kunden unterscheiden sich deutlich von Offline-Kunden. Wir kennen Online-Kunden im Allgemeinen aber recht gut, und dieses Wissen können wir auf diesen spezifischen Geschäftsbereich übertragen."	„Einige neue Online-Services gehen dreist davon aus, dass man sich dessen, was man hat, ganz einfach entledigt. Das ist aber nicht so einfach. Wenn ich online ein interessantes Angebot für eine permanente Urlaubsversicherung bekomme, muss ich zuerst meine aktuelle Versicherung kündigen. Wer hilft mir dabei, so kurz bevor ich abreise?"

Online-Services existieren nicht im Vakuum. Sie dringen in die bereits massiv besetzte Welt der Nutzer ein. Die Leute verfügen bereits über Möglichkeiten, ihre Bedürfnisse zu erfüllen, z.B. beim Offline- und Online-Banking. Sie wissen, was Banking bedeutet und wie und warum es für sie relevant ist. Neue Online-Services müssen mit diesen Vorstellungen und Gewohnheiten konkurrieren. Allzu oft werden die potenziellen Nutzer denken: „Wenn nichts kaputt ist, brauche ich nichts zu reparieren." Ein völlig neues Bedürfnis, ob im privaten oder im geschäftlichen Sektor, wird höchst selten entdeckt. Und selbst wenn das Bedürfnis neuartig ist, werden die Nutzer immer noch versuchen, es zu verstehen, indem sie es mit Dingen vergleichen und in Verbindung bringen, die sie bereits kennen oder von denen sie gehört haben.

Das Entwicklungsteam braucht ein fundiertes Wissen über die Welt des angestrebten Nutzers, in die sich der neue Service einfügen muss. Welche vorhandenen Services sind wichtig für den Nutzer, und wie beurteilt er die Nützlichkeit und Anwenderfreundlichkeit dieser Services? Usability-Tests mit verwandten Services (möglicherweise von Mitbewerbern) in einem sehr frühen Stadium in der Entwicklung werden ein deutliches Bild der Welt ergeben, in der der neue Online-Service um seine Position ringen muss. Sie werden helfen, eine Nische zu besetzen und den Service eng mit anderen, verwandten Services in Verbindung zu setzen, die der Verbraucher oder Geschäftskunde auch weiterhin nutzen wird. Es dürfte klar sein, dass dieses Vorgehen zu mehr zufriedenen Kunden führen wird.

9.3.7
Usability-Tests verhindern die Entwicklung von Services, die sinnlos oder unverständlich für den Nutzer sind

Tabelle 4

Betreiber des Online-Service, Vetriebsleiter	Entwickler des Online-Service, Designer	Nutzer
„Wir erwarten viel zusätzlichen Umsatz von einem neuen Tool, mit dem unsere Kunden online eine persönliche Wunschliste der Bücher erstellen können, die sie vielleicht später bestellen möchten."	„Das mag ein interessanter Service sein, aber wissen wir, wann Leute diese Funktion nutzen würden und warum sie ihnen gefallen könnte? Werden sie die Vorteile für sich verstehen? Wir brauchen Antworten, um zu entscheiden, wo und wie wir diese Funktion präsentieren sollten."	„Wunschlisten online? Sind die dafür da, meinen Freunden zu sagen, welche Bücher sie mir zum Geburtstag schenken sollen? Ich bin mir nicht so sicher, dass sie es mögen, wenn ich E-Mails schicke und ihnen sage, sie sollen sich meine Online-Wunschliste anschauen..."

Die Einführung vollständig neuer Ideen ist immer schwierig, weil man viel Mühe investieren muss, den Leuten zu erklären, welchen Nutzen sie haben. Es kann einerseits erforderlich sein, dass die Leute einen neuen Service zuerst einmal nutzen, bevor sie ihn verstehen können. Wenn man andererseits einen neuen Online-Service einführt, möchte man ihn nicht vollständig entwickeln und vermarkten (d. h. das ganze Geld ausgeben), bevor man nicht zumindest ein wenig Gewissheit hat, dass die Zielgruppe die Brauchbarkeit des Service erkennt und ihn wahrscheinlich wirklich nutzen wird.

Bevor man sich auf einen kostenträchtigen Entwicklungsprozess einlässt, sollte zumindest ansatzweise eine Bewertung des Bedarfs durchgeführt und ein Verständnis dafür entwickelt worden sein. Die Marktforschung (online oder per Telefon) bei einem repräsentativen Ausschnitt aus der Zielgruppe wird zu einigen Zahlen und Meinungen führen. Der Wert dieser traditionellen Untersuchungsmethode ist aber begrenzt, wenn man etwas für die Zielgruppe so Neues untersucht. Ich weiß aus eigener Erfahrung, dass die Befragten Schwierigkeiten haben werden, präzise zu antworten; und bei dieser Art der Untersuchung ist der Marktforscher nicht vor Ort, um weitere Erklärungen zu geben. Außerdem kann man keine Probleme untersuchen, von denen man nicht erwartet hat, dass sie überhaupt auftreten. Um gute Antworten zu erhalten, würde der Forscher sehr genau auf neue Ideen und Vorschläge der Nutzer hören und diese während des Interviews weiter vertiefen müssen. Die Untersuchung der Anwendererfahrungen überwindet diese Einschränkungen mit Hilfe der so genannten teilnehmenden Beobachtung. Bei dieser Methode verbringt man eine gewisse Zeit mit einigen der beabsichtigten Zielkunden, beobachtet sie bei der Erledigung ihrer alltäglichen Tätigkeiten in ihrer eigenen Umgebung und interviewt sie gleichzeitig. Das führt zu einem intensiveren Verständnis der Bedürfnisse und Gewohnheiten, die die zukünftigen Nutzer heute haben. Dieses Verständnis wiederum regt die weitere Entwicklung des Service an und dient dem ganzen Team als praktischer Bezugspunkt bei der Entwicklung des Service, vom strategischen Entwurf bis zur Markteinführung.

Sobald ein Konzept, das auf die tatsächlichen Bedürfnisse der Zielgruppe Bezug nimmt, definiert ist, muss es den Nutzern vermittelt werden. Schon in den frühen Konzeptentwicklungsphasen eines Projekts ist es möglich zu untersuchen, ob die Nutzer das Konzept verstehen. Das Entwicklungsteam muss eine „Geschichte" entwerfen, je nach Gegebenheit in Worten, in Bildern oder mit anderen Mitteln, die dem Nutzer das Konzept erklärt. Diese Geschichte (ein Szenario oder ein paar Skizzen können ausreichen) muss einem Nutzbarkeitstest unterzogen werden, um festzustellen, ob die Leute das Konzept verstehen. Ein Konzept kann sehr nützlich sein, aber wenn keiner es versteht, wird es ganz einfach nicht genutzt werden. Wenn das passiert, muss die Geschichte anders erzählt und erneut getestet werden, bis sie schließlich so präsentiert wird, dass sie für die Zielgruppe verständlich ist. Erst dann sollte sich das Entwicklungsteam daran machen, den Service wirklich aufzubauen.

9.3.8
Usability-Tests schlichten Diskussionen im Entwicklungsteam

Betreiber des Online-Service, Kommunikations-manager	Entwickler des Online-Service, Designer	Nutzer
„Auf jeder Seite muss an einer auffälligen Stelle eine ‚Home'-Schaltfläche sein, weil die Leute sie als Hafen brauchen, auf den sie immer vertrauen können, wenn sie sich nicht mehr zurechtfinden."	„Die normale Navigation sollte ausreichend Klarheit darüber bieten, wo man sich auf der Website befindet. Eine ‚Home'-Schaltfläche auf jeder Seite ist in Ordnung, aber sie muss sich nicht an einer auffälligen Stelle befinden."	„Ich finde mich häufig auf Websites nicht mehr zurecht, ganz besonders bei den großen E-Commerce Websites, wo man viel Zeit damit verbringt, nach dem richtigen Produkt zu suchen. Meine Lösung ist, so lange auf ‚Zurück' in meinem Browser zu klicken, bis ich zu einer Übersichtsseite komme, von der ich wieder weitergehen kann."

Die Entwicklung eines neuen Online-Service führt zu zahlreichen Diskussionen – sowohl auf der Entwickler- wie auf der Betreiberseite wie auch zwischen beiden Seiten. Es ist sehr schwierig, Diskussionen deutlich strukturiert und kurz zu halten, da nur wenig faktisches Wissen zur Verfügung steht, insbesondere wenn wirklich neuartige Services entwickelt werden. Dafür gibt es nur eine Lösung: Das Entwicklungsteam (Betreiber und Entwickler gemeinsam) muss seine eigenen Erkenntnisse erwerben, auf die sich alle einigen können. Dieses Wissen wird Diskussionen schlichten und die Effizienz des Entwicklungsprozesses fördern.

Erkenntnisse können teilweise von Anbietern relevanter statistischer Informationen stammen. Derlei Informationen sind hauptsächlich sinnvoll, um festzustellen, wie viele Leute über eine bestimmte Hardware und Software verfügen, und um gewisse grundlegende Zahlen zur aktuellen Nutzung von Services zu erhalten. Diese Informationsquellen bieten aber keine Prognose, wie und warum Leute einen Service nutzen werden, den sie noch gar nicht kennen. Auch allgemeine Daten zur Nutzung von Fold-out-Menüs, zur Positionierung einer „Home"-Schaltfläche und zu anderen vergleichbaren Details kann man über diese Wege nicht erhalten, da die Antworten stark vom tatsächlichen Design des Service abhängen. Die zusätzlichen Erkenntnisse, die man benötigt, kann man ganz einfach dadurch gewinnen, dass man Nutzer einlädt oder besucht und sie interviewt und beobachtet.

9.3.9
Betreiber und Entwickler sind den Mitbewerbern, die keine Usability-Tests machen, immer einen Schritt voraus

Tabelle 6

Nutzer	Entwickler des Online-Service, Designer	Betreiber des Online-Service, Kommunikationsmanager
„Neue Dinge probiere ich immer gerne aus. Ich würde diesen Online-Supermarkt also auch jetzt schon nutzen, wo er noch ziemlich schwierig anzuwenden ist. Ich meine, es ist wichtig, Produkte zu sehen, ich mag große Bilder. Noch besser könnte es sein, wenn ich meinen Einkaufswagen durch virtuelle Gänge schieben könnte und die Produkte darin ablegen könnte."	„Die Nutzer können Ihnen sagen, was ihrer Meinung nach wichtig ist, in diesem Fall große Bilder, und dass der Einkauf im Supermarkt keine langweilige Angelegenheit sein muss, die ein paar Mal in der Woche erledigt werden muss. Die Lösungen, die sie vorschlagen, sind selten wirklich sensationell, aber die Beschreibung der Erfahrungen, die sie gerne machen möchten, ist sehr inspirierend."	„Untersuchungen haben gezeigt, dass das Browsen eine Art des Online-Einkaufs ist, die sehr stark zu Spontankäufen anregt, wenn man das mit dem Suchen über eine Suchmaschine vergleicht. Wir müssen herausfinden, wie man das Online-Browsen zu einer befriedigenden oder sogar aufregenden Einkaufserfahrung machen kann."

Die Nutzer können eine sehr gute Inspirationsquelle für die Entwickler und für die Betreiber eines Online-Service darstellen. Es ist wichtig, diese Quelle zu nutzen, wenn man einen Service erstellen will, der auf die Bedürfnisse der Nutzer eingeht, statt die organisatorischen Strukturen und Abläufe des Service-Betreibers widerzuspiegeln. Obwohl die Nutzer einem nicht sagen können, was genau sie in Zukunft wollen, können sie sagen, wie sie bestimmte Dinge zur Zeit tun (wie Online-Einkäufe) und was sie daran mögen und nicht mögen. Weder Konzeptentwickler noch Marketing- oder Kommunikationsmanager können mit solchen Informationen aufwarten.

Ich halte es für einen Vorteil, dass Nutzer nicht mit Bestimmtheit Auskunft darüber geben können, welchen neuen Service sie möchten. Das schafft Raum für die Entwickler des Service, ihre professionellen Fähigkeiten einzusetzen. Häufig besteht die Überzeugung, dass Usability-Tests zu einem frühen Zeitpunkt (z.B. Untersuchungen zu den Services der Mitbewerber, zum eigenen Service oder zu frühen Konzepten) dem Kreativteam Einschränkungen auferlegen. Das ist aber nicht der Fall, im Gegenteil: Usability-Tests leisten wertvolle Inspiration für ihre Arbeit. Diese Untersuchungen dienen auch als Inspirationsquelle für Marketing- und Kommunikationsmanager, denn sie lernen zu verstehen, warum Leute den Service nutzen, was seine einzigartigen Verkaufsargumente und was seine Mängel sind. Das sind qualitative Informationen, die man nicht aus Umfragen oder sozio-demografischen Statistiken gewinnen kann. Wenn diese Informationen vorliegen, wird sich die Marketing- und Kommunikationsstrategie erheblich verbessern.

Die regelmäßige Durchführung von Usability-Tests im Zusammenhang mit verschiedenen Projekten wird zu einem allgemeinen Erkenntnisgewinn über die Bedürfnisse, Wünsche und Verhaltensweisen der Nutzer führen. Natürlich unterscheiden sich diese Erkenntnisse über die Nutzer in den verschiedenen Branchen erheblich. Sie ändern sich außerdem recht schnell, weil sich die Einstellungen der Nutzer ändern und weil jeden Tag neue Nutzer dazu kommen. Nichtsdestotrotz ist es möglich, Trends zu erkennen, die sich im Laufe der Zeit herausbilden: Zum Beispiel entwickeln die Nutzer mehr Vertrauen in Online-Services, sodass sie mehr und mehr Online-Banking betreiben. Der Gewinn dieser Erkenntnisse beschleunigt die Entwicklung von Online-Services. Es wird einfacher, einen Service gleich beim ersten Mal richtig zu machen. Die Informationen helfen, Enttäuschungen bei den Nutzern zu vermeiden, was wiederum deren Vertrauen in Online-Services im Allgemeinen stärkt. Das kann das Unternehmen (Entwickler und Betreiber) vorantreiben: Wenn man gute Leistungen bringt, bleibt mehr Raum für Innovationen.

9.3.10
Usability-Tests zeigen, wie die Nutzer den Service tatsächlich verwenden

Tabelle 7

Betreiber des Online-Service, Kommunikationsmanager	Entwickler des Online-Service, Designer	Nutzer
„Auf dieser Seite wird der Nutzer mit so vielen Wahlmöglichkeiten konfrontiert, dass wir einige davon in den Vordergrund stellen müssen. Animationen sind ein probates Mittel, um die wichtigsten Funktionen hervorzuheben.“	„Animierte Schaltflächen bringen das Design völlig durcheinander. Sie bringen die ganze Seite aus dem Gleichgewicht, und die Nutzer wissen nicht mehr, wo sie hinschauen sollen.“	„Wenn ich sehe, dass sich auf einer Seite etwas bewegt, dann schaue ich häufig weg. Meistens handelt es sich dabei um kommerzielle Banner, und ich interessiere mich für Informationen und nicht für Werbung. Es hängt aber alles von der Seite ab. Manchmal funktioniert es, also führt mir die Seite mal vor!“

Wenn Sie schon einmal an Usability-Tests teilgenommen haben, werden Sie wissen, dass zwischen dem, was die Nutzer sagen, und dem, was sie wirklich tun, eine große Lücke klafft. Ein Test sollte immer ein paar Aufgaben enthalten, die ohne Hilfe von außen erledigt werden müssen, z. B. „Kaufe Buch X“. Der Untersuchende beobachtet, wie der Nutzer versucht, diese Aufgabe zu erfüllen, er notiert sich z. B., welche Wege und Navigationstools genutzt werden. Der Untersuchte sollte laut nachdenken, während er die Aufgabe erfüllt. Ich habe erlebt, dass Leute Dinge gesagt haben, die im völligen Widerspruch zu dem standen, was sie in derartigen Situationen getan haben. Es kommt häufig vor, dass Nutzer sagen, ihnen würde der Service gefallen, weil er so viele Informationen bietet, gleichzeitig kann man beobachten, dass sie damit kämpfen oder es nicht schaffen, genau die Information zu finden, nach der sie gefragt wurden.

Wenn man Tests mit 20 Nutzern durchführt, ist es möglich, eine quantitative Bewertung der Effizienz des Service[*] zu treffen. Jedem Nutzer werden die gleichen Aufgaben gestellt, ihr Erfolg bei jeder Aufgabe wird in Prozent bemessen, z. B. 0-25-50-75-100 %. Der durchschnittliche Erfolg von 20 Nutzern ergibt die Effizienzrate der Website. Wenn einmal eine solche Zahl vorliegt, wird es möglich, Ziele zu setzen wie „Steigerung der Effizienz um 20 % bei der

---

[*] Jakob Nielsen unter www.useit.com: http://www.useit.com/alertbox/20010218.html

Usability ist ein Mittel, kein Ziel

nächsten Version des Service" oder „25% höhere Effizienz als die Services der Mitbewerber". Um z. B. das letztgenannte Ziel zu setzen, ist es erforderlich, auch die Effizienz der konkurrierenden Services zu messen. Die Bewertung der Effizienz des eigenen Service in Zahlen kann wichtig sein, der Test sollte aber auch dazu genutzt werden, in Erfahrung zu bringen, wie man seine Effizienz steigern kann, denn sonst wird man nicht wissen, wie man mit der Entwicklung weitermachen soll.

Betreiber des Online-Service, Projektleiter	Entwickler des Online-Service, Designer	Nutzer
„Die Auswahltechnik, mit der wir arbeiten, bringt es mit sich, dass für die Bestellung von mehr als einem Exemplar eines Artikels zwei Aktionen erforderlich sind: Als Erstes legt man einen Artikel in den Einkaufskorb. Als Zweites wird die Anzahl eingegeben und bestellt. Dann kann man andere Sachen einkaufen oder sich ausloggen."	„In diesem Fall gestattet die Technik kein einfaches Learning by Doing der Nutzer. Wir müssen den Nutzern wirklich beibringen, wie man mehr als ein Exemplar des gleichen Produkts bestellt. Aber wenn sie es begriffen haben, kann nichts mehr schief gehen."	„Ich verstehe nicht, wie man mehr als ein Exemplar des gleichen Produkts bestellen kann. Vielleicht bin ich zu dumm, aber ich sehe es einfach nicht. Auf der anderen Seite will ich nicht zu viel Zeit darauf verwenden. Wenn ich erst eine lange Gebrauchsanweisung durchlesen muss … die Mühe mache ich mir nicht."

Da es sich bei Online-Services um neue Medien handelt, führen sie täglich neue Konzepte mit neuen Navigationsmethoden, neuen Funktionen, neuen visuellen Gestaltungselementen, neuen Interaktionen und Inhalten ein. Das bedeutet, dass alle Nutzer diese neuen Sachverhalte (neue Medien) ständig lernen müssen. In der Tat macht diese Anforderung, Online-Services für viele Nutzer erst attraktiv, insbesondere für die so genannten „Early Adopters", die normalerweise die ersten Nutzer eines neuen Service sind. Das Lernen ist also ein natürlicher und akzeptierter Teil der Nutzung neuer Medien. Da man das weiß, ist es wichtig, Usability-Tests durchzuführen, um die Lernkurve bzw. Erlernbarkeit des Service in Erfahrung zu bringen, den man entwickelt. Ist die Zielgruppe in der Lage, die Nutzung des Service zu erlernen? Wenn das der Fall ist, wie schnell lernen die Nutzer tatsächlich und wie motiviert sind sie zu lernen?

Das beteiligte Team (sowohl das Betreiber- wie das Entwicklerteam) lernt während der Entwicklung, wie bestimmte Dinge im Service zu bewerkstelligen sind, fast ohne es zu bemerken. Üblicherweise sagt einfach jemand: „So bestellt man zwei Flaschen Wasser statt einer", und zeigt es einem. Wenn man es einmal gesehen hat, ist es schwierig, es beim nächsten Mal zu übersehen. Es handelt sich dabei um kleine Dinge, die jeder mit ein wenig Hilfe schnell lernt. Aber wenn der Nutzer zu Hause zwei Flaschen bestellen muss, gibt es keine Hilfe, und er kann sehr wohl scheitern. Diejenigen, die den Service in ihrer Arbeit nutzen müssen, werden stärker motiviert sein, obwohl es gewisse Grenzen der Bereitschaft zur Investition in Lernprozesse gibt. Entwickler und Betreiber des Service müssen gemeinsam erkunden, wie weit sie die Nutzer dazu zwingen können zu lernen.

Ein verwandtes Problem ist die Erinnerbarkeit: Die Fähigkeit der Nutzer, sich zu erinnern, wo sie z.B. die Kontaktinformationen für den Kundenservice finden. Es kann schwierig oder einfach gemacht werden, sich zu erinnern, wo man beim vorigen Mal bestimmte Informationen gefunden hat. Eine sehr konsistente Informationsstruktur kann das vereinfachen, wenn aber jede Informationskategorie gleich aussieht, wird es schwierig, sich anhand ihres Aussehens an sie zu erinnern. Für diese Probleme gibt es keine allgemein gültigen Lösungen. Man muss sie entdecken, indem man Nutzern ein Demo oder einen Prototyp vorlegt und ihnen Aufgaben stellt, bei denen sie sich an bestimmte Dinge erinnern müssen, um sie zu erfüllen. Auch hier helfen Usability-Tests, herauszufinden, wie weit man gehen kann.

9.3.11
Usability-Tests zeigen, was Nutzer vom Service halten

Betreiber des Online-Service, Kommunikations-manager	Entwickler des Online-Service, Designer	Nutzer
„Eine Flash-Animation auf dem Eröffnungs-bildschirm der Website ist ein hervorragendes Tool, um den Nutzer in die richtige Stim-mung zu bringen, auf der Website zu surfen."	„Die Leute besuchen die Website, um eine bestimmte Aufgabe zu erfüllen, z. B., um Kon-taktinformationen zu finden. Man braucht nicht in die richtige Stimmung zu kommen, um Kontaktinforma-tionen zu finden!"	„Die Flash-Animation sieht gut aus, aber wenn ich sie einmal gesehen habe, möchte ich sie nicht noch einmal anschauen. Ich bin mir auch nicht sicher, ob ich überhaupt die Zeit auf-bringen möchte, sie bei meinem ersten Besuch der Website anzuschauen. Ich möchte selbst wählen, ob und wann ich diese Flash-Animation anschaue. Und ich möchte nicht jedes Mal vor dieser Wahl stehen, wenn ich auf www.company.com gehe."

Tabelle 9

Hinter der Nutzung eines Online-Service steckt mehr als nur Effizi-enz und die Fähigkeit, sie tatsächlich zu nutzen. In der Unterhaltungs-branche ist Effizienz noch nicht einmal ein Thema. Die Lernbarkeit, die Erinnerbarkeit und die Fähigkeit zur Nutzung sind dort aber nach wie vor Thema, weil die Leute diese Schwellen überschreiten müssen, um mit dem eigentlichen Spiel oder Entertainment zu begin-nen. Bei vielen Online-Services ist das Vergnügen an der Nutzung eine wichtige Angelegenheit.

Auch die Markenerfahrung des Nutzers ist sehr wichtig. Wenn man einen Teil seines Service online anbietet, dann erweitert man das Unternehmen auf neue Medien. Wenn ein Nutzer z. B. ein Ticket Ihrer Fluggesellschaft über Ihre Website online bucht, dann sollten die Assoziationen, die die Kunden mit Ihrer Marke haben (z. B. Zuver-lässigkeit und Urlaub), über die Website hervorgerufen werden. Die Gefühle des Nutzers wie Vertrauen und Vorfreude sollten durch die Erfahrung der Online-Buchung des Tickets entstehen, so wie diese Gefühle auch entstanden wären, wenn er das Ticket beim Reisebüro gebucht hätte. Unternehmen wünschen sich bisweilen online eine etwas modernere Erscheinung, als sie sie in der realen Welt haben. Vielleicht benötigt Ihr Unternehmen aber auch eine globale Markenerfahrung, die eine Beziehung zu allen regionalen Markenerfahrungen herstellt, die Ihre Kunden weltweit gemacht haben. Für eine Online-Markenerfahrung zu sorgen ist etwas, das man nicht *nicht* tun kann. Und wenn Sie es tun, dann müssen Sie die Erfahrungen in Betracht ziehen, die Ihre Kunden bereits gemacht haben könnten.

Ein wichtiger Vorteil von Usability-Tests ist, dass sie dabei helfen, festzustellen, was die Nutzer vom Service halten. Dafür reicht eine Online-Umfrage strukturell nicht aus. Studien sind ein geeignetes Tool, um Meinungen einzuholen, aber um den eigentlichen Wert dieser Meinungen festzustellen, muss man Nutzer interviewen. Dann kann man Folgefragen stellen, um wirkliche Einsicht in die Meinungen der Befragten zu erlangen. Diese Einsicht macht den großen Unterschied zwischen dem Wissen über die Meinungen der Kunden und dem Verständnis ihrer Erfahrungen aus. Wir müssen alle noch lernen, was die neuen Medien wirklich in unserem täglichen Leben zu Hause, unterwegs und bei der Arbeit bedeuten können. Daher besitzt man einen wichtigen Vorteil gegenüber den Mitbewerbern, wenn man die Erfahrungen der Nutzer wirklich versteht und nicht nur mit ihren Meinungen vertraut ist.

9.3.12
Usability-Tests führen zu stärkeren Beziehungen – auf der Seite der Betreiber und der Entwickler

Wie wir gesehen haben, sind die Vorteile von Usability-Tests sowohl für Betreiber wie für Entwickler von Online-Services während der Entwicklungsphase erheblich, von der allerersten Idee bis zum Moment, in dem der Service online geht. Usability-Tests sind dennoch nur ein Mittel. Sie sind ein Werkzeug, das die Betreiber und die Entwickler in ihren gemeinsamen Bemühungen unterstützt, eine beeindruckende Erfahrung für die Nutzer und zukünftige Werte für das Unternehmen zu schaffen. Das Ziel von Usability-Tests muss ein besserer, rentablerer Service sein. Die Kunden des Service-Betreibers werden zufriedener sein. Die Auftraggeber der Entwickler werden zufriedener sein. Und eine höhere Zufriedenheit sorgt dafür, dass Leute zurückkehren, was zu länger anhaltenden Beziehungen führt. Das sind die Ziele, die Unternehmen haben. Hier besteht kein Unterschied zwischen den Entwicklern von Online-Services und den Unternehmen, die diese Services Kunden und Unternehmen anbieten.

9.4
Der Dialog zwischen Kunde und Service-Betreiber: Maximierung der Rentabilität des Service

9.4.1
Der Dialog zwischen Nutzern und Betreibern des Online-Service

Jeder Online-Service führt zu einem Dialog zwischen Nutzer und Betreiber. Die Qualität des Dialogs hängt stark von der Anwenderfreundlichkeit des Service ab. Um einen anwenderfreundlichen Service anbieten zu können, muss der Betreiber seine Nutzer sehr gut verstehen. Welche Bedürfnisse haben sie? Wie verhalten sie sich? Was sind ihre Wünsche, ihre Träume, aber auch ihre Alpträume? Wenn man die Antworten auf diese Fragen nicht kennt, ist es z.B. nicht möglich, einen wirklich zufrieden stellenden individualisierten Service zu schaffen. Wie würde man wissen, ob oder wann die Nutzer sich einen solchen Service wünschen? Welche Wünsche haben sie in Hinsicht auf Empfehlungen? Welche Alpträume haben sie in Bezug auf den Datenschutz? Welches Niveau an Hilfe und Service erwarten sie, wenn die Beziehung zum Unternehmen persönlicher geworden ist? Die Beantwortung dieser Fragen ist für die Betreiber von Online-Services nicht einfach, wenn man einmal begriffen hat, dass die Nutzer eine heterogene Gruppe sind, deren Fähigkeiten, Einstellungen und Verhaltensweisen sich mit der Zeit ändern. Usability-Tests helfen den Betreibern, den Kontakt mit ihren Kunden und Nutzern aufrechtzuerhalten. Nutzbarkeitsfachleute stellen den Nutzer ins Zentrum des Online-Betriebs. Daraus ergeben sich wertvolle Erkenntnisse über die Leistung des Unternehmens.

Die Diskussionen zwischen Betreiber und Nutzer von Online-Services bringen eine ganze Reihe von Vorteilen.

- Finanzen: Was hilft, Kosten zu sparen?
- Umsatz: Was hilft, den Gewinn zu steigern?
- Verständnis der Nutzererfahrung: Was hält der Nutzer vom Service?
- Erkenntnisse über den Nutzer: Wie kann der Service-Betreiber von seinen Nutzern lernen?
- Steigerung der Effizienz: Wie handelt der Nutzer und wie kann man auf dieses Handeln eingehen?
- Beziehung zum Kunden: Wie kann man über seine Kunden auf dem Laufenden bleiben?

9.4.2
Usability-Tests helfen, die Unterhaltskosten niedrig zu halten

Eine Möglichkeit zur Steigerung der Rentabilität ist, die Kosten niedrig zu halten. Um Online-Services ins Netz zu stellen, sind erhebliche Investitionen erforderlich, aber damit sind nicht alle Kosten geleistet. Man muss in seinem Unternehmen ein Verfahren etablieren, um die Online-Informationen aktuell zu halten. Die Texter des Unternehmens, das den Service für Sie aufgebaut hat, sollten Ihnen dabei helfen können, ein derartiges Verfahren einzurichten. Wie oft Sie die Informationen aktualisieren, hängt nicht nur davon ab, was Ihr Unternehmen leisten kann, sondern auch davon, was die Nutzer des Service erwarten. Wenn die Nutzer der Meinung sind, dass eine wöchentliche Aktualisierung ausreicht, dann gibt es kaum Gründe dafür, mehr Geld auszugeben, um sie häufiger durchzuführen. Viele Betriebskosten für den Service können gespart werden, wenn man dafür sorgt, dass die Nutzer möglichst wenige Fragen und Beschwerden an den Kundenservice richten. Je anwenderfreundlicher der Service ist, desto weniger Fragen werden natürlich gestellt.

9.4.3
Usability-Tests helfen, den Gewinn des Online-Service zu steigern

Tabelle 10

Betreiber des Online-Service, Kommunikationsmanager	Nutzer	Forscher
„Um die Website mit elektronischer Bezahlung vertrauenswürdig zu machen, müssen wir alle unseren technologischen Sicherheitsmaßnahmen ausführlich zeigen."	„Für mich wird Vertrauenswürdigkeit im Internet vor allem über zwei Dinge vermittelt. Die Interaktion muss einfach und übersichtlich sein. Und ich muss den Überblick über das haben, was ich tue."	„Technologie ist komplex, und die Nutzer erwarten nicht vom Service, dass ihnen die genauen, komplizierten Abläufe der Technologie im Hintergrund im Einzelnen erklärt werden. Wenn der Ablauf reibungslos so funktioniert, dass sie ihn verstehen können, ist das in Ordnung. Und das hat normalerweise nichts mit der eigentlichen technologischen Funktionsweise des Service zu tun."

Usability ist ein Mittel, kein Ziel

Die andere Möglichkeit, maximale Rentabilität zu erreichen, ist die Steigerung des Gewinns. Anwenderfreundlichkeit steigert den Gewinn, weil weniger Nutzer aufgrund von Nutzbarkeitsproblemen Transaktionen abbrechen. Und wenn ein Service für die Nutzer gut funktioniert, wenn sie also eine positive Anwendererfahrung machen, dann werden sie häufiger zurückkehren, mehr Geld ausgeben und ihren Freunden davon erzählen. Das wird die Nutzergruppe erweitern: Erfahrene Nutzer von Online-Services ermutigen ihre weniger erfahrenen Freunde und Angehörigen, mit der Nutzung eines Service zu beginnen, weil dieser z. B. wirklich einfach und vertrauenswürdig ist. Mehr überzeugte und zufriedene Nutzer regen die Nutzung neuer Medien im Allgemeinen an und vergrößern das Kundenpotenzial. Das mag trivial erscheinen, aber in einer Situation, in der die neuen Medien wirklich noch „neu" sind, kann viel gewonnen werden, in dem Sinne, dass die Medien ihren Nutzerstamm noch erweitern und die Intensität der Nutzung noch steigern. Die Internet-Nutzung ist bei den Computerbesitzern (ungefähr die Hälfte der Bevölkerung in Europa) heutzutage zwar allgemein üblich, viele Leute haben aber noch keinen Computer und werden letztendlich vielleicht über interaktives Fernsehen oder Mobilfunkgeräte online gehen. Die zukünftigen Nutzer dieser Services sind bestimmt nicht alle Computerbesitzer. Der Gewinn aus Online-Services kann und wird in der nahen Zukunft erheblich gesteigert werden. Mit Hilfe von Usability-Tests könnten Sie sich davon einen größeren Teil sichern.

Tabelle 11

Betreiber des Online-Service, Kommunikationsmanager	Nutzer	Forscher
„Es werden zu viele Transaktionen abgebrochen. Wir möchten wissen, warum das so ist, und dieses Wissen dann nutzen, um die Prozentzahl erfolgreicher Transaktionen zu steigern (als Teilwert aller begonnenen Transaktionen)."	„Unser Computer ist abgestürzt, nachdem wir 15 DVDs ausgesucht hatten und sie in unseren virtuellen Einkaufswagen gelegt hatten. Als wir uns wieder eingeloggt haben, war nichts von unserer gut einstündigen Arbeit gespeichert. Wir haben den Vorgang nicht wiederholt, weil wir jetzt wussten, dass das wieder passieren kann, und es nicht noch einmal erleben wollten."	„Die verschiedenen Schritte der Transaktion sollten auch dem Betreiber des Service die Möglichkeit geben, zu beobachten, wo genau die Dinge schief laufen. Die Protokolldateien des Service können den Schritt aufzeigen, an dem die meisten Nutzer abbrechen. Danach kann man einen Nutzbarkeitstest erstellen, der auf diesen bestimmten Schritt im Ablauf eingeht, um zu verstehen, was genau das Problem ist."

Ihre treuesten Kunden, die Fans Ihrer Marke, werden die ersten und eifrigsten Nutzer Ihres neuen Online-Service sein. Sie sind es, die enttäuscht würden, wenn Sie Usability-Tests bis nach dem Start des Online-Service herauszögern. Damit verlieren Sie vielleicht Ihre bislang eifrigsten Kunden, die dann sogar andere davon abhalten könnten, Ihren Service zu nutzen.

Wie bereits erläutert wurde, beginnt die Anwendererfahrung im Zusammenhang mit Ihrer Marke oder Ihrem Produkt oder Service bereits, wenn der Nutzer mit dem Anfangsbildschirm Ihres Online-Service konfrontiert wird. Die Auswahl von DVDs ist in einem Online-Geschäft ein Teil der Erfahrung. Wenn diese Erfahrung negativ ist, dann ist es unwahrscheinlich, dass die nächsten Schritte, nämlich Einkauf und Bezahlung, erfolgen. Und wenn die Nutzer dann doch etwas einkaufen, einfach weil sie die ganze Mühe der Auswahl schon durchgemacht haben und nicht mit leeren Händen gehen wollen, dann werden sie wahrscheinlich nicht noch einmal zurückkommen. Das nächste Mal werden sie es bei Ihrer Konkurrenz versuchen – nur einen Mausklick entfernt.

9.4.4
Usability-Tests erklären, warum sich Nutzer so verhalten, wie sie es tun

Tabelle 12

Betreiber des Online-Service, Kommunikationsmanager	Nutzer	Forscher
„Auf unserer Website machen wir deutlich, dass wir von unseren Kunden lernen möchten. Wir fordern sie auf, uns ihre Ideen und Beschwerden mitzuteilen, und wir betonen, dass wir wirklich auf sie eingehen möchten."	„Ich habe keine Probleme damit, Anmerkungen und Ideen zu einer Website zu schicken, die ich häufig aufsuche. Es ist interessant, Anmerkungen zu machen, insbesondere wenn die Website neu gestaltet wurde. Aber ich erwarte zumindest eine Antwort, die mir sagt, was mit meiner Anmerkung passiert ist, weil es wichtig für mich ist, dass man mir wirklich zuhört."	„Man kann von Nutzern wirklich lernen, aber man bekommt ihre Ratschläge nicht umsonst. Man muss eine gute E-Mail-Hotline haben, die schnelle und effiziente Kommunikation leistet (und nicht nur empfängt und intern weiterleitet), um wirklich von den Nutzern lernen zu können."

Bei einem Medium mit solch schnellen Veränderungen ist es wichtig zu beobachten, wie es genutzt wird. Ihr Ziel sollte sein, zu lernen, wie Sie den Service für Ihre Kunden angenehmer und für sich rentabler machen können. Über die Serverprotokolle, die jeden Klick registrieren, ist es möglich, den Service laufend zu beobachten. Aber auch Transaktionen und Suchaufträge sollten protokolliert werden. Sie können erfahren, wo Ihre Kunden leben und nach was sie bei Ihrem Service suchen. Alle Protokolle sollten natürlich analysiert werden. Das geschieht (zu) häufig nicht genau oder regelmäßig genug. Um Meinungen einzuholen, kann man den Service mit Fragebogen versehen und um Feedback bitten. Das kann positiv fürs Image sein, weil Nutzer normalerweise gerne Vorschläge machen, vorausgesetzt, dass sie zumindest eine Antwort darauf bekommen.

Die Zusammenführung von Web-Statistiken und Online-Umfragen kann zu einem Widerspruch führen: Nutzer, die aussagen, dass sie den Service eigentlich mögen, und Serverprotokolle, die zeigen, dass die Nutzer häufig abbrechen. In der Umfrage sagen die Leute, dass sie den Service mögen, aber die Statistik erhellt, dass sie mitten im Bestellprozess nicht mehr weiterkommen. Das zeigt die Einschränkungen von Umfragen bei der Bewertung von Online-Services auf. Bei Services, die mit irgendeiner Form von Transaktion arbeiten, ist diese Art der Analyse möglich. Die Bestandteile des Service, die darauf abzielen, Informationen zu liefern oder Produkte zu finden (normalerweise vor der eigentlichen Bestellung), können mit solchen Serverstatistiken nicht analysiert werden. Auf jeden Fall sind die Ergebnisse der Analyse begrenzt. Man weiß immer noch nicht, wie man den Service verbessern kann. Und hier kommen Usability-Tests ins Spiel. Diese Untersuchungen können deutlich machen, warum Nutzer das gewünschte Produkt nicht finden und warum sie mitten im Bestellvorgang abbrechen. Mit diesen Antworten als Ausgangspunkt können Nutzbarkeitsforscher sogar Vorschläge für Lösungen machen, die den Nutzer befähigen, den Service effizienter zu nutzen. Das muss nicht immer eine Umgestaltung des Service mit sich bringen, es kann auch darum gehen, bessere Erklärungen, Hilfe-Texte und Fehlermeldungen zu bieten. Das kann alles von Textern geleistet werden, die die Seite pflegen. Solche einfachen Korrekturen werden mit hoher Wahrscheinlichkeit den Druck erleichtern, der auf dem Kundenservice lastet.

9.4.5
Usability-Tests helfen, die Anwendererfahrung zu verstehen

Tabelle 13

Betreiber des Online-Service, Kommunikationsmanager	Nutzer	Forscher
„Die verschiedenen Bereiche und Services unserer Website haben in den letzten zwei Jahren nach und nach ihre Bezeichnungen bekommen. Die Leute sind jetzt daran gewöhnt, und wir können das nicht mehr ändern."	„Ich habe diese Website jetzt einige Zeit genutzt, und ich habe verfolgt, wie sie gewachsen ist. Ich nutze sie aber immer noch wie zu Beginn. All diese neuen Bereiche und Services sind mir nicht klar. Ich habe sie ein paar Mal ausprobiert und habe mich dabei irgendwie verirrt. Ich konnte mir keinen guten Überblick darüber verschaffen, was die Website mir bieten kann. Jetzt halte ich mich an das, was ich weiß, und lasse den Rest einfach links liegen."	„Die Bezeichnungen der Schaltflächen auf der Navigationsleiste mögen in Ordnung sein, wenn man sie einzeln betrachtet, aber insgesamt ergeben sie keinen Sinn, weil sich ihre Bedeutungen zu weit überlappen. Es wäre am besten, ganz von vorne zu beginnen und neue Bezeichnungen für die Bereiche und Services der Website zu finden."

Wenn Ihr Service schließlich online ist und Sie während der Entwicklung Usability-Tests durchgeführt haben, können Sie ziemlich sicher sein, dass Sie eine angenehme Erfahrung für Ihre Kunden geschaffen haben. Dennoch ist es wichtig, dass Sie in der gesamten Laufzeit Ihres Service für entsprechenden „Nachschub" sorgen. Immerhin handelt es sich nicht um einen Prospekt, den Sie nicht mehr ändern können, wenn er in Druck gegangen ist – und Ihre Kunden wissen das. Wenn Sie den Service z.B. mit einem neuen Zusatzdienst oder einer neuen Funktion erweitern wollen, lohnt es sich, festzustellen, wie angenehm die Nutzungserfahrung für Ihre derzeitigen Kunden ist. Das könnte sich geändert haben, ganz einfach weil sich die Nutzung und die Nutzer von Online-Services mit der Zeit ändern, vielleicht schneller, als Sie glauben. Und wenn Sie zusätzliche Services oder Inhalte bieten, dann sollten Sie sicherstellen, dass Ihr Service nicht zu kopflastig wird. So müssten Sie z.B. die Inhaltsstruktur neu organisieren, weil es zu viele Kategorien gibt.

9.4.6
Durch Usability-Tests spart der Nutzer Zeit, weil sie die Effizienz steigern

Betreiber des Online-Service, CEO	Nutzer	Forscher
„Wir haben das Intranet eingerichtet, um Kosten zu sparen, indem wir die Bürokratie in unserem Unternehmen verringern."	„Eigentlich ist es gut, dass ich den Bürobedarf über das Intranet bestellen kann, weil ich mir den ganzen Papierkram erspare. Ich brauche jetzt aber mindestens genauso viel Zeit dafür, die gewünschten Produkte im Online-Katalog zu finden, wie ich früher mit Bestell-Listen verbracht habe. Das System bringt mir keine Zeitersparnis."	„Wenn man Anwendungen wie z. B. ein Intranet entwickelt, ist das Hauptziel normalerweise die Kostenwirksamkeit, die Nutzbarkeit der Intranet-Site wird aber selten betrachtet. Das ist eigenartig, weil eine bessere Nutzbarkeit gleichbedeutend mit einer einfacheren Anwendung, mit weniger Fehlern und weniger vergeudeter Zeit ist. Bei B-to-B-Anwendungen ist Zeit gleich Geld."

Tabelle 14

Wenn es etwas gibt, was Nutzer hassen, dann ist es, warten zu müssen, Zeit zu vergeuden, weil sie nicht finden, wonach sie suchen. Die Nutzung von Online-Services in Arbeitszusammenhängen verlangt nach Effizienz. Die Vorgesetzten der Nutzer verlangen diese Effizienz sogar noch stärker, weil sie nicht noch mehr Produktivität an Software mit schlechter Nutzbarkeit verlieren wollen, als sie das sowieso schon müssen. Wenn man dieses Problem während der Entwicklung nicht gelöst hat, muss man es jetzt lösen – mit höheren Kosten. Ihre Kunden werden Ihnen das deutlich machen, indem sie ganz einfach Ihren Service nicht nutzen oder sich bei Ihrem Kundenservice bzw. einer E-Mail-Adresse oder Telefonnummer beschweren, die sie irgendwo in Ihrem Online-Service gefunden haben.

Sie müssen im Auge behalten, wie sich die Lernbarkeit und Erinnerbarkeit des Online-Service entwickeln, wenn er im Netz ist. Ihre Kunden werden mehr und mehr mit Ihrem Service und Online-Services im Allgemeinen vertraut werden. Das könnte Möglichkeiten für neue Services eröffnen, z. B. komplexere Angebote, weil es für die Leute einfacher wird, ihre Nutzung zu lernen. Merkmale wie ein kleines Suchfeld in der Menüleiste werden zur Selbstverständlichkeit, was zu einer besseren Erinnerbarkeit führt. In diesem Fall wird es für die Nutzer einfacher, sich zu erinnern, wo das Suchfeld zu finden ist. Es ist aber auch hier wichtig, sich deutlich zu machen, dass professionelle Nutzer mehr Anstrengungen in das Lernen und Erinnern investieren, weil der Service Bestandteil ihrer Arbeit geworden ist.

9.4.7
Usability-Tests verbessern die Verbindung zwischen dem Service und den Bedürfnissen der Nutzer

Tabelle 15

Betreiber des Online-Service, CEO	Nutzer	Forscher
„Unsere neue E-Banking-Website wird eine große Hilfe für unsere Kunden sein, weil sie nicht mehr zum Briefkasten gehen müssen, um ihre Bankaufträge abzuschicken."	„E-Banking verunsichert mich, kann ich da wirklich Vertrauen haben? Schließlich reden wir von meinem Geld, und die Beziehung, die ich zu meiner Bank habe, baut auf Vertrauen. Ich dachte immer, dass meine Unterschrift mein Konto schützt, stattdessen soll das jetzt eine Liste von Zahlen tun…"	„Wenn der Nutzer von einem Service zum anderen wechselt, gewinnt er (hoffentlich) nicht nur etwas, sondern verliert auch das, was er hatte und dem er Vertrauen geschenkt hat. Der neue Service sollte in Betracht ziehen, dass die vorhandenen Kunden eine Vergangenheit voller Gewohnheiten und Gefühle haben, die nicht einfach verschwunden sind, beim Beginnen, den neuen Service zu nutzen."
„Nach unserem Wechsel von einem Offline-E-Banking-Tool zum voll ausgeprägten Online-E-Banking können unsere Kunden sicher sein, dass sie immer die neuesten Informationen und Funktionen erhalten. Keine neuen Downloads mehr nach jeder Aktualisierung des Service."	„Online-E-Banking hat einige Nachteile: Ich muss online bleiben und die ganze Zeit dafür zahlen, wenn ich meine Bankgeschäfte erledige. Das neue Tool wird nicht alle Funktionen haben, an die ich mich beim Offline-Tool gewöhnt habe. Es wird z. B. schwieriger werden, den Überblick über meine Ausgaben zu behalten. Für mich sehe ich keine Vorteile in der Nutzung des neuen Tools. Ich gehe davon aus, dass es für die Bank von Vorteil ist und wir deshalb alle mitmachen müssen."	„Upgrades sollten sich in den Augen der Nutzer nicht als Downgrades darstellen. Man kann zwar nicht immer alle Nachteile überwinden, sie sollten aber durch die neuen Eigenschaften zumindest ausgeglichen werden."

Wenn Ihr Service erst einmal gestartet ist, dann ist das Beste, auf was Sie hoffen können, dass er zum Bestandteil des Lebens Ihrer Kunden wird. Sie hoffen, dass Ihre Kunden den Service häufig und begeistert nutzen werden, dass sie nicht mehr ohne ihn auskommen möchten. Wenn Ihr Service diesen Status erreicht, dann hat er sich unter den anderen Online- und Offline-Services, die die Leute z. B. für ihr Banking nutzen, seine Position erkämpft. Es ist sehr unwahrscheinlich, dass Ihr Service alle anderen Services, Kommunikationsangebote und Produkte im Zusammenhang mit Banking komplett ersetzen wird. Die Nutzer werden immer noch mit Hilfe von Fernsehen, Radio, Printmedien und möglicherweise persönliche Post über den Stand ihrer Aktien informiert bleiben. Der Online-Service muss sich effektiv zu diesen anderen Kanälen in Bezug setzen, und die anderen Kanäle werden sich aufgrund der Einführung des neuen Online-Service ändern müssen.

Jetzt, da Ihr Online-Service in der realen Welt seiner Nutzer angekommen ist, ist es möglich, genau herauszufinden, wie Ihre Kunden ihn nutzen. Vorher war das nicht möglich, die Nutzung konnte nur in Nutzbarkeitsversuchen bewertet werden. Die Untersuchung der Anwendererfahrungen ist eine Methode, die die Beobachtung der Nutzung Ihres Service in der natürlichen Umgebung des Nutzers mit intensiven Interviews über seine Vorteile und das Vergnügen bei seiner Nutzung kombiniert. Solche Untersuchungen bieten Ihnen ein intensives Verständnis der Stärken und Schwächen Ihres Service und der Möglichkeiten und Gefahren für Ihren Service.

9.4.8
Durch Usability-Tests von den Nutzern lernen

Durch die Feststellung der wichtigsten Probleme Ihres Online-Service mit Hilfe von Usability-Tests kann Ihr Unternehmen viel lernen. Wenn Sie derjenige sind, der Ihrem Unternehmen die Ergebnisse mitteilt, dann stellen Sie sicher, dass die Probleme als Inspiration und nicht als Entmutigung gewertet werden. Es wird eine große Hilfe sein, wenn Sie die Beteiligten bitten, während der Tests anwesend zu sein. Normalerweise kann man die Personen, die an Usability-Tests teilnehmen, über eine Videoverbindung beobachten, während man das, was sie tun, mit Hilfe einer Videoleitung zu ihrem Computerbildschirm sieht. Ich habe viele Zuschauer solcher Sitzungen innerhalb von Minuten enthusiastisch werden sehen. Sie kleben förmlich an den Bildschirmen, weil es so selten die Möglichkeit gibt, jemanden, der nichts mit dem Projekt zu tun hat, bei der zwanglosen Nutzung des Service zu beobachten.

Das Wissen, das man aus solchen Tests gewinnt, ist eine große Entscheidungshilfe bei Diskussionen zum Service in Ihrem Unternehmen. Dass solche Diskussionen vorkommen, z. B. darüber, wie voll die Homepage einer Website sein darf, bevor der Nutzer durcheinander gerät, ist häufig ein wichtiges Argument für die Durchführung eines Nutzbarkeitstests. Wenn die Betreiber von Online-Services einmal an solchen Tests teilgenommen haben und Nutzer dabei beobachtet haben, wie sie Aufgaben erfüllen, oder sich die Ergebnisse der Tests durchgelesen haben, begreifen sie, wie viel sie von ihren Kunden lernen können und wie wichtig es ist, ihnen zuzuhören. Die Online-Kunden erzählen den Betreibern einen wesentlichen Teil der Geschichte über das Online-Dasein ihres Unternehmens. Und diese Geschichte muss man auswendig kennen, wenn man aus seinem Online-Geschäftsbereich einen Erfolg machen möchte.

Usability ist ein Mittel, kein Ziel

9.5
Wie viel kosten Usability-Tests?

Im Verhältnis zu ihren Vorteilen kosten Usability-Tests nicht viel. Sie sind aber auch nicht umsonst zu haben. Am wichtigsten ist die Mühe, die sich jeder am Projekt oder Service Beteiligte geben muss, um den Nutzern, für die der Service gedacht ist, wirklich zuzuhören. Das braucht Aufmerksamkeit und Zeit – und auch ein wenig Geld. Die Aufmerksamkeit der zentral beteiligten Personen ist am wertvollsten, weil sie wirklich erforderlich ist, um das Feedback von den Nutzern in vollem Umfang auszunutzen. Wenn niemand bereit ist zuzuhören, ist es schwer, Kosten für Usability-Tests zu rechtfertigen, wie gering sie auch sein mögen.

Die preiswerten Usability-Tests liefern reichhaltige Resultate. Tests mit fünf Nutzern sind normalerweise ausreichend, weil sie 85 % der Probleme aufzeigen.* Die besten Ergebnisse liefern wiederholte Untersuchungen in enger Verbindung mit dem Design, der Entwicklung und der Pflege des Service. Wenn ein Budget für Untersuchungen zur Verfügung steht, dann sollte man versuchen, so viele Tests wie möglich durchzuführen, statt das gesamte Geld in einen einzigen großen Test zu stecken. Der große Vorteil wiederholter Untersuchungen ist, dass man sehen kann, ob die Korrekturen zu einer besseren Nutzbarkeit führen.

Die Kosten dafür, Usability-Tests NICHT durchzuführen, sind sehr viel höher. Wenn keine Tests gemacht werden, ist es sehr wohl möglich, dass der Service den Nutzern nicht gefällt – was man erst nach seinem Start herausfindet. Das bedeutet, dass Sie Ihren Service ganz oder teilweise neu aufbauen müssen, nachdem Sie Ihre anhänglichsten Kunden enttäuscht haben. Versuchen Sie sich vorzustellen, welche Kosten das mit sich bringen würde.

---

* Jakob Nielsen unter www.useit.com: http://www.useit.com/alertbox/20000319.html

Tim Schumacher

10 Die strategische Bedeutung von Domain-Namen bei der Lokalisation von Internet-Angeboten

Abstract

Domain-Namen – www.name.com – sind mit steigender Tendenz medial präsent, sowohl in der Verwendung im unternehmerischen Massenmarketing als auch im Bereich der individuellen unternehmensexternen Kommunikation. Die Verwendung von Domain-Namen stellt aus diesem Grund ein bedeutendes Kommunikationsinstrument für jedes Unternehmen dar. Jedoch sind bei fast allen Unternehmen noch deutliche Mängel bei der Absicherung der relevanten Domain-Namen festzustellen, was gravierende Kommunikationsbrüche zwischen Unternehmen und Nutzern zur Folge hat. Dieser Beitrag analysiert die Bedeutung von Domain-Namen und zeigt die strategische Stoßrichtung für das Management von Domain-Portfolios von Unternehmen auf.

10.1
Begriff und Einführung

Internet-Domain-Namen, kurz „Domains" genannt, sind Internet-Adressierungen im Format www.name.de oder www.name.com und identifizieren Internet-Server auf eindeutige Weise. Sie ermöglichen es dem Endnutzer, sich Internet-Adressen leichter merken zu können als dies mit der numerischen IP-Adresse im Format 123.456.789.123, die hinter jedem Internet-Server steht, möglich ist.

Ein Domain-Name besteht aus zwei wesentlichen Teilen, dem eigentlichen Namensbestandteil der Domain („name") und der Top-Level-Domain als Suffix („de"). Es gibt sieben so genannte generische Top-Level-Domains, die nicht explizit einem Land zugeordnet sind, darunter die drei ökonomisch bedeutendsten Top-Level-Domains .com, .net und .org.

Daneben hat jedes Land eine eigene Top-Level-Domain, zum Beispiel .de für Deutschland. Diese Top-Level-Domains werden in der Regel nur für die Präsentation von Unternehmen und Privatpersonen in dem jeweiligen Land verwendet. Eine Ausnahme bilden einige ursprünglich länderspezifische Top-Level-Domains, die meist aufgrund eines allgemein bekannten Akronyms weltweit genutzt werden, zum Beispiel .fm (Radiosender), .tv (Television) oder .ws (Webseite).

Erst kürzlich sind weitere sieben generische Top-Level-Domains (.aero, .biz, .coop, .info, .museum, .name, .pro) von der Internet-Verwaltung ICANN zugelassen worden, die jetzt Schritt für Schritt aktiviert werden. Daneben steht die Einführung einer europäischen Top-Level-Domain (.eu) kurz vor der Einführung.

Top-Level-Domain	Zweck	Einführungszeitplan	Registrierungs-Bedingungen	Preis (p.a.)	Erwarteter Erfolg (Verbreitung)
.eu	Domain für alle Mitgliedsstaaten der EU	Einführung nicht vor Anfang 2002	Nur für Personen und Unternehmen in der EU	Noch nicht bekannt	Große Verbreitung innerhalb der EU ist zu erwarten
.biz	Domain für Unternehmen	IP Claim Service (Bevorrechtigte Anmel. für Markeninhaber): 21.05. – 06.08.2001 Application Service (Bewerbungen für .biz-Domains außerhalb des IP Claim Service): 25.06. – 17.9.2001 Start der Real-Time-Registrierung (first come, first serve): 01.10.2001	Freie Registrierung für alle Unternehmen	Ab 10 $ [1]	Große Verbreitung bei Unternehmen ist zu erwarten; die Popularität der .com-Domains wird jedoch voraussichtlich nicht erreicht
.info	Allgemeine generische Top-Level-Domain als .com-Konkurrent	Sunrise Period (Bevorrechtigte Anmeldung für Markeninhaber): 25.07. – 28.08.2001 Challenge Period (Standardisiertes Schiedsverfahren vor der WIPO für strittige Fälle): ab 28.08. (max. 120 Tage) Landrush Period (Vergabe der „vorregistrierten .info-Domains"): 12.9. – 18.9.2001 Start der Real-Time-Registrierung (first come, first serve): 19.09.2001	Freie Registrierung für alle	Ab 10 $ [1]	Neue Top-Level-Domain mit den besten Chancen, ein .com-Konkurrent zu werden. Trotzdem ist als „Late Mover" im Vergleich zu .com und .net ein Popularitäts-Nachteil zu erwarten
.coop	Domain für genossenschaftlich organisierte Unternehmen	Einführung nicht vor Ende 2001	Nur für Genossenschaften	Ab 25 $	Geringe Verbreitung erwartet
.pro	Für Berufszweige wie Ärzte, Rechtsanwälte	Einführung nicht vor Ende 2001	Nur für Angehörige bestimmter Berufsgruppen	Ab 45 $	Mittelmäßige Verbreitung erwartet
.museum	Für Museen	Einführung nicht vor Ende 2001	Nur für Museen	Ab 45 $	Geringe Verbreitung erwartet
.name	Für private Homepages, Nutzung über Subdomain-Adressen nach dem Muster „tim.meier.name"	Einführung nicht vor Ende 2001	Freie Registrierung für Privatleute	Ab 10 $ [1]	Relativ hohe, aber kommerziell unbedeutende Verbreitung erwartet
.aero	Für Luftfahrtunternehmen	Einführung nicht vor Ende 2001	Nur für Fluggesellschaften und Flughäfen	50 $	Geringe Verbreitung erwartet

1 Die Großhandelspreise liegen i.d.R. bei 5 $, sodass der erwartete Endkundenpreis aufgrund der Erfahrungen mit den .com-Domain-Namen bei etwa 10 $ liegen sollte.

Tabelle 1
Die neuen
Top-Level-Domains

Zusätzlich wird vor den eigentlichen Domain-Namen in der Praxis meist das Präfix „www" gesetzt. Dieses stellt eine Subdomain dar, auf die aus technischer Sicht verzichtet werden könnte, die sich jedoch bei der Nennung von Internet-Adressen durchgesetzt hat, um sprachlich die Verbindung zum World Wide Web (WWW) herzustellen. Der Domain-Name selbst wiederum ist meist ein Teil einer URL (Uniform Resource Locator), die zusätzliche Informationen über die Lage und die Art einer angeforderten Internet-Seite enthält. Unter einer URL versteht man für einen vollständigen Pfad auf ein Internet-Dokument der Form http://www.firmenname.de/verzeichnis/dokument.endung

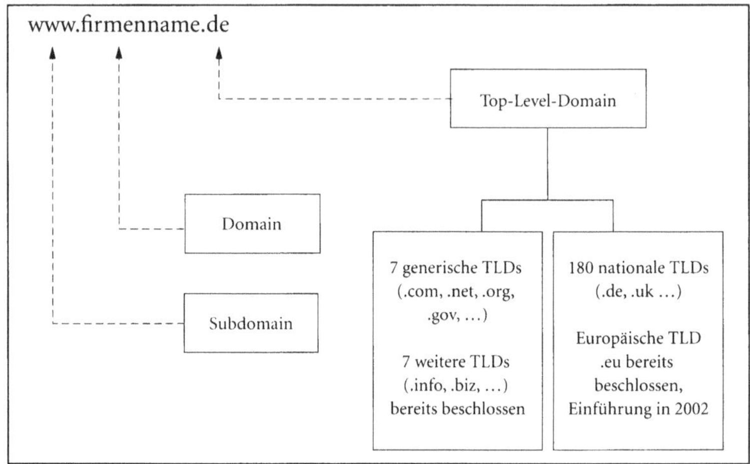

Abb. 1
Syntax eines Domainnamen

Domain-Namen werden in allen Ländern in einer zentralen Datenbank verwaltet, in Deutschland von der Genossenschaft DeNic. Einzelne Provider (in Deutschland z. B. PureTec.de, Carambole.de oder Sedo.de) arbeiten hierbei als Schnittstelle zwischen der Zentraldatenbank und dem privaten oder geschäftlichen Endkunden und vergeben Domain-Namen in dem so genannten „Domain-Registrierungsprozess". Hierbei wird in der zentralen Datenbank geprüft, ob der von einem Kunden gewünschte Domain-Name noch frei ist, und dieser im Erfolgsfall auf den Namen des Kunden registriert. Der Kunde kann über den Domain-Namen dann frei verfügen, beispielsweise Informationen über sein Unternehmen ablegen.

Aus diesem Prozedere entsteht eine Problematik, die für Unternehmen von Relevanz ist: Es kommt in vielen Fällen vor, dass ein Domain-Name, den ein Unternehmen zu registrieren wünscht, bereits entweder an eine Privatperson oder an ein anderes Unternehmen mit gleichem Namen oder gleichlautenden Produkten oder Dienstleistungen vergeben ist. Zusätzlich kann es – ohne dass eine

Namensgleichheit vorliegt – vorkommen, dass der Name mit dem Hintergedanken registriert wurde, diesen zu einem späteren Zeitraum weiterzuverkaufen; man spricht in diesen Fällen von Domain Grabbing oder Cyber Squatting.

In beiden Fall entstehen Gefährdungen für die Kommunikations- und Marketingpolitik des Unternehmens, da Kunden irregeleitet werden und das eigentlich gewünschte Unternehmen oder dessen Produkte und Dienstleistungen schlechter – zum Beispiel nur unter Zuhilfenahme von Suchmaschinen – auffinden können. Unternehmen haben aus diesem Grund ein Interesse, alle für ihre Produkte und Dienstleistungen relevanten Domain-Namen auf ihre entsprechenden Web-Angebote weisen zu lassen. Aus diesem Grund sind seit Anfang des Domain-Namen-Systems Konflikte um bereits vergebene Domain-Namen entstanden, die jedoch von Land zu Land je nach den rechtlichen Bestimmungen unterschiedlich stark ausgeprägt sind. Ursächlich dafür sind die Vergaberichtlinien, die Bestimmungen und die Preise bei der Erstregistrierung von Domain-Namen, die im internationalen Vergleich stark voneinander abweichen: Auf der einen Seite gibt es Länder, die auf eine vollkommene Liberalisierung setzen. Hier ist es jedem, sowohl Unternehmen als auch Privatpersonen jeglicher Nationalitäten, erlaubt, einen Domain-Namen in diesem Land zu registrieren. Hierzu können auch jene Staaten gezählt werden, die zwar einen lokalen Wohnsitz vorschreiben, dies aber nicht prüfen und so jede beliebige Adresse akzeptieren. Zu diesen Ländern gehören neben Deutschland auch die Vereinigten Staaten, Großbritannien, Südkorea, die Niederlande und einige weitere kleinere Länder. In diesen Ländern wurden demzufolge auch die Mehrzahl aller Domain-Namen reserviert, was wiederum fallende Preise für Domain-Registrierungen zur Auswirkung hatte. So kostet das erstmalige Registrieren von Domain-Namen in den oben genannten Ländern bei den jeweils billigsten Anbietern mittlerweile nur noch zirka 12–25 DM pro Jahr. Da es diese Kosten auch für Privatleute attraktiv gemacht haben, einen Domain-Namen zu erwerben, ist die Anzahl der registrierten Domain-Namen in diesen Ländern höher als in Ländern mit restriktiven Systemen.

	Nationale Top-Level-Domain	Bevorzugte Top-Level-Domain	Registrierungs-Bedingungen	Registr.-Kosten (p.a.)[1]	Registrierte Domains in nat. Top-Level-Domain[2]
China	.cn	.cn, .com	Freie Registrierung; zwei gegenseitig inkompatible Systeme (NSI gegenüber CNNIC) verfügbar	150 DM	Unbekannt
Deutschland	.de	.de, .com	Freie Registrierung	20 DM	4,6 Millionen
Frankreich	.fr	.fr, .com	Unternehmen vor Ort notwendig	499 DM	Ca. 1,5 Millionen unter .com; 120.000 unter .fr
Groß-britannien	.uk, .ie	.co.uk, .ie, .com – Registrierung direkt unterhalb von .uk nicht möglich, statt-dessen .co.uk oder org.uk; .ie für Irland	Freie Registrierung von .co.uk; Restriktion für .ie: Nachweis einer Han-delsbeziehung mit Irland nötig	189 DM	Ca. 4 Millionen
Italien	.it	.it, .com	Freie Registrierung, jedoch ausführliches Formular nötig	189 DM	Ca. 650.000
Japan	.jp	Momentan noch .co.jp, Registrierung direkt unter .jp geplant	Freie Registrierung unter .co.jp	200 DM	Ca. 400.000
Brasilien	.br	.com.br, .com – Registrierung direkt unterhalb von .br nicht möglich, statt-dessen .com.br oder andere Subdomains	Registrierung auch für ausländi-sche Unternehmen, jedoch wird ein lokaler Vertreter benötigt	100 DM	400.000
Spanien	.es	.es, .com	Unternehmen vor Ort notwendig	499 DM	Ca. 50.000 unter .es
USA	.us	.com und .net; .us – Domains werden nur von öffentlichen Institutionen genutzt	Freie Registrierung	20 DM (.com)	Ca. 30 Millionen .com weltweit regis-triert, davon ca. 20 Millionen in den USA

1 Quelle: Carambole.de bzw. günstigster lokaler Anbieter; Kosten pro Jahr bei kalkulierter Laufzeit von 5 Jahren; Preise sind in der Regel vom Dollarkurs abhängige Zirkapreise, Stand Juli 2001
2 Stand: Juli 2001

Beachtlich ist ferner die Tatsache, dass in Ländern mit einem liberalen Domain-Vergabesystem mehr als 50 % der reservierten Domain-Namen nicht genutzt werden und nicht erreichbar sind bzw. auf die vom Registrierungsunternehmen voreingestellte oder eine andere provisorische Web-Seite weisen. Weitere 30 % der Domain-Namen werden lediglich als Co-Domains oder für einfache Home-pages genutzt.

Die strategische Bedeutung von Domain-Namen bei
der Lokalisation von Internet-Angeboten

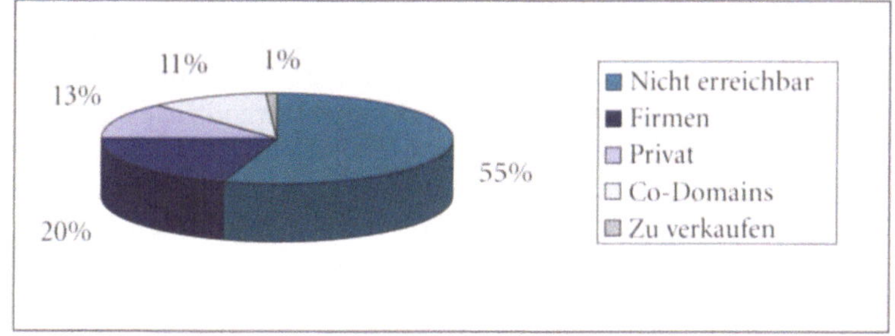

Auf der anderen Seite stehen Länder, die mit strengen Vergabe-richtlinien versuchen, Domain-Namen nur an durch Eintragung in das Handelsregister oder in die Markenrolle berechtigte Unternehmen zu vergeben. So verlangen unter anderem Länder wie Schweden und Frankreich ein lokales Unternehmen oder eine lokale Niederlassung eines internationalen Unternehmens und nehmen eine strenge Prüfung vor, ob der beantragte Domain-Name Teil des Unternehmensnamens oder einer registrierten Handelsmarke ist. Dies hat dazu geführt, dass in diesen Ländern deutlich weniger Domain-Namen registriert wurden und ein Ausweichen auf leichter zu erhaltende Alternativen stattgefunden hat. So treten in dem „Internet-Vorzeigeland" Schweden viele Unternehmen bevorzugt unter .com oder sogar .nu-Länderkürzeln auf, statt unter dem teuren und kompliziert zu beantragenden .se. Dieses Phänomen ist in vielen Ländern mit einer ähnlich restriktiven Domain-Vergabe (z. B. Frankreich und Spanien) zu beobachten; jedoch werden selbst in Ländern mit einer freien Domain-Vergabe wie Deutschland generische Domains, vor allem .com-Domains, häufig verwendet.

10.2
Strategische Bedeutung

Dem Domain-Namen kommt eine grundlegende strategische Bedeutung bei der Lokalisation von Internet-Angeboten zu, die weit über die technische Adressierungsfunktion hinausgeht: Domain-Namen bilden die Basis für jegliche Kommunikationshandlung im Internet, da die verschiedenen Applikationen des Internets alle auf Domain-Namen als Adressierungsfunktion zurückgreifen. In der meistgenutzten Internet-Applikation, der E-Mail, erscheinen E-Mail-Adressen im Format nutzer@firmenname.de. In der am zweitmeisten genutzten Applikation, dem World Wide Web (WWW), wird der Domain-Name firmenname.de ohne Zusatz zur Adressierung genutzt oder als

Teil einer Web-Adresse wie firmenname.de/angebot. In beiden Fällen kommuniziert das Unternehmen gegenüber dem Nutzer den Firmennamen in Form des Domain-Namens. Während viele Unternehmen an anderen Stellen die Schreibweise von Firmennamen klaren Richtlinien entsprechend der anvisierten Corporate Identity unterwerfen – zum Beispiel in punkto Groß- und Kleinschreibung, Abkürzungen oder Bindestrichverwendung – wird den Domain-Namen oftmals eine zu geringe Bedeutung zugemessen.

Es ist tendenziell zu beobachten, dass die Erwähnung der unternehmenseigenen Internet-Adresse in der Werbung, in der Presse, auf offiziellen Firmendokumenten und auf den Produktpackungen zunimmt. Dadurch sollen positive Imageeffekte erreicht werden, indem Modernität und Zeitgemäßheit signalisiert werden, aber auch eine stärkere Kommunikation mit den Kunden stattfindet. Gerade da der Domain-Name immer stärker nach außen kommuniziert wird, sollte bei dessen Wahl darauf geachtet werden, dass er bestmöglich mit dem Firmennamen, der nach außen getragen werden soll, übereinstimmt. Kryptische Abkürzungen und Variationen mit Bindestrichen oder Umlauten sind zu vermeiden. Es kann jedoch sinnvoll sein, als Co-Domain einen oder mehrere weitere Namen zu verwenden, um die Auffindung des Unternehmens zu erleichtern und diese Co-Domain bei der Eingabe in den Internet-Browser automatisch in den korrekten Firmennamen umzuwandeln. Vor allem mögliche Schreib- und Sprechweisen und unterschiedliche orthographische Notationen sollten beachtet werden. Beispielsweise sollte die DaimlerChrysler AG unter allen möglichen Namensvariationen wie daimler.de, daimlerchrysler.de, daimler-chrysler.de und möglichst auch unter im deutschsprachigen Raum in mehr als 15 % der Suchanfragen von Internet-Nutzern auftretenden Fehlschreibweisen wie crysler.de [sic], daimlercrysler.de [sic] bzw. daimler-crysler.de [sic] auftreten. Ferner ist es sinnvoll, alle Versionen in allen gängigen Top-Level-Domains zu reservieren.

Bei der Nutzung von Fehlschreibweisen und Abkürzungen ist es sinnvoll und außerdem technisch sehr einfach, bei der Eingabe eines der Alternativnamen – vor allem bei der Eingabe eines Tippfehlernamens – diesen automatisch zu korrigieren und damit die in der Unternehmenskommunikation anvisierte Schreibweise wiederherzustellen.

Domain-Namen bieten ein beachtliches strategisches Potential bei der Lokalisation von Internet-Angeboten. Insbesondere Unternehmen mit bekannten Firmen- oder Markennamen werden über die direkte Eingabe des Domain-Namens in den Browser und nur seltener über Suchmaschinen, Links oder Banner gefunden und angesprochen. So kommt zum Beispiel eine Studie der Boston Consulting

Group[10] zu dem Ergebnis, dass zwei Drittel aller Web-Seiten-Besucher von „Multichannel Anbietern" wie Otto, Quelle oder Conrad durch Direkteingabe der Internet-Adresse dorthin gelangen. Oftmals wird die URL sogar nur vermutet, indem an einen bekannten Namen aus der Realwelt einfach .de angehängt wird.[6]

Zusätzlich favorisieren die Algorithmen verschiedener Suchmaschinen bei Rankings der Suchergebnisse solche URLs, die den gesuchten Begriff als Domain-Namen enthalten. Auf diese Weise fördert das Auftauchen populärer Suchbegriffe im Domain-Namen die Platzierung in den oberen Regionen der Rankings.[5] So sind zum Beispiel die Domains „mp3.com" und „mp3.de" in diesen Suchmaschinen zum Suchbegriff „mp3" deutlich besser platziert als die Domain „mp3-online.de". Allerdings ist Letztere wiederum besser platziert als die meisten anderen Domains, die „mp3" nicht im Domain-Namen enthalten, aber trotzdem aus inhaltlichen Gründen gelistet werden, wie zum Beispiel „musik-online.de".

Besondere Beachtung verdienen hier auch solche Unternehmen, deren Aktivität sich primär im Internet abspielt. Als Beispiel seien Online-Shops genannt. Für die Domain-Namen von Online-Shops sind sowohl Aspekte der Merkbarkeit, der Internationalisierbarkeit und der Erweiterbarkeit der Produktpalette von Relevanz. Gerade wegen des Firmen- bzw. Domain-Namens ist diese Erweiterbarkeit der Produktpalette bei vielen Unternehmen nicht gegeben, wodurch sich diese dann unfreiwillig in eine „Lock-in-Position" begeben. Vor diesem Dilemma stand zum Beispiel der Internet-Buchhändler buecher.de, der in Deutschland über eine sehr hohe Markenbekanntheit von 68 % bei Internet-Nutzern verfügt.[3] Der Domain-Name und gleichzeitige Name des Unternehmens verhinderte sowohl eine Erweiterung des Produktspektrums (statt Bücher auch andere Medien, Software und Fotos) als auch eine Expansion in andere Länder. So wurde eine Namensänderung in „mediantis" beschlossen, die mit hohen „Switching Costs" verbunden war.[14] Beschreibende Domain-Namen sind deshalb – je nach Unternehmensziel – eher als zusätzliche Co-Domain-Namen empfehlenswert.

10.3
Unternehmensinterne Domain-Portfolios

Jedes Unternehmen verfügt in der Regel über einen Haupt-Domain-Namen, der auf die offizielle Unternehmens-Web-Seite verweist und dessen Namen primär nach außen kommuniziert wird, zum Beispiel in E-Mail-Adressen, in Anzeigen oder auf Visitenkarten.

Daneben befinden sich im Domain-Portfolio eines Unternehmens meist mehrere zusätzliche Domain-Namen. Im Idealfall sind damit alle möglichen Variationen, Schreibweisen und Kombinationen des eigenen Namens und der unternehmensinternen Produktnamen abgedeckt. Allerdings bestehen häufig Lücken im Domain-Portfolio, insbesondere bei Markenartiklern mit einer Vielzahl an Einzelmarken. So nutzt L'Oréal zwar die Domain loreal.de, jedoch nicht die Domains jade.de oder laboratoiresgarnier.de für ihre Einzelmarken, was zwecks einer besseren Lokalisation der Unternehmens-Web-Seite dringend geboten wäre. Noch kritischer ist das in der Praxis vielfach beobachtete vollkommene Vergessen der Registrierung relevanter Namen. Der Powershopping-Anbieter „LetsBuyIt.com" zum Beispiel schaltete Hunderte von TV-Spots nicht nur für die Domain „LetsBuyIt.com", sondern auch für die fiktive Domain „JeGroesserDieGruppeDestoKleinerDerPreis.com", die den Unternehmensslogan auf elegante Weise mit dem bei den Konsumenten bekannten Kürzel „.com" verbinden sollte. Pro gesendetem TV-Spot tippten trotz der unüblichen Länge und Kompliziertheit des Domain-Namens knapp 100 Nutzer diesen in ihren Browser, landeten dann aber nicht wie beabsichtigt bei LetsBuyIt, da das Unternehmen schlichtweg vergessen hatte, sich diese zweite Domain zu sichern.

In allen Fällen führen derartige Lücken im Domain-Portfolio zu „Überlaufverlusten", also Verlusten von Besucherströmen, die entstehen, wenn Besucher auf eine andere als die gewünschte Domain geleitet werden, im Extremfall sogar zur Domain eines Konkurrenten.

Es können drei mögliche Ursachen für Überlaufverluste voneinander abgegrenzt werden:

10.3.1
Überlaufverluste aufgrund der Registrierung von „Bindestrich-Domains"

Wenn ein Unternehmen nur einen Namen mit oder nur einen Namen ohne Bindestrich reserviert, werden Besucherströme, sobald nun Internet-Surfer den jeweils nicht registrierten Namen eingeben, auf die andere Domain umgelenkt. Untersuchungen zeigen, dass Überlaufverluste von „Bindestrich-Domains" auf die „Nicht-Bindestrich-Domains" höher sind als umgekehrt. Vor allem in angelsächsischen Ländern werden Domain-Namen mit Bindestrichen aufgrund der unüblichen Schreibweise weniger benutzt. Im deutschsprachigen Raum ist die Verwendung des Bindestrichs weiter verbreitet und bei Nutzern eher akzeptiert, daher sind die entsprechenden Überlaufverluste etwas geringer. Dennoch sei als deutsches Beispiel die Domain „n-tv.de" des gleichnamigen Fernsehsenders genannt. Da sich eine mündliche Erwähnung des Bindestrichs schwierig gestaltet, verweisen die Moderatoren in den Sendungen oft irrtümlich auf die Domain „n t v – punkt – d e". Diese Domain („ntv.de" statt „n-tv.de") ist jedoch im Besitz einer gleichnamigen Firma aus einem anderen Tätigkeitsfeld, die ältere Rechte besitzt. Das bedeutet, dass die Registrierung der Bindestrich-Domain „n-tv.de" zu Überlaufverlusten zuungunsten von n-tv und zugunsten der Firma führt, der „ntv.de" gehört.

10.3.2
Überlaufverluste aufgrund fehlender Top-Level-Domains

Wenn ein Unternehmen seinen Namen in nur einer Top-Level-Domain reserviert, entstehen Überlaufverluste in die anderen Top-Level-Domains, die unter Umständen von anderen Unternehmen reserviert worden sind. In Deutschland sind die Überlaufverluste dann am höchsten, wenn ein Internet-Angebot unter der Top-Level-Domain „.com" oder einer anderen Top-Level-Domain (.cc, .net, .org) beworben wird und das „.de"-Pendant fehlt. So reservierte die Betreibergesellschaft des europäischen Schnellzugs „Thalys", der Köln, Brüssel, Amsterdam und Paris verbindet, zwar die Domains „thalys.com", „thalys.nl", „thalys.be" und „thalys.fr", vergaß aber lange die Registrierung von „thalys.de". Obwohl die Domain „thalys.de" nicht beworben wurde, steuerten jährlich zirka 15.000 Besucher diese Adresse an. Große Überlaufverluste verzeichnen auch die Top-Level-Domains „.tv" und andere in Deutschland zurzeit noch weniger gebräuchliche Top-Level-Domains wie .ws oder .cc. Nachdem der Fernsehsender „VIVA" lange Zeit vergeblich versuchte, die Domain „viva.de" zu bekommen, und schließlich notgedrungen unter „viva-liebt-dich.de" operierte, nahm er die neue Top-Level-Domain „.tv" dankbar an und wechselte zu „viva.tv". Sicherlich bietet „viva.tv" geringere Streuverluste als „viva-liebt-dich.de", dennoch sind Überlaufverluste zu „viva.de" weiterhin vorhanden.

Eine lediglich regional operierende Firma braucht Überlaufverluste durch nicht registrierte Versionen des Firmennamens in andere regionale Top-Level-Domains weniger zu fürchten als ein weltweit agierendes Unternehmen. Jedoch sollten sich alle Firmen, die eine internationale Expansion prinzipiell in Erwägung ziehen, frühzeitig um die Akquisition der entsprechenden Domain-Namen in den Ländern kümmern, in die eine Expansion geplant ist. Dies gilt insbesondere für knappe Namensräume wie .com, .de oder .co.uk, in denen die Wahrscheinlichkeit, dass die Domain vergeben ist, derzeit am größten ist. Bei international orientierten Unternehmen muss dieser Domain-Name nicht nur im Stammland, sondern auch in den geplanten Expansionsländern verfügbar sein. Dies stellt insbesondere eine Herausforderung für globale Markenartikler dar: Da die Marken aller Produkte und Dienstleistungen sowohl den gängigen Kriterien (annehmbarer Klang, internationale Verwendbarkeit und wenn möglich eine sinnvolle Assoziation mit dem Produkt) genügen als auch als Domain-Name in den relevanten Märkten verfügbar sein müssen, ist der Namensfindungsprozess für neue Unternehmen oder neue Produkte oftmals ein schwieriges Unterfangen.

10.3.3
Überlaufverluste aufgrund so genannter „Tippfehler-Domains"

Durch Tipp- oder Verständnisfehler werden oft andere Domain-Namen angesteuert als von Unternehmen und Nutzern beabsichtigt. Ein extremes Beispiel für die Nutzung von Tippfehlern bietet die Suchmaschine „hurra.de", die neben ihrer eigenen Domain zur weiteren Anziehung von Besuchern die Domains der Tippfehler-Varianten von bekannten Suchmaschinen nutzt, unter anderem „exite.de". Nutzer, die zu „excite.de" möchten, aber aus Versehen „exite.de" eingeben, werden somit zu „hurra.de" fehlgeleitet. Neben dem Ärgernis für den Nutzer, der sich nicht auf dem eigentlich intendierten Angebot wiederfindet, bedeutet dies verlorene Besucherströme und damit verlorene Werbeeinnahmen für die Firma „Excite".

Verständnisprobleme sind vor allem relevant bei der mündlichen Übermittlung kompliziert auszusprechender Namen. Auch Abkürzungen und umgangssprachliche Variationen von Firmen- oder

Produktnamen sind in diese Problemkategorie einzuordnen. Deutsche Internet-Nutzer steuern zum Beispiel in 15 % der Fälle statt „chrysler.de" die Domain „crysler.de" und statt „daimler-chrysler.de" die Domain „daimler-crysler.de" an, wobei die Versionen ohne den Buchstaben „h" nicht von der DaimlerChrysler AG registriert sind.

Zusammenfassend ist festzustellen, dass Überlaufverluste insbesondere dann zu vermeiden sind, wenn die wichtigsten Domain-Namen eines Unternehmens in allen möglichen Varianten registriert worden sind: in Schreibweisen mit und ohne Bindestrich, in allen wichtigen Top-Level-Domains und bei tippfehleranfälligen Namen noch in den anders geschriebenen Variationen. Man kann in diesem Fall von einem kompletten Domain-Portfolio sprechen.

10.4
Fazit und Ausblick

Domain-Namen spielen eine zentrale Rolle bei der Lokalisation von Internet-Angeboten und der Kommunikation des Firmen- und der Produktnamen im Rahmen der anvisierten Corporate-Identity-Strategie eines jeden Unternehmens. Dem strategischen Management des Domain-Portfolios eines Unternehmens ist daher ein besonderer Stellenwert im Rahmen der Internet-Strategie einzuräumen.

Literatur

1 Boehm, Andreas (2000) Verfügbarkeit und Schutz von Domain-Namen,
Online-Publikation, www.fu-berlin.de/jura/netlaw/publikationen/
beitraege/ws96-boehm01.html, 10.5.2000.

2 De Paoli, Nicola (2000) Neues Kapitel im Rechtsstreit um Domains: L'tur gegen
Lastminute, in Financial Times Deutschland, 29.6.2000, S. 4.

3 Diekhof, Rolf (2000) Das Ende der Marken, in: <e>market 21/2000, 16–18.

4 Hoffmann, Helmut (2000) Beschreibende Domains, in Internet World 02/2000, S. 152.

5 Kius, René (2000) Kampf um die Pole Position, in: <e>market 38/2000, S. 64–67.

6 Krautwurst, Oliver (1999) Viele Banken übersehen die Bedeutung des Domain-
Namens, in Geldinstitute 10/1999, S. 50–52.

7 Linstow, Bernhard von (2000) Domain-Namen werden wie Firmen-Namen behandelt,
in Werben & Verkaufen 3/2000, S. 146.

8 Loebbecke, Claudia; Schumacher, Tim (2001) Towards a Theory of Valuing
Internet Domain Names: Modeling and Analyzing Prices on the Secondary Market,
Arbeitspapier des Seminars für Medienmanagement, Universität zu Köln.

9 Malakas, Konstantin; Schumacher, Tim (2000) Domain-Händel,
in c't 25/2000, S. 262–263.

10 Mei-Pochtler, Antonella; Rasch, Stefan (1999) E-Commerce in Deutschland – vom
Goldrausch zur Goldgewinnung, The Boston Consulting Group (Hrsg.), München.

11 Merz, Michael: Elektronische Märkte im Internet, 1. Aufl., Berlin, 1996.

12 Roeb, Thomas: Markenwert: Begriff, Berechnung, Bestimmungsfaktoren,
1. Aufl., Mainz 1994.

13 Schönpflug, Tobias: Perfektion ade: Marken-Darwinismus im E-Commerce,
In: Econy 6/2000, Berlin, S. 111–114.

14 Shapiro, Carl; Varian, Hal R.: Information Rules: a strategic guide to the network
economy, Boston, 1998.

15 Simon, C.; Sullivan, M.: A Financial Approach to Estimating Firm-Level Brand Equity
and Measuring the Impact of Marketing Events, Working Paper, Marketing Science
Institute Report, S. 92–116, Cambridge, 1992.

16 Sommer, Heike; Hansen, Carolin F. (2000) Der Griff nach der com-Domain,
in Anwalts-Report 9/2000, S. 4–8.

17 Stadik, Michael (2000) Die Taufe der Dotcoms, In Business 2.0, 10/2000, S. 52–56.

18 Strömer, Tobias H. (1999) Online-Recht: Rechtsfragen im Internet,
2. Aufl., Heidelberg.

19 Waltl, Peter (1997) Online-Netzwerke und Multimedia, in Lehmann,
Michael (Hrsg.): Internet- und Multimediarecht (Cyberlaw), Stuttgart, 1997.

Sabrina Duda, Michael Schießl, Jan Michael Hess

11 Mobile Usability
Empfehlungen für die Entwicklung benutzerfreundlicher mobiler Datendienste

Abstract

Internet und Mobilfunk wachsen zusammen, das mobile Internet entsteht. Das Nutzenversprechen der drahtlosen Datenkommunikation liegt in der Unabhängigkeit von Zeit und Ort und der damit verbundenen erhöhten Flexibilität und Bequemlichkeit der Nutzer in ihrer Mobilität. Das mobile Internet kann jedoch nur von wirtschaftlichem Erfolg gekrönt werden, wenn die Anbieter die Bedürfnisse und die Fähigkeiten der Nachfrager berücksichtigen. Nur nützliche und benutzbare mobile Datendienste verfügen über das Potenzial hoher Akzeptanz seitens der User.

Vor diesem Hintergrund verstehen wir uns als User-Advokaten und beschäftigen uns in diesem Beitrag mit dem jungen Forschungsgebiet der Mobile Usability, womit wir die Benutzerfreundlichkeit bzw. Bedienbarkeit interaktiver mobiler Datendienste bezeichnen. Der Beitrag basiert auf einer im Oktober und November 2000 durchgeführten Nutzerstudie zur Akzeptanz mobiler Datendienste, deren Ergebnisse im Mobile Usability Report Anfang April 2001 veröffentlicht wurden.

Ziel des Mobile Usability Reports war es, einen Styleguide mit Gestaltungsempfehlungen für Manager und Entwickler von mobilen Anwendungen zu entwerfen. Dazu wurden die vier WAP-Portale der Mobilfunkbetreiber und 23 selektierte Dienste mit drei WAP-fähigen Handys von 36 Testpersonen bis auf den letzten Klick untersucht. Der Mobile Usability Report ist die erste unabhängige empirische Studie zur Usability von WAP-Diensten in Deutschland und wurde als Gemeinschaftsprojekt von eye square (www.eye-square.de), Mobile Economy und mobiliser.org (www.mobileeconomy.de und www.mobiliser.org) realisiert.

11.1
Grundlagen für erfolgreiche mobile Datendienste

Bevor wir auf die Ergebnisse des von uns durchgeführten Usability-Tests eingehen, ist es nötig, wichtige Grundlagen für die erfolgreiche Entwicklung mobiler Datendienste zu vermitteln. Dazu geben wir zunächst eine kurze Einführung in das mobile Internet und gehen dann auf die Relevanz der WAP-Technologie für die Entwicklung mobiler Datendienste ein. Anschließend besprechen wir die fundamentalen Limitationen der mobilen Endgeräte und Mobilfunknetze, die jeder Entwickler berücksichtigen muss, und motivieren die spezifische Rolle der Mobile Usability als Erfolgsfaktor.

11.1.1
Einführung in das mobile Internet

Im Kern der mobilen Wirtschaft steht die Mobilität der Menschen. In unserer heutigen Gesellschaft, die von Schnelligkeit und Mobilität geprägt wird, spielt die mobile Kommunikation eine immer wichtiger werdende Rolle. Die Konvergenz von Internet und Mobilfunk bietet dem Nutzer erweiterte Möglichkeiten der Mobilkommunikation. Mit Hilfe von tragbaren und drahtlosen Endgeräten und digitalen Mobilfunknetzen soll das mobile Internet jederzeit und an jedem Ort verfügbar werden.

Das Mobiltelefon ist bereits für 50 Millionen Menschen in Deutschland zu einem sehr wichtigen Medium geworden. Das Handy ist klein genug, damit wir es ständig dabei haben können: in der Hosen-, Jacken- oder Aktentasche, am Gürtel, im Rucksack oder um den Hals. Der Dienst SMS (Short Message Service) ist ein gutes Beispiel für das selbstverständlich gewordene Mobility Enabling und die Bedeutung der textbasierten Kommunikation: Weil Menschen überall und in jeder Situation, ob zu Hause, im Büro, in der Schule oder Universität, auf der Straße, in öffentlichen Gebäuden oder Transportmitteln, geräuschlos und damit unaufdringlich kommunikationsfähig sein wollen, nutzen sie SMS intensiv und ganz natürlich. Kurzmitteilungen werden vom Massenmarkt akzeptiert, weil sie schnell zu tippende, kurze Nachrichten möglich machen, die man in kurzen Augenblicken unterwegs verschickt oder empfängt.

Neben den Kurzmitteilungen beschränkt sich für die meisten das mobile mediale Erlebnis auf die Sprachkommunikation mit anderen Menschen, nach wie vor „mobile Killer-Applikation Nummer 1". Nur eine überschaubare Anzahl von Usern hat sich bereits mit interaktiven mobilen Datendiensten beschäftigt, um an dringende Informationen zu gelangen, E-Mails abzufragen oder gar eine Bestellung per Handy durchzuführen.

Aber welche Dienste bringen wirklich Nutzen und werden von den Usern akzeptiert? Sind es spezialisierte Diensteanbieter oder gar die Netzbetreiber selber, welche die Kunden mit besseren Angeboten versorgen? In diesem Zusammenhang sei die Diskussion des Revenue Sharing zwischen Netzbetreiber und Diensteanbieter angesprochen. Auf der einen Seite verfolgt der Netzbetreiber das Ziel, den monatlichen Durchschnittsumsatz pro Kunde (ARPU – Average Revenue Per User) zunehmend mit Hilfe von Datendiensten zu erwirtschaften. Dazu nutzt er seine Quasi-Monopolstellung in der Dienstedistribution aus und beginnt, intern Dienste zu entwickeln. Auf der anderen Seite versuchen die Diensteanbieter, von der Entwicklung und dem Betrieb der Dienste zu leben. Ziel muss es sein, das Revenue Sharing weitgehend zu standardisieren, damit bereits im Vorfeld kalkuliert werden kann, ob das Geschäftsmodell eines mobilen Datendienstes funktioniert oder nicht.

Im Vergleich zur stationären Internet-Nutzung wird das mobile Internet von einer extrem hohen Endgerätevielfalt geprägt, die in Zukunft noch zunehmen wird. Neben Mobiltelefonen wird man mit Hilfe von PDAs (Personal Digital Assistant) oder Smartphones das Internet unterwegs nutzen. Schon jetzt gibt es Dutzende von Endgeräten mit ganz unterschiedlichen technischen Spezifikationen und Usability-Konzepten.

Im ersten Entwicklungsschritt müssen die Dienste konzeptionell auf die mobilen Kunden und ihre spezifischen Bedürfnisse in mobilen Lebenssituationen angepasst werden (**Fit Service to User**). Im zweiten Schritt muss die Device-Vielfalt beachtet werden. Ein Dienst funktioniert dabei nicht auf jedem Endgerät gleich gut: Für schnelle Textkommunikation ist eine vollständige Tastatur hilfreich, während einfache Terminplanung mit PDA in der einen und Stift in der anderen Hand auch ohne Tastatur sehr gut funktioniert, wie man am Erfolg von Palm und seinen Lizenznehmern sehen kann.

Deshalb kombinieren wir den Gedanken der User-Orientierung mit dem der Endgerätevielfalt und motivieren alle Entwickler und Manager mobiler Angebote, in folgendem **Mobile-Economy-Paradigma** zu denken: **Fit Service to User to Device** (vgl. Abb. 1).

11.1.2
Die Relevanz von WAP für mobile Datendienste

Als Entwickler mobiler, interaktiver Datendienste für die heutigen GSM-Mobilfunknetze (Global System for Mobile Communication) kommt man an dem Technologiestandard WAP (Wireless Application Protocol) nicht vorbei. Von den Großen der mobilen Kommunikationsindustrie wurde dieser Standard 1997 in einer konzertierten Aktion ins Leben gerufen, um die mit der Nutzung der GSM-Netze für Datendienste verbundenen Limitationen mit Hilfe geschickter Datenformatierung und -komprimierung zu umgehen. Ausführliche Dokumentationen der unterschiedlichen Versionen des WAP-Standards sind auf www.wapforum.org zu finden.

Wir haben uns mit WAP-Technologie, WAP-Handy, WAP-Gateway und WML (Wireless Markup Language) beschäftigt, weil diese Technologien, Endgeräte, Verbindungsrechner ins Internet und diese Seitenbeschreibungssprache aktuell in Europa zur Verfügung stehen. Tragbare Endgeräte werden noch lange kleine Bildschirme haben und Formfaktoren (Gehäusedesign, Benutzeroberfläche etc.), die auf den Zweck des mobilen Einsatzes ausgerichtet sind. Somit verstehen wir die auf der WAP-Technologie basierenden Dienste als Stellvertreter der Gegenwart für das mobile Internet der Zukunft. Die bisherigen Erfahrungen mit WAP können auf alternative Mobilisierungstechnologien übertragen werden.

Der Blick nach Japan lässt berechtigte Zweifel an der Notwendigkeit des WAP-Standards für die Mobilisierung von Internet-Angeboten aufkommen. In Japan nutzen inzwischen über 20 Millionen User den mobilen Online-Dienst i-mode des marktbeherrschenden Mobilfunkbetreibers NTT DoCoMo. i-mode ist eine Marke und keine Technologie, kommt gänzlich ohne WAP aus und basiert auf Internet-Standards wie cHTML (compact Hypertext Markup Language), HTTP (Hypertext Transfer Protocol) und TCP/IP (Transmission Control Protocol/Internet Protocol). i-mode ist erfolgreich, weil es paketorientiert und „always on" funktioniert. Außerdem ermöglicht es NTT DoCoMo, vom Nutzer für ausgewählte mobile Premium-Dienste Geld in kleinen Mengen (Micropayment) zu verlangen, das an den Diensteanbieter weitergereicht wird, nachdem NTT DoCoMo 9 % Kommission für die Abwicklung und das Abrechnen über die Telefonrechnung einbehalten hat.

Die beschleunigte, paketorientierte Welt von GPRS (General Packet Radio Service), das eine permanente Datenverbindung im Sinne einer „mobilen Standleitung" möglich macht, also ebenfalls „always on" funktioniert, soll das Nutzererlebnis aufwerten und WAP zum Durchbruch verhelfen. Dabei wird nach übertragenem Datenvolumen (Airdata) und nicht mehr nach der Verbindungszeit (Airtime) abgerechnet. Die aktuellen, noch zu teuren GPRS-Tarife und die schleppende Einführung GPRS-fähiger Endgeräte erfordern aber sehr viel Geduld von allen Playern der mobilen Wirtschaft und vor allem von den Usern.

Über eines sind sich inzwischen alle einig: Die automatische Generierung von WML-Seiten durch in das Gateway eingebaute Konvertierungsalgorithmik produziert in der Regel nur Datenschrott auf den Bildschirmen der Mobiltelefone. Es muss also von Grund auf Hand angelegt werden. Die Werkzeuge und Testmöglichkeiten sind aber für Entwickler nicht immer vollständig verfügbar, denn eine Batterie von x-verschiedenen Handy-Typen und die Kenntnis, welche Gateways im Markt von wem eingesetzt werden, sind nicht trivial. Inzwischen haben sich Dienstleister gegründet, die der verzweifelten Entwicklergemeinde explizit Application Testing anbieten (z. B. www.anywhereyougo.com).

11.1.3
Limitationen des mobilen Internets

Das mobile Internet ist reduziert und limitiert. Auch wenn die Leistungsfähigkeit und Performanz mobiler Technologien künftig steigt, wird der Unterschied zum stationär nutzbaren Internet auf absehbare Zeit erhalten bleiben. Der Hauptunterschied zwischen mobiler und stationärer Internet-Nutzung besteht in der Mobilität der Nutzer.

Um die Mobilität möglich zu machen, sind WAP-Dienste heute eine Art Miniaturisierung des Internets, wie wir es vom großen PC-Bildschirm gewöhnt sind. Diese Tatsache verdeutlicht eine einfache Gegenüberstellung der User Interfaces des stationären und mobilen Internets mit Hilfe von Screenshots. Abbildung 2 zeigt links die Yahoo WWW-Homepage mit Standardauflösung 1024 x 768 Pixel, dargestellt im HTML-Browser Internet Explorer 5.0, und rechts die Yahoo WAP-Startseite, aufgrund der besseren Lesbarkeit dargestellt im WAP-Emulator von yospace (www.yospace.com) mit der Oberfläche des inzwischen legendären Nokia 7110, dem ersten WAP-Handy auf dem deutschen Markt. Während der User auf der Yahoo WWW-Homepage im abgebildeten Screenshot 123 Optionen und ein Werbebanner auf einen Blick – ohne Scrollen – hat, kann er auf der WAP-Startseite lediglich zwei Optionen sehen, denn der meiste Platz des kostbaren Bildschirms wird vom Logo eingenommen.

Reduce to the Max – unser zentrales **Mobile-Usability-Paradigma** – könnte nicht treffender unter Beweis gestellt werden. Für die Manager und Entwickler von Yahoo bedeutet WAP also, das eigene Angebot von 123 auf zwei Optionen zu schrumpfen. Sehr genau muss man sich bei der Entwicklung mobiler Datendienste überlegen, was für den User am wichtigsten ist.

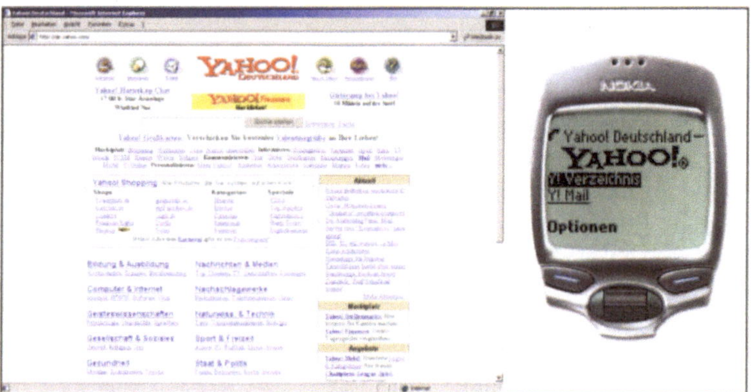

Abb. 2
Vergleich der Yahoo WWW-omepage mit der entsprechenden WAP-Startseite

Mobile Endgeräte, Funknetze und Anwendungen müssen die User im Erleben und Ausleben ihrer Mobilität unterstützen, unabhängig davon, ob die Mobilität dabei privat oder beruflich motiviert ist. Mobilität erfordert tragbare Endgeräte: Um mobil und tragbar zu sein, sind Endgeräte so konzipiert, dass sie klein und leicht sind. Bei den Handys führt das dazu, dass es nur kleine, derzeit noch monochrome (zweifarbige) Bildschirme gibt, keine Tastaturen, wie wir sie vom PC oder Laptop kennen, keine schnellen Prozessoren und nur sehr geringen Speicher und begrenzte Betriebsdauer.

Weil Mobilfunknetze drahtlos bei großer Reichweite (Größe und Dichte der Funkzellen) und hoher Mobilität der User (Geschwindigkeit während der Fortbewegung) funktionieren müssen, ermöglichen sie nur geringere Datenübertragungsraten zu höheren Preisen als vergleichbare Festnetze.

Während unseres Labortests hatten wir vielfach Probleme mit nicht funktionierenden Diensten. Die Unmöglichkeit, eine stabile Verbindung zum Dienst aufzubauen, war ein häufiges Problem für unsere Tester. Entweder das Netz oder das Gateway funktionierten nicht, das Telefon stürzte ab und musste durch Neustart reanimiert werden oder aber der Dienst selber war nicht verfügbar. Wenn der User nach mehreren Minuten versuchter Dienstnutzung erfolglos abbricht, muss er die angefallenen Gebühren trotzdem bezahlen. Geld zu bezahlen für etwas, das nicht funktioniert bzw. für eine nicht erbrachte Leistung, ist für den Nutzer nicht akzeptabel.

Die Entwickler mobiler Datendienste müssen mit den Limitationen der Endgeräte und der Mobilfunknetze auskommen. Daher ist das Nutzererlebnis bei mobilen Diensten von vornherein ebenfalls eingeschränkt. Man kann z. B. keine farbigen Animationen einbauen, wenn in der aktuellen Umsetzung der WAP-Standards nur nichtanimierte „Schwarz-Weiß-Grafik" funktioniert.

Angesichts dieser limitierten Umgebung müssen nicht nur Endgeräte und Netzwerke optimiert werden. Gerade im Bereich der mobilen Anwendungen gibt es aus Nutzersicht unausgeschöpftes Verbesserungspotenzial. Denn Probleme mit nichtfunktionierenden mobilen Datendiensten beruhen nicht nur auf fehlerhafter Technologie, sondern oft auch auf Fehlern im Konzept oder der Informationsarchitektur einer Anwendung. Dann sind mitunter wichtige Funktionen versteckt oder gar nicht untergebracht, oder aber die Navigation fällt schwer. Sind die Angebote dagegen so gestaltet, dass sie eine nützliche und nutzbare Anwendung mit einem robusten Technologiestandard verbinden, werden sie, wie das Beispiel SMS zeigt, akzeptiert.

11.1.4
Die Rolle von Usability für Erfolg im mobilen Internet

In interaktiven Systemen, zu denen auch die mobilen Datendienste gehören, wird die Kundenorientierung damit zur fundamentalen User-Orientierung. Das User Interface ist die wichtigste Schnittstelle des Unternehmens. Im Kontext der mobilen Dienste geht es somit um die mobile Schnittstelle zum Kunden. Bei schlechter Usability dieses Interfaces können die Kunden das „Unternehmenssystem" nicht bedienen, brechen den Kontakt oder die versuchte Transaktion ab und suchen nach alternativen Anbietern.

Wir empfehlen, dass sich insbesondere die am Entwicklungsprozess mobiler Dienste Beteiligten mit dem Thema Mobile Usability beschäftigen: Projektmanager, Konzepter, Interface Designer und Programmierer. Aber gerade auch Manager und Techniker bei Geräteherstellern, Netzbetreibern und Software-Anbietern sollten sich viel öfter in die Lage der User versetzen und aus dieser Perspektive die Möglichkeiten und Unmöglichkeiten der mobilen Wirtschaft heute und morgen durchdenken.

Die Beschäftigung mit dem Nutzer kostet Zeit und Geld. Aber das bessere Ergebnis kann diesen Aufwand rechtfertigen. Vor allem dann, wenn der Prozess der Kundenforschung regelmäßig wiederholt wird, damit man mit jeder neuen Version einen besseren Dienst anbieten kann. Wie gehen die Start-ups und etablierten Firmen vor, wenn sie ihre WAP-Dienste entwickeln? Werden Nutzeranforderungen in Fokusgruppen erarbeitet und die ersten Prototypen von kritischen und unvoreingenommenen Otto Normalwappern getestet? Wie viel Zeit und Geld werden bei der Entwicklung von WAP-Diensten in die Zusammenarbeit mit der Zielgruppe investiert? Sind es 0 %, 5 % oder 10 %?

Mobil geht es um Einfachheit, Schnelligkeit und Convenience (Bequemlichkeit). Kommt man beispielsweise unterwegs auf die Idee, ein Buch im mobilen Buchladen zu bestellen, dann sollte dies mit so wenigen Klicks wie nötig machbar sein. One-Click Shopping für registrierte Kunden ist der optimale und schnellste Weg des mobilen Einkaufens. Ja-Nein-Entscheidungen sind das, was der Kunde im mobilen und spontanen Kontext will.

Ein überraschendes Ergebnis unserer Studie war, dass einige Tester angaben, den mobilen Dienst auch zu Hause verwenden zu wollen, schlichtweg aus Bequemlichkeit. Wir nennen diese Art des Nutzerverhaltens „Sofa-Surfing". Für bequeme Konsumenten ist Mobilität zu Hause bereits ein ernst zu nehmender Mehrwert: drahtlos ein paar Meter vom Schreibtisch zum Sofa wandern und dabei weiter telefonieren oder SMS schicken. Außerdem sind im Telefonbuch des Handys alle Nummern eingespeichert, und wenn man ein Headset anschließt, hat man zusätzlich beide Hände frei.

11.2
Untersuchungsdesign

Ziel unserer Studie zur Mobile Usability war die Beantwortung der Frage, warum WAP-basierte mobile Dienste bislang bei den Nutzern auf geringe Akzeptanz stoßen und welche Probleme die Anwender im Einzelnen haben. Aus unseren Ergebnissen haben wir allgemeine Empfehlungen für die Entwicklung mobiler Datendienste abgeleitet.

Bisher gibt es unseres Wissens nach keine empirische Studie im deutschsprachigen Raum, die sich mit dem Gebrauchsnutzen (Utility) und der Benutzerfreundlichkeit (Usability) von mobilen

Datendiensten beschäftigt. In der Untersuchung haben wir uns auf B2C-WAP-Dienste konzentriert und B2B-WAP-Anwendungen ausgeklammert, um die Vergleichbarkeit nicht zu verzerren und die Komplexität überschaubar zu halten.

Unsere Nutzerstudie fand im Oktober und November 2000 statt. Sicherlich sind einige der getesteten Dienste inzwischen aktualisiert worden. Aber die damals gefundenen Probleme verdeutlichen sehr genau, welche Fehler bei der Entwicklung gemacht werden.

Für die Studie wurden 36 Testpersonen zum mehrstündigen Einzeltest in das eye square Usability-Labor eingeladen. Untersucht wurden die vier WAP-Portale der deutschen Mobilfunkbetreiber (D2, T-D1, E-Plus, VIAG Interkom) und 23 WAP-basierte Dienste verschiedener Branchen (Verkehrsdienste, Bookshops, Hotelvermittlung, Kinoprogramme, Nachrichten, Börseninfos, Suchmaschinen, Nightguides und Gesundheitsinformationen). Tabelle 1 listet alle getesteten Content-Anbieter auf.

Deutsche Bahn Lufthansa ADAC		
Anbieter Gruppe A	**Anbieter Gruppe B**	**Anbieter Gruppe C**
• BOL	• Booxtra	• Amazon
• Cinemaxx	• Hotelkatalog	• Hoteldirect
• N-TV	• Cinema	• Berlin 030
• Comdirect	• Süddeutsche Ztg.	• ZDF
• Fireball	• Consors	• Dresdner Bank
• Starwap	• Wapjag	• Wapup
• Gscout	• Max	• Berlin 030
	• Gscout	• Gscout

Drei verschiedene WAP-Handys (Siemens S35i, Nokia 6210 und Motorola Timeport, vgl. Abb. 3, 4, 5) kamen zum Einsatz, um den Einfluss des Handys zu testen.

Im Gegensatz zu Expertenevaluationen wurde in dieser Studie der reale Nutzer im Umgang mit den Anwendungen intensiv beobachtet, was ein sehr direktes User Feedback und Einblick in die Gedanken und Wünsche der WAP-Nutzer ermöglichte. Die Tester sollten die Angebote anhand vorgegebener Aufgaben, die einer prototypischen Nutzungssituation entsprachen, explorieren.

Hier ist ein Beispiel für eine solche von uns gestellte prototypische Testeraufgabe: „Sie brauchen noch ein Geschenk für Ihre Mutter und möchten über Ihr Handy ein Buch bestellen. Sie wissen, dass sie sich sehr für Krimis interessiert. Versuchen Sie, den neuen Krimi von Henning Mankell zu bestellen."

Die Datenerhebung erfolgte mittels quantitativer und qualitativer Methoden. Wir verwendeten Fragebogen, um empfundene Akzeptanz, Utility und Usability der Dienste abzufragen und die Wiederverwendungs- und Weiterempfehlungsbereitschaft zu erheben. Der Testleiter schätzte ein, wie gut die Tester mit jedem Dienst zurechtkamen (Performanz-Rating). Durch Verhaltensbeobachtung und die Äußerungen der Tester, die aufgefordert waren, ihre Gedanken während des Testings laut zu äußern, und durch Kurzinterviews nach jedem explorierten Dienst erhielten wir qualitative Daten zur Akzeptanz, Usability und Utility der Dienste, die ebenfalls quantifiziert wurden.

In einem Abschlussinterview wurden die zukünftige eigene Nutzung, Verbesserungsmöglichkeiten und die Kosten von WAP im Speziellen und die Zukunft des mobilen Internets im Allgemeinen diskutiert.

Unsere 36 Tester (jeweils 18 Frauen und 18 Männer) sind im Schnitt 29 Jahre alt und nutzen das Handy nach eigenen Angaben viel (1,6 – von 1 sehr viel bis 5 sehr wenig) und bezeichnen ihre Handy-

Erfahrung als überdurchschnittlich (2,5 – von 1 sehr viel bis 5 sehr wenig).

Die 36 Tester wurden randomisiert den verschiedenen Handys, Portalen und Diensteanbietern zugewiesen. Die ersten drei Dienste, die die Tester selbstständig auf dem jeweiligen Portal suchen mussten, waren für alle Tester gleich. Anschließend explorierten die Tester jeweils einen Dienst innerhalb der untersuchten Inhaltsdomäne (z. B. Amazon in der Domäne Bookshops).

Der Usability-Test gliederte sich folgendermaßen:

Fragebogen (Person, Vorerfahrung)

Usability-Test:
12 Aufgabenszenarien

Fragebogen und Interview
nach jeder Aufgabe

Abschlussinterview

11.3
Ergebnisse des Usability-Tests

Nun berichten wir auszugsweise die Ergebnisse des Usability-Tests und beginnen mit einer Kurzdarstellung der Usability-Probleme bei den Portalen und den Mobiltelefonen. Anschließend berichten wir exemplarisch über die aufgetretenen Usability-Probleme bei drei selektierten WAP-Diensten.

11.3.1
Portale

Unsere Tester kamen mit dem T-D1-Portal am besten zurecht.

Ein großes Problem generell bei den Portalen ist die Navigation, insbesondere die Navigation zurück auf die zuletzt besuchte Seite bzw. zurück zur nächsthöheren Hierarchieebene. Ist eine Back-

Option auf der WAP-Seite selbst angeboten, so ist das am bequemsten für den Nutzer. Er kann direkt in die nächsthöhere Hierarchie oder zur Hauptseite zurückgehen. Fatalerweise ist dies aber nicht immer der Fall. Gibt es in der WAP-Seite selbst keine Zurückoption, muss man mit der Handy-Taste (meistens roter Hörer oder roter C-Knopf) zurückgehen; auf diese Weise aber – analog zum Browser-Back-Button im Internet – geht man den gesamten Weg, den man bisher genommen hat, wieder zurück! Als sehr störend kommt hinzu, dass jede Seite auf diesem Weg wieder neu aufgerufen werden muss, da sie nicht wie im Internet-Browser im Cache gespeichert wird. Ein anderer Ausweg ist der längere Druck auf die entsprechende Handy-Taste, die allerdings ganz zurück zum Portal führt. Dieser Missstand liegt oft nicht in der Verantwortlichkeit der Portale, da die einzelnen Dienste ihre WAP-Seiten selbst gestalten.

Deshalb ein Appell an alle Diensteentwickler: Bietet dem Nutzer auf jeder WAP-Seite per Link Navigationsoptionen zur nächsthöheren Ebene und zur Hauptseite an!

11.3.2
Handys

Siemens-User kamen mit dem Siemens S35i relativ gut zurecht. Die Produktpolitik von Siemens, die grundlegenden Bedienstrukturen in den verschiedenen Modellen beizubehalten und ein besonderes Gewicht auf Usability zu legen, hat hier offenbar bereits seine Wirkung getan.

Nokia-User hatten bei dem neuen Nokia 6210 größere Probleme als Siemens-User. Da die unterschiedlichen Nokia-Modelle jeweils unterschiedliche Tasten und Menüs haben, ist eine Umgewöhnung an ein neues Modell sehr schwierig. Die Frage ist hier, welchen Grund ein Nokia-Besitzer dann noch hat, beim nächsten neuen Handy seiner Marke treu zu bleiben. Es ist schade, dass Nokia, dessen Handys sowohl bei Kunden als auch bei Verkäufern besonders wegen ihrer Benutzerfreundlichkeit sehr geschätzt werden, in Bezug auf WAP dabei ist, diesen guten Ruf zu gefährden. Unserer Einschätzung nach kann der häufige Wechsel der Bedienstruktur bei Nokia als kontraproduktiv für die Kundenbindung angesehen werden. Ein Interface-Konzept ist letztlich Teil eines Brands und sollte nur äußerst behutsam verändert werden.

Die empirischen Daten bezüglich des Zusammenhangs von Handy-Vorerfahrung und Umgang mit dem im Testing verwendeten Handy zeigten ein erstaunliches Ergebnis: Vor allem die Nokia-erfahrenen Tester hatten die meisten Schwierigkeiten im Umgang mit dem Nokia 6210, wohingegen die Siemens-erfahrenen Tester mit dem Siemens S35i insgesamt gut zurechtkamen. Überraschenderweise hatten die Siemens-erfahrenen Tester aber auch weniger Schwierigkeiten mit dem Nokia 6210.

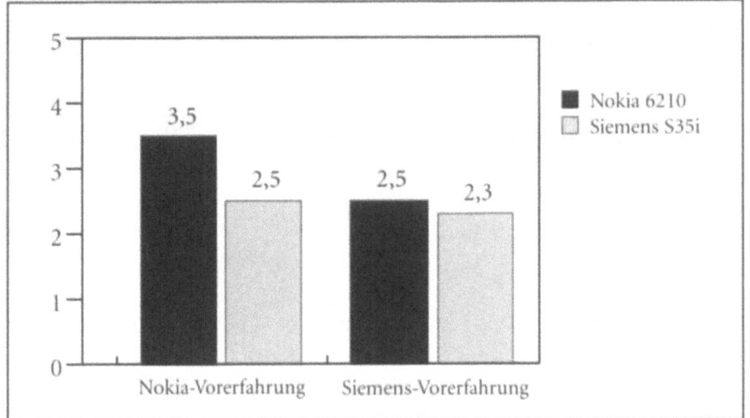

Abbildung 7 zeigt deutlich, dass sich die Nokia-Vorerfahrung sehr negativ auf den Umgang mit dem Nokia 6210 auswirkte (die Werte zeigen die Akzeptanz bei den ersten vier Portalaufgaben, die alle Tester lösten; 1 sehr gut bis 5 sehr schlecht). Offenbar wollten die Nokia-erfahrenen Tester ihr Vorwissen im Umgang mit Nokia auf das neue Nokia-Modell anwenden. Da aber bei Nokia-Handys die grundlegenden Navigationsstrukturen sehr unterschiedlich ausfallen, interferierte dieses Vorwissen mit der aktuellen Aufgabenlösung. Daher hatten Siemens-Nutzer weniger Probleme beim Wappen mit dem Nokia 6210 als Nokia-Nutzer.

11.3.3
Generelle Determinanten der Akzeptanz von WAP-Diensten

Zur Ermittlung der Gewichte der einzelnen Faktoren auf die Gesamtzufriedenheit der Tester wurden multivariate Regressionsanalysen durchgeführt. Ziel der statistischen Analyse war es, den Einfluss der Einzelfaktoren auf die Gesamtzufriedenheit mit WAP zu ermitteln. Der Kennwert Beta, das Beta-Gewicht, gibt an, welchen Anteil die einzelnen Faktoren an der Gesamtzufriedenheit haben (die Zahlen in Abb. 8). Wir haben die durchschnittlichen Scores über die Portalaufgaben gebildet.

Das folgende Ergebnis der multivariaten Regressionsanalyse kann daher als verallgemeinerbar über verschiedene WAP-Anwendungen gelten. Die fünf erfragten Prädiktoren erklären insgesamt 81 % der Akzeptanz (Aufklärung insgesamt $R^2 = 81\,\%$), was für die vergleichbar sehr hohe Güte der statistischen Modellanpassung spricht.

Die Werte auf den Pfeilen geben die Stärke des Einflusses auf die Akzeptanz an. Je höher der Wert, desto mehr Einfluss übt der Faktor aus.

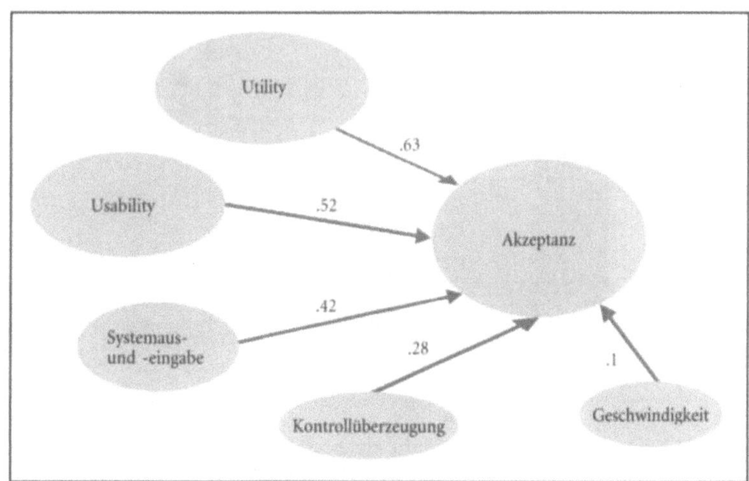

Abbildung 8 zeigt, dass der Hauptfaktor für die Akzeptanz von WAP-Seiten die **Utility** (Nützlichkeit) ist (Beta-Gewicht .63). Das heißt, am wichtigsten für die Akzeptanz ist der konkrete Anwendungsnutzen.

Der zweitwichtigste Faktor ist die **Usability** (Bedienbarkeit bzw. Benutzerfreundlichkeit) (Beta-Gewicht .52). Das heißt, Usability ist ein wesentlicher Faktor bei der Ermittlung der Akzeptanz.

Danach folgt der Faktor **Systemaus-** und **-eingabe** (bezieht sich auf Aus- und Eingabeprozesse wie Auswahl per Tastatur, Texteingabe, Menütiefe), der ebenfalls die Akzeptanz beeinflusst (Beta-Gewicht .42). Dieser Faktor bezieht sich vor allem auf das Zusammenspiel von Hardware und Display.

Der Faktor **Kontrollüberzeugung** bezieht sich auf das subjektiv empfundene Gefühl der Kontrolle über die WAP-Seite (Beta-Gewicht .28).

Als letzter Faktor kommt die eingeschätzte **Geschwindigkeit** der Systemantworten hinzu (Beta-Gewicht .1). Überraschenderweise ist die Geschwindigkeit ein weit weniger wichtiger Faktor für die Gesamtakzeptanz eines Angebots, als man erwartet. Konkret bedeutet dies, dass die Tester bereit sind, Ladezeiten in Kauf zu nehmen, wenn die Hauptfaktoren Nützlichkeit und Usability hoch sind.

11.3.4
Ranking der Content-Anbieter
nach Gesamtakzeptanz

Berechnet man die Akzeptanz der Content-Anbieter und erstellt eine
Rangreihe, ergibt sich das in Tabelle 2 dargestellte Bild:

Hoteldirect	1,7
Cinemaxx	1,8
Starwap	1,9
Max	2,0
Amazon	2,2
Lufthansa	2,2
Comdirect	2,2
Gscout	2,4
ADAC	2,5
Cinema	2,5
N-TV	2,5
Süddeutsche Zeitung	2,5
Deutsche Bahn	2,6
ZDF	2,6
Dresdner Bank	2,9
Berlin 030	3,0
Consors	3,0
Wapup	3,2
Hotelkatalog	3,3
Fireball	3,6
Booxtra	3,7
Wapjag	4,0
BOL	4,4

Mit einer Gesamtakzeptanz von „gut" schnitten Hoteldirect, Cine-
maxx, Starwap, Max, Amazon, Lufthansa, Comdirect und Gscout ab.
Diese Anbieter berücksichtigten die Bedürfnisse der Nutzer, indem
sie sich über den Anwendungskontext Gedanken machten und sich
um eine benutzerfreundliche Navigation bemühten.

Mit durchschnittlichen Werten wurden ADAC, Cinema, N-TV,
Süddeutsche Zeitung, Deutsche Bahn, ZDF, Berlin 030, Dresdner
Bank, Consors, Wapup und Hotelkatalog beurteilt. Bei diesen Anbie-
tern besteht ein großes Potenzial, das noch nicht ausgeschöpft ist.
Durch eine Optimierung der Benutzerfreundlichkeit und einen stär-
keren Nutzerfokus könnte hier viel gewonnen werden.

Sehr schlechte Werte hatten die Anbieter Fireball, Booxtra, Wapjag,
BOL. Hier müsste auf einen konkreten Mehrwert für den Nutzer

geachtet werden und auf eine benutzerfreundliche Navigation und
benutzerfreundliche Suchabfrage.

11.3.5
Ergebnisse ausgewählter Dienste

Im Folgenden werden die WAP-Dienste von BOL, der Deutschen
Bahn und dem Max City Guide beispielhaft vorgestellt, um konkrete
Usability-Probleme aufzuzeigen.

11.3.5.1
BOL

Der WAP-Buchshop BOL (vgl. Abb. 9–11), der inzwischen überar-
beitet wurde, offeriert zum Zeitpunkt unseres Testes ein sehr gerin-
ges, vorgegebenes Angebot, aus dem der Nutzer wählen muss. Eine
Bestellmöglichkeit ist nicht vorhanden. Die Akzeptanz ist im Durchschnitt sehr schlecht (4,4), insgesamt der schlechteste Wert aller
getesteten WAP-Dienste. Die Nützlichkeit (4,5) stellt ebenfalls den
schlechtesten Wert aller untersuchten Dienste dar.

Die Bedienungsfreundlichkeit des Dienstes wurde von den Versuchspersonen mit 3,8 beurteilt, was einen vergleichsweise sehr
bedienungsunfreundlichen Dienst kennzeichnet. Die Aufgabenlö-
sungsqualität in der Untersuchung war sehr schlecht (5); keine der
Versuchspersonen konnte die Aufgabe lösen. Daraus ergibt sich eine
sehr geringe Wiederverwendungs- und Empfehlungswahrscheinlich-
keit von jeweils 9 % der Site.

Ein Nutzer, der auf eine WAP-Site eines Bookshops gelangt, um
ein Buch zu bestellen, erwartet eine Funktion, um das gesuchte Buch
in einem Katalog zu finden und zu ordern. Bei BOL muss sich der
Nutzer lange durch verschiedenste Kategorien quälen, um irgendwann festzustellen, dass er nur aus dem dargebotenen, sehr eingeschränkten Angebot wählen kann.

Auf der Suche nach einer Bestellfunktion wird er die Funktion
„Notiere" finden, die am ehesten nach einer Bestellung aussieht.
Wählt er diese, wird er aufgefordert, seine E-Mail-Adresse einzuge-
ben – mit einem Handy nicht unbedingt schnell erledigt und für
Menschen ohne E-Mail-Adresse, die es gerade unter den Handy-Nut-
zern immer noch gibt, besonders schwierig. Unter „Hilfe" hätte er

vorhersehen können, dass das Buch nicht direkt bestellt werden kann. Die einzige Möglichkeit, die BOL bietet, ist, sich über „Notieren" eine E-Mail zu schicken, die an das Buch erinnert und einen Link zur Bestellung enthält (s. Abb. 12). Dieser Link verweist jedoch nicht auf eine WAP-Seite, sondern auf eine WWW-Seite – es ist also unmöglich, bei BOL per WAP ein Buch zu bestellen.

```
Von: BOL WAP-Mail [mailto:service@bol.de]
Gesendet: Dienstag, 13. Februar 2001 18:00
An: jansan@mobiliser.org
Betreff: BOL Erinnerung - WAP-User

Wichtigkeit: Hoch


Sehr geehrter WAP-User,

hier Ihre WAP-Erinnerung:

Die Holocaust-Industrie

„Dieses Buch ist eine Analyse der Holocaust-Industrie
- und eine Anklage gegen sie." So umreißt Norman
Finkelstein die Botschaft seines Buches, das schon nach
Erscheinen der amerikansichen Originalausgabe für bei-
spiellose Diskussionen in den Medien -
auch in Deutschland - gesorgt hat. Nun ist es soweit,
Finkelsteins Werk ist in deutscher Sprache erschienen -
und die Diskussion wird weitergehen!
Finkelstein, Norman G.
38,00 DM - 38,00 DM

Details: http://wap.bol.de/redirect.asp?id=463

Viele Grüße,
Ihr BOL WAP-Team
```

Die mangelnde Benutzerfreundlichkeit führte dazu, dass viele Tester Probleme mit der Navigation hatten (sechs von zwölf). Eine Suchfunktion, die sechs von zwölf Testern vermissten, würde die Suche nach einem Buch ebenfalls angenehmer gestalten. Dieser Dienst wurde von acht Testern (von zwölf) schlichtweg komplett abgelehnt.

Versuchsleiter	*„… Schnäppchen haben wir noch."*
Tester	„Schnäppchen, naja …"
Versuchsleiter	*„So, …"*
Tester	[stöhnt]
Versuchsleiter	*„… wie sieht's aus?"*
Tester	„Ich seh' bloß noch die andere Seite …"
Versuchsleiter	*„Ja?"*
Tester	[seufzt] „… na, wenn ich das mal sehe, …, dann brauchen wir ja drei Stunden – mindestens."
Versuchsleiter	*„Nein."*
Tester	„Na! Ja, is schön [leicht zynisch], ich muss nur noch mal kurz gucken, wo wir sind."
	…
Tester	„Eigentlich müssen wir doch mal den Autor eingeben … es gibt Millionen Bücher … es ist völlig unwahrscheinlich, dass wir da jetzt irgendwo … irgendwas, äh, finden …"

Abschließend lässt sich sagen, dass kaum ein Tester den Dienst von Bertelsmann Online als sinnvoll und nützlich beurteilte und die meisten Tester sich auch nicht vorstellen konnten, diesen zu nutzen.

11.3.5.2
Deutsche Bahn

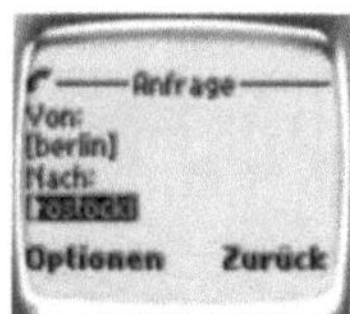

Der WAP-Dienst der Deutschen Bahn (vgl. Abb. 13 – 16) bietet die Möglichkeit, mobil den Zugfahrplan abzurufen. Der Dienst hat großes Potenzial für einen erfolgreichen mobilen Dienst, müsste dazu allerdings die Nutzerfreundlichkeit noch verbessern. Die Deutsche Bahn zeigt mit einem Akzeptanz-Score von 2,6 ein knapp über der Mittelkategorie liegendes, tendenziell positives Ergebnis. Utility mit 2,5 und Usability mit 2,5 können ebenfalls als tendenziell positive Durchschnittswerte angesehen werden. Die Wiederverwendungswahrscheinlichkeit ist mit 27 % eher niedrig, was daran liegt, dass die meisten Tester Autofahrer waren; die Weiterempfehlungsbereitschaft von 45 % zeigt jedoch, dass dieser Dienst durchaus auf Akzeptanz stieß.

Die größten Probleme bestanden darin, dass die Tester auf der Eingangsseite der Deutschen Bahn nicht weiterwussten, da durch nichts deutlich gemacht wurde, dass sie nach unten scrollen mussten, um zum Menü zu gelangen. Elf von 36 Testern hatten hier massive Probleme. Hier hatten die Siemens-Handynutzer den großen Vorteil, dass hier der Handy-Browser selbst Pfeile nach unten enthält, die anzeigen, dass hier gescrollt werden kann.

Zweites großes Problem war die Eingabe der Städtenamen von Hand bei der Abfrage von Fahrplaninfos. Bei „Von: [...]" glaubten die Nutzer, hier sofort direkt Text eingeben zu können; sie erwarteten nicht, dass sie hier noch einen Zwischenschritt, nämlich das Anklicken des Eingabefeldes, zu leisten hatten (sechs von 36 Testern). Die Texteingabe an sich bereitete vielen Testern (acht von 36 Testern) große Probleme, vor allem die Sonderzeichen wurden schwer gefunden.

Elf von 36 Testern erwähnten die Schnelligkeit der Seite. Sie waren positiv überrascht, dass WAP doch so schnell ist. Fünf von 36 Testern betonten die Übersichtlichkeit.

Direkte Eingabe beeinflusst – wie auch statistische Auswertungen unserer Fragebogen ergaben – die empfundene Usability entscheidend. Usability wird hoch eingeschätzt, wenn keine Texteingaben erforderlich sind, und sinkt rapide ab, sobald direkte Eingaben notwendig sind. Eine Möglichkeit wäre, die größeren Städte in einem Auswahlmenü anzubieten und bei kleineren Orten, die nicht im Menü verzeichnet sind, die Eingabe per Hand zu ermöglichen.

11.3.5.3
Max City Guide

Abb. 17, 18, 19
Screenshot
Max City Guide

Max (vgl. Abb. 17–19) schneidet mit einer Akzeptanz von 2,0, einer Utility von 2,2 und einer Usability von 1,7 ebenfalls ziemlich gut ab. Die Güte der Aufgabenlösung betrug 1,3. Die Wiederverwendungsbereitschaft ist mit 42 % hoch, die Weiterempfehlungsbereitschaft beträgt sogar 50 %.

Die Grafik „Max City Guide" erscheint und schaltet um auf die Menüseite; die Überschrift besteht aus einer kleinen, platzsparenden Grafik „Max City Guide", und der Nutzer kann hier die Stadt auswählen. Wieder ist es schade, dass keine Möglichkeit geboten wird, die Anfangsbuchstaben der gewünschten Stadt einzugeben. Hier ist

die Stadtliste relativ lang, da nach der alphabetischen Auflistung der
deutschen Städte auch eine überraschende Vielfalt an internationalen Städten gelistet ist (z. B. Peking). Dies bietet dem deutschen Reisenden viele Möglichkeiten!

Bei Auswahl von Berlin erscheint ein weiteres Menü – wiederum mit der „Max City Guide"-Grafik und mit der Überschrift „Berlin", wodurch volle Orientierung und Markenaufbau gewährleistet werden. Das Menü enthält folgende Punkte: „Stadtinfo", „Unterkunft", „Essen und Trinken", „Nightlife", „Shopping". Max bietet einen etwas anderen Fokus als Starwap; es werden auch Infos für Touristen geboten.

„Stadtinfo" bietet ein beliebig wirkendes Sammelsurium von Stadtinfos von der Anreise auf den drei Flughäfen bis hin zu Flohmärkten; jeweils mit ausführlichen Texten. Unter den Texten steht die Info „mehr im Max City Guide". Wo man dieses „Mehr" findet, ist unklar. Nützliche Stadtinfos im eigentlichen Sinn sind hier nicht zu finden. Unklar ist, wieso es die Kategorie überhaupt gibt und wieso sie an erster Stelle gelistet ist.

Wählt man die Kategorie „Nightlife", erscheint eine Seite mit Grafik und Überschrift „Berlin: Nightlife", die folgende Menüauswahl bietet: „Discos", „Bars", „Kneipen", „Alles von A–Z". Bei Anwählen einer Kategorie („Discos", „Bars" oder „Kneipen") erscheint eine alphabetische Auflistung der Lokalitäten, die die Angabe der Straße beinhaltet, um dem Nutzer (dem Berlin-Kundigen?) einen ersten Anhaltspunkt zu geben. Allerdings fragt es sich, ob die Straße hier schon nötig ist; kürzer und eindeutiger wäre die Angabe des Stadtteils.

Der Nutzer muss sich durch eine lange Liste an Lokalitäten scrollen; er weiß nicht, wie viele Einträge insgesamt gelistet sind. Hier sind einige der bekanntesten und trendigsten Plätze aufgelistet, und somit dürfte die Liste an sich für viele Nutzer schon eine ganz gute Auswahl darstellen. Am Ende der Seite gibt es nur einen Link zu weiteren Treffern. Links zur Hauptseite oder zu einer Suchfunktion fehlen.

Der Link auf die Lokalität listet die ganze Adresse auf, zusätzlich kommen Telefonnummer (nicht direkt anwählbar), Anfahrt (sehr schön!), Kreditkarteninfo, Öffnungszeit. Bei Klick auf „mehr" erhält man detaillierte Infos zur Lokalität wie z. B. Geschichte, dort stattfindende Veranstaltungen, Musikstil und Publikum. Dieser Infotext erleichtert dem Nutzer die Entscheidung für oder gegen eine Lokalität und ist ein sehr positiver Aspekt von Max City Guide. Leider ist diese Info erst nach zwei Klicks verfügbar und somit etwas versteckt. Auch sind auf der Infoseite selbst keine Navigationslinks. Statt auf der ersten Liste die Straße mitanzugeben, was sehr viel Platz kostet, könnten hier zwei Links – einer zu Basisinfos, einer zu Details – angegeben werden.

Was bei Max City Guide – trotz der detaillierten Infos – fehlt, sind die Möglichkeiten einer Einschränkung oder Filterung der Suche (z. B. Musikstile, Stadtviertel). Auch eine Suchfunktion fehlt. Hier ist die Lokalitätensuche nicht so einfallsreich und benutzerfreundlich wie bei Starwap gelöst. „Alles von A–Z" bietet eine alphabetische Auflistung aller Lokalitäten mit Straße.

Es gab fast keine Usability-Probleme (ein Tester konnte Berlin nicht finden, drei Tester wünschten sich eine Einteilung in Stadtteile), dafür viel Lob. Fünf von zwölf Testern schätzten die guten Informationen. Vier Tester lobten die leichte Bedienung, vier Tester fanden die Kategorisierung und die Auswahlmöglichkeiten gut. Deshalb konnten sich fast alle Tester (neun von zwölf) eine regelmäßige Nutzung vorstellen.

11.4
Abschlussbefragung

Basierend auf der Abschlussbefragung stellen wir zunächst ein Ranking der Kategorien der getesteten WAP-Angebote nach persönlicher Bedeutung auf. Anschließend gehen wir auf die Antworten der Tester bezüglich Erwartungserfüllung, Kosten und Zukunftsaussichten von WAP ein.

11.4.1
Persönliche Bedeutung der Domänen

Im Anschluss an die Untersuchung wurden die Versuchspersonen aufgefordert, die Domänen nach dem Kriterium der persönlichen Bedeutung in eine Rangreihe zu bringen (Rang 1 = höchste Wertung, Rang 5 = niedrigste Wertung, vgl. Tabelle 3).

Domäne	Total Score	Absolute Häufigkeiten					%
		Rang 1	Rang 2	Rang 3	Rang 4	Rang 5	
Nachtleben	2,5	7	5	7	2	2	68%
Kino	2,4	7	6	5	3	1	65%
Bahn	2,2	6	1	8	6	2	68%
Staumeldung	1,7	1	11	0	3	3	53%
Gesundheit	1,3	3	0	4	5	5	50%
Flug	1,2	2	3	2	4	4	44%
Hotel	0,9	1	4	0	2	5	35%
Suchmaschine	0,9	3	1	2	1	2	27%
Börse	0,6	1	1	1	4	1	24%
Bookshop	0,5	2	0	1	1	1	15%
Nachrichten	0,4	0	1	2	1	2	18%

Nachtleben, Kino und Bahn wurden am häufigsten auf den oberen Plätzen genannt. 68% unserer Tester wählten die Kategorie Nachtleben und die Bahnabfrage unter die Top Five, 65% die Kategorie Kino.

11.4.2
Erwartungserfüllung, Kosten und Zukunft des WAP-Mediums

Kein Tester hatte vor dem Testing bereits Erfahrung mit WAP. So befragten wir unsere Tester nach dem Testing, ob ihre Erwartungen an WAP sich erfüllt hätten. Insgesamt ist sehr positiv anzumerken, dass tatsächlich knapp über 50 % der Tester ihre Erwartungen an WAP-Dienste erfüllt sahen. Das ist in unseren Augen ein klares Indiz dafür, dass Akzeptanzpotenziale vorhanden sind.

Durch unser Testing waren unsere Tester an die mobilen Dienste herangeführt worden und schienen uns tendenziell eher positiv überrascht zu sein. Sie gaben deshalb auf Nachfrage auch an, in näherer Zukunft WAP vielleicht vermehrt nutzen zu wollen (Mittelwert 2,8 auf einer Skala von 1 [ja] bis 5 [nein]).

Dabei erteilten die Testpersonen den aktuellen WAP-Zugangskosten jedoch eine klare Absage: Der aktuelle zeitbasierte Nutzungspreis von 0,39 DM pro Minute für das mobile Internet ist unangemessen (Mittelwert 3,8 auf einer Skala von 1 [ja] bis 5 [nein]). Sinkt der Preis auf höchstens 0,15 DM pro Minute, steigt die Bereitschaft der Testpersonen zur regelmäßigen Nutzung mobiler Internet-Angebote.

Viele unserer Tester sehen die Vorteile von mobilen Diensten in der Flexibilität, Mobilität und generellen Verfügbarkeit. Sie verstehen das WAP-Medium als eine wichtige Informationsquelle. Mehrere Tester finden die WAP-Anwendungen bequem und unkompliziert. Einige nennen sogar Schnelligkeit und Zeitsparen als Grund für eine verstärkte Nutzung. Generell werden WAP-Angebote als aktuell, zukunftsorientiert und im Trend liegend wahrgenommen.

Jedoch werden WAP-Anwendungen von mehreren Testern als zu langsam, kompliziert und umständlich empfunden. Dabei zeigt sich, dass mit Langsamkeit meistens die umständliche Bedienung und nicht die Übertragungsgeschwindigkeit gemeint ist, was nicht sehr verwundert, da bei der aktuellen Textorientierung des WAP-Mediums vorwiegend geringe Datenmengen übertragen werden. Einige Tester finden das Großbildschirm-Internet komfortabler und informativer. Entsprechend wird der geringe Informationsgehalt der WAP-Dienste auf den kleinen Bildschirmen bemängelt.

Eine Rangliste der gewünschten Verbesserungen, die die Tester zu einer vermehrten Nutzung animieren könnten, sieht so aus:

1. Bedienungsfreundlichkeit / Navigation und Informationsdarstellung / Übersichtlichkeit (20 Tester)
2. Schnelligkeit (14 Tester)
3. Funktionalität / Fehleranfälligkeit (9 Tester)
4. Kostensenkung (8 Tester)
5. Informationsangebot (8 Tester)

Die Zukunft des mobilen Internets liegt in den mobilen Anwendungen. Die Tester signalisierten Interesse an mobilen Diensten wie Banking, Shopping, E-Mail oder auch Bezahlung per Handy. Weiterhin wird der Videokommunikation oder sogar dem „Mini-TV" auf dem Handy ein Erfolgspotenzial zugeschrieben. Dabei betonen die Tester die Rolle der vereinfachten oder reduzierten Eingabe, die z. B. über Voice-Steuerung erreicht werden kann.

Die Aussagen der Tester zeigen, dass sie insgesamt dem mobilen Internet gegenüber relativ positiv eingestellt sind. Sie sehen die großen Vorteile der Flexibilität und Ortsunabhängigkeit. Allerdings müsste in erster Linie dringend die Benutzerfreundlichkeit und Informationsqualität der Dienste verbessert werden. Wenn die Kosten für mobilen Internet-Zugang um mindestens die Hälfte gesenkt würden, könnte die Akzeptanz ebenfalls erhöht werden.

11.5
Generelle Mobile-Usability-Empfehlungen

Es gibt Usability-Probleme, die bei vielen der getesteten Dienste auftauchen. Unseres Erachtens macht es daher Sinn, generelle konzeptionsorientierte Usability-Tipps auszusprechen, an denen sich die Entwickler und Manager mobiler Datendienste orientieren können. Darüber hinaus haben wir in unserem Mobile Usability Report sowohl konkrete Empfehlungen für eine gute Programmierung wie auch domänen-spezifische Gestaltungshinweise gegeben:

1. **Co-Development mit den Usern!** – Die gemeinschaftliche Anwendungsentwicklung mit der Zielgruppe ist die beste Methode, um die Anforderungen, Erwartungen und Fähigkeiten der Nutzer optimal zu bedienen.

2. **Mobiler Action-Fokus!** – WAP-Dienste müssen schnelle Problemlösung in mobilen Situationen ermöglichen, z.B. Zugabfrage der Deutschen Bahn per WAP-Handy, weil man einen späteren Zug nehmen will.

3. **Reduce to the Max!** – Das zentrale Mobile Usability-Paradigma. Mobile Datendienste sollten nur die wichtigsten Funktionalitäten und Optionen bieten. Nicht die Quantität, sondern die Qualität der Auswahlmöglichkeiten entscheidet.

4. **KISS!** – „Keep it simple and stupid!" ist der bekannte Appell an die Einfachheit interaktiver Anwendungen. Wo Komplexität vermieden oder vor dem User versteckt werden kann, sollte dies geschehen.

5. **Personalisierung!** – Lesezeichen und Dienstepersonalisierung können Usability verbessern. Mit Hilfe von Lesezeichen findet der User seine bevorzugten Dienste schneller. Personalisierte Dienste passen sich individuell an den User an, sind schneller zu navigieren und erhöhen den Mehrwert für den Nutzer.

6. **Lokalisierung!** – Die Lokalisierung richtet den Dienst auf den Standort des Users und damit auf einen wichtigen Situationsparameter aus. In der Konsequenz muss der User weniger klicken, um ans Ziel zu kommen. Der Nutzer sollte jedoch die automatische Angabe des eigenen Standortes jederzeit aktivieren und deaktivieren können.

7. **Naming to the Point!** – Die Bezeichnung von Kategorien, Optionen und Links ist auf die Fähigkeiten und Erwartungen der Nutzer abzustimmen und sollte das, was den Nutzer bei der Auswahl erwartet, auf den Punkt bringen.

8. **Transparente Navigation!** – Die reduzierten Interaktionsmöglichkeiten erfordern eine besonders transparente Navigation. Der User muss immer wissen, wo er ist, wo er herkommt und wie es weitergeht.

9. **Scrollen statt Klicken!** – Scrollen entlang einer Liste wurde von unseren Testern gegenüber dem Anklicken serieller Listen, die über mehrere Seiten verteilt sind, bevorzugt. Die Listen sollten nicht viel mehr als sieben Elemente enthalten.

10. **Texteingaben minimieren!** – Systeme mit wenig direkten Texteingaben erwiesen sich als überlegen. Direkte Eingaben wirken sich negativ auf die empfundene Usability aus und sollten daher möglichst vermieden werden.

11. **Konsistenz!** – Innerhalb einer Anwendung sollten dieselben Begrifflichkeiten und Navigationsmuster verwendet werden. Hilfreich ist die Nutzung „eingebürgerter" diensteübergreifender Usability-Standards, z.B. sollte der Link „Home" immer auf die Startseite bzw. Homepage führen.

12. **Kleinster gemeinsamer Nenner!** – Um die Kompatibilität verschiedener Browser-Gateway-Kombinationen (Endgeräte und Netzbetreiber) zu gewährleisten, ist es erforderlich, den kleinsten gemeinsamen Nenner zu finden. Dazu ist ein ausführliches Application Testing notwendig.

13. **Don't talk about Technology!** – Der Konsument ist nicht daran interessiert, welche Technologien für die mobile Internet-Nutzung zum Einsatz kommen. In der Kommunikation mit den Usern sollten Technologie in den Hintergrund und Funktionalität und Mehrwert in den Vordergrund gerückt werden.

11.6
Zusammenfassung:
Schließen der Usability-Lücken

Dieses „Mobile Usability Briefing" ist ein praxisorientierter Beitrag zur noch jungen Usability-Diskussion des mobilen Internets. Wir befinden uns am Anfang der Entwicklung, aus den 50 Millionen deutschen Mobiltelefonierern begeisterte Nutzer des mobilen Internets zu machen.

Unsere Tester sehen das Potenzial des mobilen Internets. Mehr Flexibilität und Unabhängigkeit erhöhen die Möglichkeiten eines privaten und beruflichen Lifestyles, der zunehmend von Mobilität geprägt wird. Weil die aktuelle WAP-Erfahrung aber weitgehend enttäuschend ist, gibt es für die Player in der mobilen Wirtschaft viel zu tun. Nicht nur die Portal- und Diensteanbieter, die wir hier selektiv ausführlich untersucht haben, sondern auch die Endgerätehersteller und die Mobilfunkbetreiber müssen näher am Markt und an den Bedürfnissen und Fähigkeiten der Otto Normalwapper arbeiten.

Wir können von regelrechten Usability-Lücken im Mobility Enabling der User sprechen, die schnellstmöglich geschlossen werden sollten. Die Diskrepanz zwischen User-Erwartungen und der Service- und Produktqualität, die sich aus dem – teilweise sehr disharmonischen – Anbieterdreiklang aus Endgerät, Netz und mobilem Dienst ergibt, ist derzeit viel zu groß, um das mobile Internet für den Massenmarkt zu erschließen.

Die bestimmenden Faktoren für die Gesamtakzeptanz von mobilen Datendiensten sind empfundene Nützlichkeit (Utility) und Bedienbarkeit (Usability). Usability wird damit zum strategischen Erfolgsfaktor, genauso wie der Mehrwert des Dienstes für den User. Ist beides gegeben, kann sich auch der wirtschaftliche Erfolg einstellen, optimalerweise dank aufgeklärter Kooperationen und Revenue Sharing für alle Beteiligten.

Die Nutzerbedürfnisse sind einerseits schnelle Problemlösung in mobilen Situationen. Andererseits spielen Bequemlichkeit und mobiler Zeitvertreib eine gewichtige Rolle („Sofa-Surfing" und „Killing Time").

Der Wunschzettel der Tester gibt uns Recht: Das mobile Internet muss einfacher, billiger (0,15 DM / Minute), stabiler und schneller werden. Die Endgeräte sollten größere und farbige Bildschirme aufweisen und so schnell wie möglich Voice Interfaces bieten. Die Dienste sollten selektierte Funktionalität in maximaler Qualität bieten und die Bedürfnisse der Menschen in mobilen Lebenssituationen befriedigen.

Unser Mobile-Economy-Paradigma **Fit Service to User to Device** sowie das entsprechende Mobile-Usability-Paradigma **Reduce to the Max** soll den Managern und Entwicklern mobiler Datendienste Hilfestellung geben und sie ständig daran erinnern, welche Philosophie dem mobilen Internet zugrunde liegen sollte.

Um die Usability-Lücken zu schließen, sehen wir die Notwendigkeit für intensive Kooperation zwischen den Mitgliedern des Value Webs der mobilen Wirtschaft und vor allem den Usern. Wir verstehen uns dabei als die User-Advokaten, die Technologien in den Hintergrund und den User und den Nutzen und die Bedienbarkeit mobiler Angebote in den Vordergrund rücken.

Vorausblickend bekräftigen wir stellvertretend die Forderungen der User mobiler Datendienste:

1. Mehr Zeit und Geld in die Usability der mobilen Datendienste investieren!
2. Mehr Zeit und Geld in die Usability von Endgeräten investieren!
3. Netzbetreiber müssen die Kosten des mobilen Netzzugangs senken!
4. Netzbetreiber müssen durch faires Revenue Sharing dem Mehrwert der Diensteanbieter und ihrer Rolle in der Nutzerbefriedigung Rechnung tragen!

Nur so kann das latente Potenzial der mobilen Wirtschaft vollständig freigesetzt werden.

Mirjam Bartscherer, Borjana Kujumdshieva

12 Erfahrungen und Erfolge einer Usability-Studie ImmobilienScout24

12.1 Einleitung

Hohe Marketinginvestitionen sind bei großen Internet-Portalen keine Seltenheit. Umso bedauerlicher ist es, wenn die Besucherzahlen trotzdem zurückgehen oder ganz ausbleiben. Eine unübersichtliche Navigation, fehlende Funktionalitäten oder mangelhafte Inhalte verschrecken und verärgern die Kunden. Die Investition in eine Usability-Studie dagegen ist vergleichsweise gering, aber sie kann über das weitere Schicksal einer Plattform entscheiden. Die aus einer Usability-Studie resultierenden Optimierungsmaßnahmen sind dabei mehr als ein kosmetisches Facelifting. Denn wer ein Internet-Portal als ganzheitliches Produkt von hoher Qualität und bleibendem Wert versteht, wird langfristig mit steigenden Besucherzahlen und zufriedenen Kunden belohnt.

Das Internet-Portal ImmobilienScout24 gilt zurzeit als eine der beliebtesten Immobilien-Websites in Deutschland. Das 1997 gegründete Unternehmen mit Sitz in Berlin und regionalen Vertriebsteams unterstützt Wohnungssuchende und -anbieter in erster Linie via Internet. Seit September 1999 ist ImmobilienScout24 bundesweit aktiv und hat sich durch starkes Wachstum eine marktführende Position erarbeitet. Unter www.ImmobilienScout24.de finden sich Kauf-, Miet- und Versteigerungsobjekte sowie möblierter Wohnraum auf Zeit. Zudem zeichnet sich die Website durch ein umfangreiches Serviceangebot rund um die Themen Wohnen, Umzug und Finanzierung aus.

Von einem Produkt, bei dem man schon „ein Profi sein muss, um das zu bedienen", hat sich ImmobilienScout24 binnen eines Jahres zum Marktführer unter den Immobilienbörsen im deutschsprachigen Internet entwickelt und ist heute zu dem mit Abstand meistbesuchten Immobilienmarktplatz im Internet geworden. Entscheidend hierbei war die konsequente Verbesserung und Optimierung des Angebots nach Durchführung und Auswertung einer Usability-Studie, realisiert Anfang 2000 durch bildbau ag neue medien.

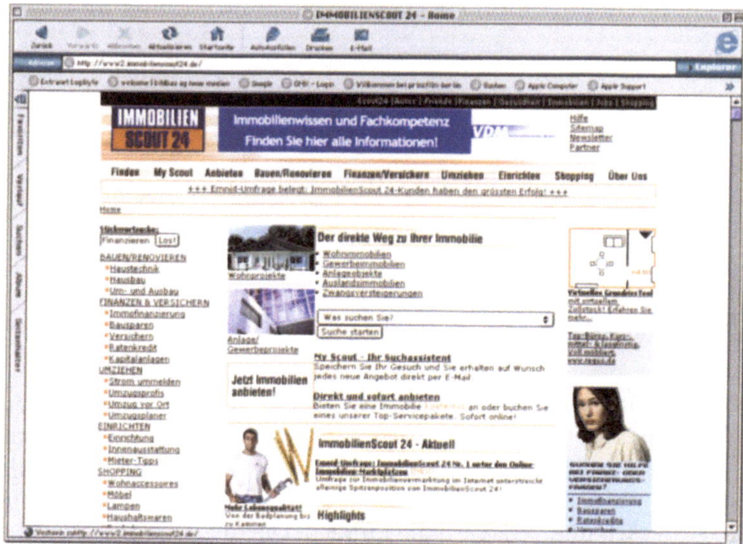

Abb. 1
www.immobilien
scout24.de,
Juli 2001

12.2
Zentrale Fragestellung

Bei der vorgestellten Usability-Studie wurde das ImmobilienScout24-Online-Angebot durch die definierte Zielgruppe beurteilt. Die Befragung konzentrierte sich vor allem auf die kritische Bewertung von Struktur, Navigation und Design, beschäftigte sich aber außerdem mit generellen Fragen zur Wohnungssuche im Internet. Es sollten Strukturen und Motive der Nutzung des Internets für die Wohnungssuche eruiert sowie die Bekanntheit der Anbieter, insbesondere des ImmobilienScout24-Online-Angebots abgefragt werden. Dabei galt es zu überprüfen, inwiefern Informations-, Screen- und Interaktionsdesign des bestehenden ImmobilienScout24-Online-Angebots ansprechend, gut strukturiert und verständlich sind und somit eine komfortable Nutzung gewährleistet ist. Die Ergebnisse dieser Studie dienten als Grundlage für den geplanten Website Relaunch.

12.3
Methode und Zielgruppe

Mit Hilfe von qualitativen Paar-Interviews wurden zwölf Personen befragt. Die Quotierung erfolgte nach vier Merkmalen: Alter, Geschlecht, Internet-Erfahrung und Erfahrung bei der Wohnungssuche.

Nach einem kurzen Warm-up wurden zunächst ungestützt Fragen zur Wohnungssuche im Internet gestellt und die Bekanntheit von ImmobilienScout24 abgefragt. Der zweite Schritt bestand aus konkreten Testaufgaben wie z.B. eine Wohnung oder einen Nachmieter zu suchen, wobei die Testpersonen per „Over-Shoulder View" beim „Free Surf", dem selbstständigen Nutzen des Online-Angebots von ImmobilienScout24, beobachtet wurden. Vorgehen, Gedanken und Erfahrung wurden dabei laut kommentiert und die Testpersonen im Anschluss dazu im Tiefeninterview befragt. Ziel war die Bewertung des Online-Angebots im Hinblick auf Inhalte, Design, Navigation, Struktur und Wording. Weiterhin wurde die Werbeerinnerung abgefragt, um die Akzeptanz von Werbung zu überprüfen. Abschließend wurden Änderungswünsche und daraus resultierende Verbesserungsvorschläge diskutiert.

12.4
Wohnungssuche im Internet
Bedürfnisse und Muster

Entscheidend für jedes überzeugende Online-Angebot sind Komplettheit des Angebots, klare und umfangreiche Informationen in Bild und Text, Benutzerfreundlichkeit und Serviceorientierung, Aktualität, Schnelligkeit, Seriosität und Übersichtlichkeit. Auch in unserer Studie wurden diese Kriterien mehrheitlich als Kennzeichen eines idealen Internet-Immobilienangebots genannt.

Die Wohnungssuche mit Hilfe des Internets wurde von allen Befragten erst an zweiter Stelle aufgeführt, an erster Stelle stand die Suche in der Tagespresse. Als Vorteile des Internets wurden vor allem der Informationsumfang, die gezieltere Suche und die schnelle, flexiblere Verfügbarkeit hervorgehoben. Dabei werden bei der Suche nach Wohnungen im Netz gängige Suchstrategien eingesetzt, die bei Suche über eine Suchmaschine beginnen und durch Eingabe wahlloser Domain-Eingaben ergänzt werden.

12.5
Ergebnisse

Während die Produktidee und das Konzept des Immobilienmarkt-platzes einheitlich als sehr gelungen und einzigartig bewertet wurden, fielen die Erfahrungen der Befragten mit ImmobilienScout24 sehr häufig negativ aus. Haupt-Kritikpunkte waren mangelnde Funktionsfähigkeit, Langsamkeit, fehlende Aktualität und Unübersichtlichkeit.

12.5.1
Angebot und Inhalte

Das umfangreiche Angebot wurde von allen Befragten als Besonderheit empfunden. Dabei wurde ImmobilienScout24 vor allem als überregionaler Wohnungsanbieter und als kostenlose Wohnungssuchmaschine gesehen.

Den Suchvorgang hielten viele der Testpersonen für verbesserungsfähig, u. a. wurden mehr Kriterien für die Suche und eine geringere Anzahl von Schritten bis zum Suchergebnis gewünscht.

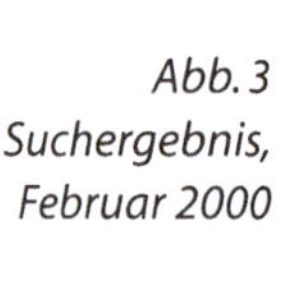

Abb. 2
Fehlermeldung,
Februar 2000

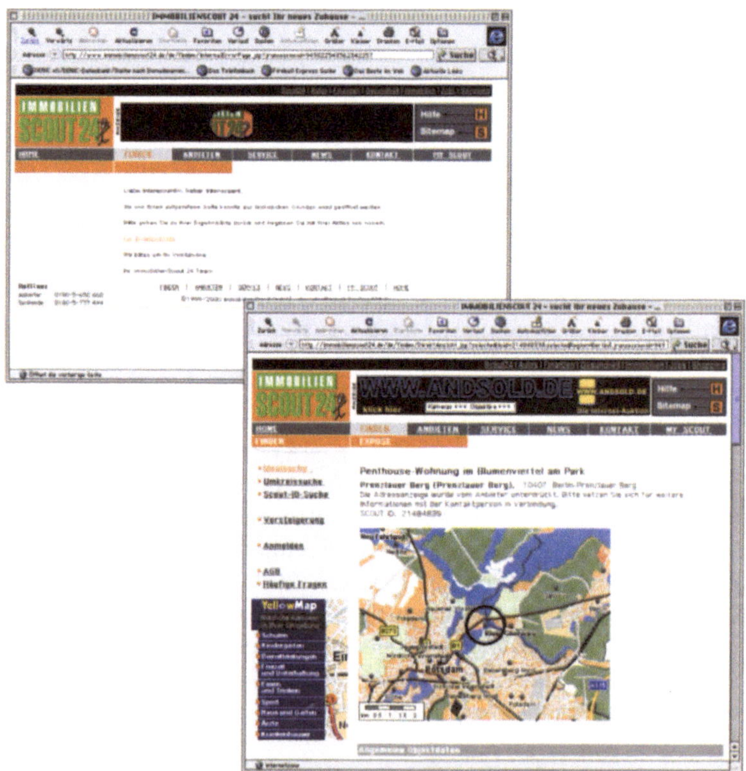

Abb. 3
Suchergebnis,
Februar 2000

Erfahrungen und Erfolge einer Usability-Studie | ImmobilienScout24

Das Suchergebnis, bestehend aus Angebotsliste und Exposé, wurde vor allem in Bezug auf Umfang und Eindeutigkeit kritisiert. Die Angebotsliste, eine Auflistung der nach bestimmten Kriterien ausgewählten Wohnungen, war den meisten Beteiligten nicht ausführlich genug. Gewünscht wurden nähere Informationen zu den Wohnungen, um eine Auswahl auf den ersten Blick und damit eine Beschleunigung der Suche zu ermöglichen. Das Exposé, die detaillierte Beschreibung einer Wohnung, wurde ausnahmslos als Höhepunkt der Seite betrachtet, wobei vor allem die vielen zusätzlichen Informationen zum Wohnungsumfeld begeisterten. Allerdings verärgerte das häufige „Keine Angaben", vor allem bei essentiellen Wohnungsmerkmalen. Kritisiert wurde auch die Sortierung der Daten.

Suchspeicherfunktionen, d.h. die Möglichkeit, das individuelle Wohnungsgesuch zu speichern, und das direkte und unkomplizierte Ausdrucken von Listen wurden als sehr wichtig herausgestellt.

Ein beim Abfragen von persönlichen Daten typisches Problem trat beim Registriervorgang auf. Die Testpersonen waren verunsichert, wofür ihre Daten benötigt werden und was mit diesen passiert.

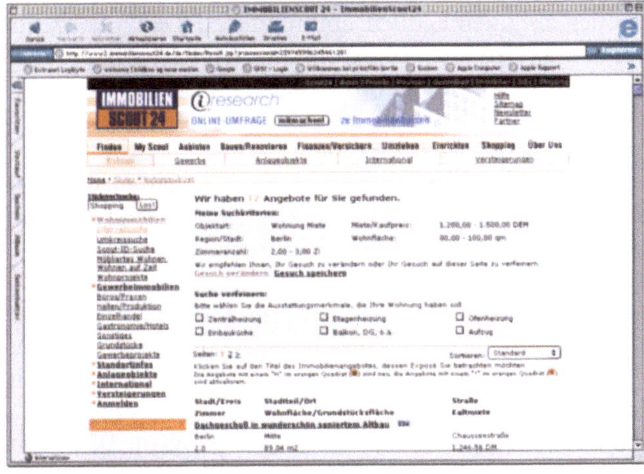

*Abb. 4
Ergebnisliste,
ist vom Juli 2001
und zeigt die
optimierte Version*

12.5.2
Navigation und Struktur

Der Hauptteil der Probanden war durch die Vielzahl der Elemente verwirrt und hatte Schwierigkeiten, Links und Buttons zu finden bzw. als solche zu erkennen. Besonders bei der Homepage gab es wegen der vier identischen Navigationen große Orientierungsschwierigkeiten. Grundsätzlich wurde den Seiten eine gewisse Unübersichtlichkeit und Unstrukturiertheit bescheinigt, ein Zuviel an Information fürs Auge, zu kleine oder missverständliche Links bzw. Buttons, unzureichende Unterscheidung der einzelnen Navigationspunkte und Informationen nach ihrer Wichtigkeit. Die Struktur-Unsicherheit führte zu der Angst, etwas Wichtiges zu verpassen sowie nicht alle interessanten Informationen für sich herauszufinden. Deshalb wurde von allen Testpersonen eine möglichst reduzierte, klare Struktur gewünscht.

12.5.3
Design

Die Gestaltung wurde als typische Internet-Standard-Gestaltung, die nur wenig über den Charakter des Angebots aussagt, bewertet.

Innerhalb des als uneinheitlich empfundenen Designkonzepts wurden zwei konkurrierende Gestaltungslinien und Farbkonzepte herausgelesen: eine seriös-nüchterne (grau in grau) und eine jung-reißerische (bunt). Kritisiert wurde die Wahl der Farben, die als grell und unharmonisch beschrieben wurden.

Auch in Bezug auf den Gestaltungsraster gab es den Vorwurf der Unübersichtlichkeit, das Design erschien zu kleinteilig und bemühe sich nicht, die Orientierung in den Strukturen zu unterstützen; es wurde bemängelt, dass die Werbung und die Navigation visuell kräftiger seien als die eigentliche Information. Die Schriften erschienen den Befragten generell zu klein, auch hier gäbe es keine Orientierungshilfe durch eventuelle Hervorhebung der Wertigkeiten durch Schriftgrößen oder Schriftstile.

An das Logo erinnerten sich nur wenige der Befragten. Als Grund hierfür wurde vor allem die nicht prominente Position innerhalb des Seitenrasters genannt. Nach Meinung der Testpersonen wurden die generellen technischen Möglichkeiten des Netzes, die gerade den Vorteil gegenüber Zeitungen ausmachen, nicht ausreichend gestalterisch umgesetzt. Obwohl der Einsatz von Bildern und Icons möglich wäre, wird in vielen Teilen auf eine sehr textlastige, zeitungsähnliche Gestaltung zurückgegriffen. Der Wunsch nach Bebilderung, also nach Grundrissen, Innen- und Außenansichten der Wohnungen oder sogar – auch wenn schwer realisierbar – virtuellen Begehungen von Wohnungen war bei den Befragten sehr stark.

Die Probanden hatten sehr präzise, konkrete Verbesserungsvorschläge. Als vordringliche Änderungswünsche bezüglich der Gestaltung wurden genannt: gestalterische Unterstützung von Übersichtlichkeit und Struktur, größere Schriften, ein neues Logo und unbedingt eine neue Startseite.

12.5.4
Wording

Ein konsistentes und verständliches Wording ist ein fester Bestandteil eines nutzerfreundlichen Online-Angebots. In unserer Untersuchung riefen vor allem Begriffe wie „Hypersearch", „Umkreis- und Scout-ID-Suche" Unklarheit und Missverständnisse hervor, da sie nicht deutlich vermitteln, um welche Art von Angebot es sich dabei handelt. Generell wurden die verwendeten Sätze als zu lang empfunden sowie der Sprachen-Mix aus Englisch und Deutsch kritisiert.

12.5.5
Werbung

Werbung wird nur sehr oberflächlich erinnert. Die Testpersonen wissen zwar, dass es Werbung auf den Seiten gab, können aber fast nie deren Inhalt wiedergeben. Die Werbung, vor allem die Vielzahl der animierten GIFs, wurde als konzentrationsstörend und aufdringlich eingeschätzt. Pop-ups wurden meist sofort weggeklickt. Als überflüssig und imageschädigend wurde die Häufigkeit der Eigenwerbung empfunden.

12.6
Diskussion und Erfolge

Die Ergebnisse der Usability-Studie haben das große Potential des Konzepts von ImmobilienScout24 bestätigt. Dabei hat die Befragung einen großen Bedarf für das Angebot von ImmobilienScout24, welches als einzigartig auf dem Markt eingestuft wurde, aufgezeigt. Die Begeisterung über die Existenz der einzelnen Angebote wurde jedoch durch zum Teil noch fehlerhafte Funktionen und schwere Handhabbarkeit enttäuscht.

Einige typische Fehler, wie Unübersichtlichkeit bei Navigation und Gestaltung, missverständliches Wording, Probleme beim Suchvorgang und beim Aufbau der Suchergebnisse konnten identifiziert werden. Die aus der Usability-Studie resultierenden Verbesserungsvorschläge für den Relaunch der Website wurden von bildbau als Optimierungsmaßnahmen in einem Pflichtenheft festgesetzt. Hier wurden technische Maßgaben sowie Vorgaben für Navigation und Gestaltung definiert. Als Maßnahme zur Qualitätssicherung im Bereich Design und Usability entwickelte bildbau das Konzept eines Online-Styleguides, welcher zur Festlegung einheitlicher Gestaltungsrichtlinien für die neue Website, zur Wahrung einer konsistenten Navigation und Benutzerführung, zur Definition von Qualitätsstandards, zur Erleichterung von Arbeitsabläufen bei Modifikation und Extension der Website und zur Festigung des Digital Branding diente.

Zur Verbesserung der Technologie sowie des aktuellen Angebots wurde ein neues Content-Management-System umgesetzt.

Die durchgeführten Maßnahmen zeigten schnell Erfolge, die sich in zahlreichen Auszeichnungen niederschlugen. Binnen eines Jahres nach Durchführung der Usability-Studie, im Januar 2001, ging ImmobilienScout24 u. a. beim Internet-Immobilienmarktplatz-Vergleichstest des Kapitalanlagemagazins Cash als Testsieger hervor und erhielt Bestnoten in allen Kategorien (Design, Komfort, Zusatzinfos, Service). Besonders positiv wurde der Komfort bei ImmobilienScout24 beurteilt. Die Flexibilität der Suchmaske, die Sortierbarkeit der Trefferliste und die Navigation durch die Seiten wurden mit der Note 1,7 belohnt. Bei Online Today wurde ImmobilienScout24 im Januar 2001 als Testsieger mit den Attributen „Große Auswahl, exzellenter Service" bewertet. Mit 83 von 100 möglichen Punkten und der größten Anzahl an Objekten setzt sich ImmobilienScout24 deutlich von der Konkurrenz ab. Kriterien zur Bewertung waren das Angebot und die Gestaltung der Seiten, die verschiedenen Suchfunktionen und -arten, die Aktualität und die Extras der Immobilienbörse, die Site-Messung wie Verfügbarkeit und Performance sowie die Ergebnisse von Testanfragen. „Übersichtlich trotz der Fülle an Informationen" lautet das Urteil des Tests. Das Verbrauchermagazin „Service: Trends" des Hessischen Rundfunks attestierte ImmobilienScout24 beim Immobiliensuchmaschinentest im April 2001 den besten Bedienungskomfort und das mit Abstand größte Angebot: „Suche klar gegliedert und Wohnungsangebot groß und aktuell." Das Ergebnis: Platz 1 und Testsieger mit der Gesamtnote 2.

Mit diesem Fokus auf einer langfristigen Kundenbindung hat sich ImmobilienScout24 heute zu einer der am häufigsten besuchten und beliebtesten Immobilien-Websites in Deutschland entwickelt. Wie aus einer Studie des Marktforschungsinstituts Jupiter MMXI hervorgeht, besuchten 421.000 deutsche Internet-Nutzer als „Unique Visitors"* im April 2001 das Web-Angebot von ImmobilienScout24. Insgesamt hatten sich 507.000 Deutsche auf Immobilien-Sites informiert.

Mit mehr als 14,5 Millionen Page Impressions (Seitenaufrufen) pro Monat ist die Website heute der mit Abstand meistbesuchte Immobilienmarktplatz im Internet.

---

* Bei dieser Zählmethode wird die Zahl der Besucher „Unique Visitors" ermittelt, die eine Internet-Site in dem jeweiligen Monat mindestens einmal besucht haben. Mehrmalige Besuche desselben Internet-Nutzers werden nur einfach gezählt.

Bas Raijmakers

13 Das Einkaufsvergnügen bei Bol.com

Auf der Website von Bol.com werden einem europäischen Zielpublikum in mehr als 12 Ländern in der jeweiligen Landessprache Bücher, Musik, Spiele und Filme angeboten. Wir haben die allgemeine Nutzbarkeit der Website untersucht und unseren Schwerpunkt auf die Einkaufserfahrung und auf „My Bol", die individualisierte Version der Site, gelegt. Die Einkaufserfahrungen und die Individualisierung werden bald noch wichtigere Themen werden; und wenn Websites erfolgreich bleiben wollen, müssen sie einige spezifische Nutzbarkeitsprobleme lösen. In dieser Fallstudie haben wir uns die britische Website vorgenommen. Die europäischen Sites sind sich allerdings sehr ähnlich, und die meisten der angesprochenen Eigenschaften finden sich auf allen Sites.

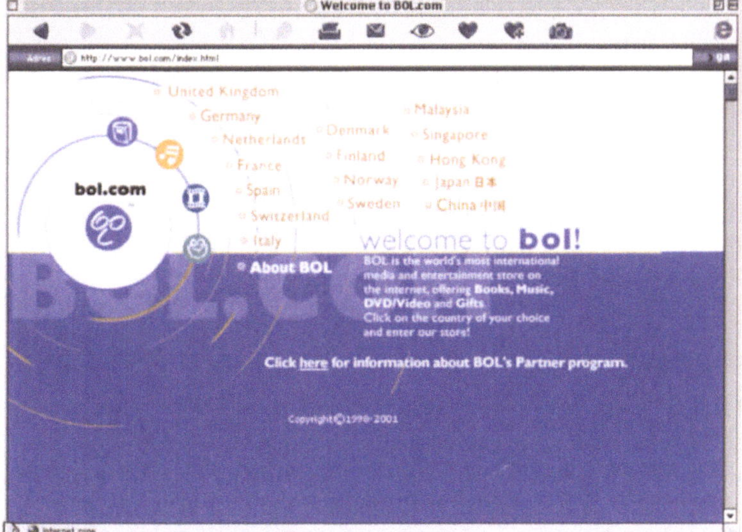

Abb. 1

Wir haben vier Themen zur Nutzbarkeit herausgegriffen, die sich in vielen entsprechenden Untersuchungen als wichtig erwiesen haben. Diese Themen tragen in großem Maße zur allgemeinen Anwenderfreundlichkeit einer Website bei. Wenn man eine Website mit guter Leistung bieten möchte, muss man auch bei diesen Themen eine entsprechend gute Leistung bringen. Im Folgenden dient Bol.com als Beispiel. Statt Bol.com können aber auch eigene Websites oder Websites, die Sie gestaltet haben, als Beispiel und zur Beantwortung der folgenden Fragen herangezogen werden.

1. Ist es einfach, auf der Website Produkte zu scannen und durch das Angebot zu browsen?

Oft weiß man beim Einkaufen nicht genau, wonach man eigentlich sucht. Man hat vielleicht eine grobe Vorstellung, möchte sich aber erst im Online-Angebot für den Erwerb eines ganz bestimmten Produkts entscheiden. Eine andere Methode ist, durch das Angebot zu browsen und spontan etwas einzukaufen. Unterstützt die Site das Scannen und das Browsen in dieser Form, oder ist der Nutzer auf die Suchfunktion angewiesen?

2. Sind Vergleich und Auswahl von Produkten unkompliziert?

Menschen vergleichen gerne, bevor sie auswählen und kaufen. Ist es möglich, Produkte so parallel zu betrachten oder zusammen auszuwählen, dass man z. B. Preise und Inhalte vergleichen kann?

3. Lohnt die Verwendung von „My Bol" (ein Individualisierungs-Tool) den Aufwand für den Nutzer?

Für die Individualisierung ist es erforderlich, dem System mitzuteilen, wo die jeweiligen Präferenzen liegen, entweder explizit oder durch die Aktionen auf der Site. Wird die mit „My Bol" angebotene Individualisierung deutlich erklärt, und lohnen die Ergebnisse den Aufwand, den der Nutzer betreiben muss?

4. Ist die Nutzung der Site angenehm?

Einkauf kann eine sehr angenehme Erfahrung sein. Und es sollte selbstverständlich angenehm sein, nicht beruflich relevante E-Commerce-Oberflächen zu nutzen. Was macht den Online-Einkauf zur wirklichen Freude, und wodurch wird er richtig langweilig?

Fünf unserer Experten[*] bei Lost Boys Content & Usability haben diese Fragen beantwortet. Ihre Ideen basieren auf unserer Erfahrung, die wir seit 1996 bei den für zahlreiche Kunden durchgeführten Befragungen von Website-Nutzern gesammelt haben. Aufgrund dieser Erfahrung verstehen wir, was die häufigsten Probleme der Nutzer mit Websites sind. Wir haben allerdings auch gelernt, dass jede Website anders ist. Bol.com ist ein gutes Beispiel für eine weit entwickelte E-Commerce-Website, die über mehrere Jahre hinweg sehr aufmerksam gestaltet und angepasst wurde. Sie wurde in viele Sprachen übersetzt und wird von mehreren Regionalbüros unterhalten. Diese hohe Aufmerksamkeit ist allerdings kein Hindernis dafür, dass die Site in den Augen der Nutzer immer noch Schwachstellen und Bereiche aufweist, in denen ihre Leistung verbessert werden könnte. Bol.com ist nicht einzigartig, denn jede Website kann verbessert werden. Es muss angemerkt werden, dass diese möglichen Verbesserungen Probleme und Möglichkeiten der Website und nicht des Nutzers darstellen. Wenn dem Nutzer das, was er sieht, nicht gefällt, wird er mit einem kleinen Mausklick zu einem Mitbewerber wie Amazon.com wechseln und sein Glück dort versuchen.

13.1
Scannen und Browsen

Untersuchungen zeigen, dass das Browsen durch Kategorien und Produkte hinter 87 % aller spontanen Online-Einkäufe steht. Die Suche führt nur zu 13 % aller spontanen Einkäufe.[1] Zusammen stehen spontane Einkäufe für fast 40 % des gesamten Geldes, das auf E-Commerce-Websites ausgegeben wird – das ergab die gleiche Untersuchung, die vom Unternehmen des Nutzbarkeits-„Veterans" Jared Spool durchgeführt wurde. Die Gründe für den Unterschied zwischen Browsen und Suchen sind simpel. Kunden, die browsen, verfolgen Links nach Kategorien, schauen sich mehr Seiten mit Produkten an und sehen mehr angebotene Produkte. Die Ergebnisse zeigen, dass Leute tatsächlich online einkaufen und eine Website nicht nur anklicken, um genau das zu bekommen, was sie sich bereits vor dem Internet-Besuch ausgesucht haben. Der Online-Einkauf ist nicht nur eine Angelegenheit der Effizienz, für viele Leute stellt er eine wirkliche Einkaufserfahrung dar, die zu einem wesentlichen Teil der erzielten Gewinne führt. Aber wie gut unterstützen E-Commerce-

---

[*] Diese Auswertung wurde von den Experten Jeroen Büchli, Danielle van Diemen, Geke van Dijk, Simone Kortekaas und Bas Raijmakers im Mai 2001 durchgeführt.

Websites diese Erfahrung? Es scheint, dass noch viele Verbesserungen erforderlich sind.

Es ist absolut nicht sicher, dass die Menschen, die bereits eine grobe oder exakte Vorstellung davon haben, wonach sie suchen, das finden, was sie beabsichtigen. Eine Untersuchung der Nielsen Norman Gruppe[2] von Jakob Nielsen zeigte, dass die größten Probleme der Nutzer darin bestehen, dass sie nicht das finden, wonach sie suchen. In dieser Untersuchung von 20 E-Commerce-Websites mit amerikanischen und europäischen Nutzern konnten 24 % der Nutzer nicht das finden, wonach sie nach entsprechendem Auftrag suchen sollten. Der gesuchte Artikel fand sich aber durchaus auf der Website, und die Untersuchungsteilnehmer bemühten sich wahrscheinlich mehr als sie das zu Hause ohne einen Forscher an ihrer Seite getan hätten, der Fragen stellte und sie dafür bezahlte, nach dem entsprechenden Produkt zu suchen. Die Untersuchung zeigt, dass das Scannen und Browsen, das zur eigentlichen Auswahl und zum Kauf von Produkten führt, nicht immer ausreichend unterstützt wird. Was genau ist erforderlich, um das Scannen und Browsen zu unterstützen?

13.1.1
Scannen

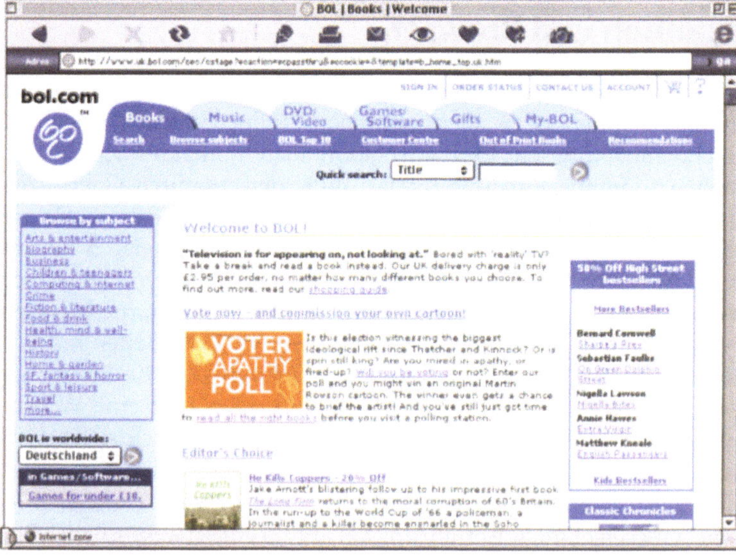

Die Homepage von Bol Großbritannien zeigt, dass Bol gut verstanden hat, dass dem Nutzer verschiedene Arten des Browsens geboten werden müssen. Hier kann man links nach Themen browsen, rechts nach Bestsellern und in der Mitte nach den Empfehlungen der Redaktion. Der Inhalt in der Mitte des Bildschirms ist allerdings etwas eigenartig: Was hat eine „Pro-und-Kontra"-Abstimmung der Nutzer mit dem Kerngeschäft dieser Site zu tun? Das verwirrt diejenigen, die die Website besuchen, um Bücher, Musik oder Filme zu kaufen. Für Erstnutzer muss eine Website auf den ersten Blick deutlich machen, worum es auf der Site geht. Erstbesucher müssen das Konzept der Site durchblicken, und die Website muss diese Funktion unterstützen. Der Einleitungstext und die folgende Abstimmung leisten diese Unterstützung nicht in ausreichendem Maße. Wiederkehrende Nutzer würdigen dieses Element meist nur eines kurzen Blickes, da es praktisch nichts damit zu tun hat, worum es auf der Site geht. In der Tat scheint die Abstimmung nur dafür da zu sein, die Kundendatenbank von Bol zu füllen, da das Abstimmungsformular ein Kontrollkästchen enthält, das man markieren muss, um zu verhindern, dass Bol Werbeinformationen an die E-Mail-Adresse des Nutzers verschickt. Da das Thema für die Besucher dieser Website nicht wirklich relevant ist, wird diese Kampagne wohl nicht sehr erfolgreich sein.

Erfolgreich sind dagegen wahrscheinlich die verschiedenen auf der Website angebotenen Listen. An anderen Stellen der Website erscheinen weitere Listen mit Vorschlägen. Das ist ein sehr guter Einfall, den die Nutzer als positiv empfinden werden, weil sie so neue Ideen für Bücher, Musik und Filme bekommen, auf die sie wahrscheinlich nicht selbst gekommen wären. So erfahren Nutzer, was zur Zeit populär oder neu ist. Die Listen erscheinen in unterschiedlichen Formaten. Das belebt die Website, macht es aber auch schwerer, die verschiedenen Vorschläge zu bewerten. Die meisten Listen sind dafür gedacht, gescannt und durchgeklickt zu werden, nicht aber zum Durchlesen, mit Ausnahme der Empfehlungen der Redaktion.

Abb. 3

Abb. 4, 5, 6

Sogar ein Ergebnis der Suchmaschine stellt zwei Vorschläge heraus, bevor die komplette Liste der Ergebnisse angezeigt wird. Für die Nutzer, die nach einem bestimmten Buch suchen, mag das störend sein, für die Nutzer aber, die die Suchmaschine verwenden, um herauszufinden, welche Bücher zu einem Autor oder Thema erhältlich sind, ist das eine positive Dienstleistung, weil sie das Browsen unterstützt. Bol ist sich dessen bewusst und verzichtet auf Vorschläge, wenn sich als Ergebnis einer Suche nur wenige Einträge ergeben.

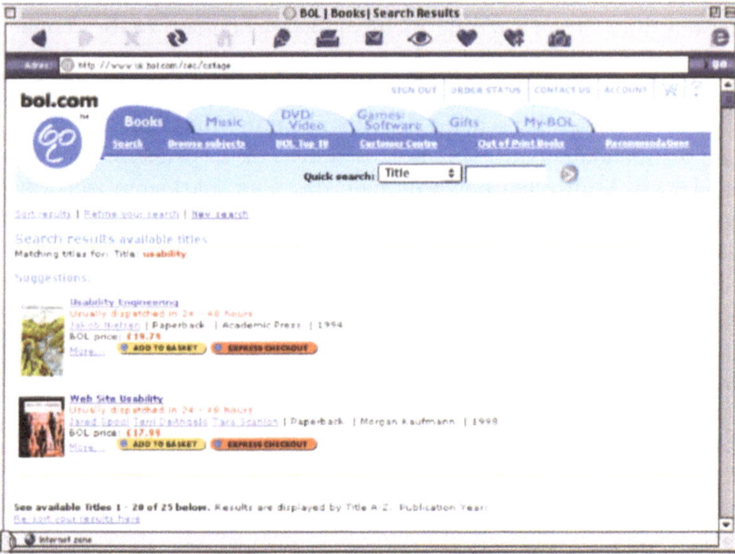

Abb. 7

All diese verschiedenen Listen unterstützen das „Scannen" der Nutzer wirklich gut. Menschen lesen im Web Seiten kaum durch, sie scannen sie. Scannen bedeutet, kleine Teile von Seiten zu lesen. Dieses Verhalten ist weit verbreitet, und Websites müssen es einfach unterstützen. Die Nutzer haben nicht die Geduld, sich lange Texte durchzulesen, bevor sie wissen, ob das, was sie gefunden haben, auch das ist, was sie brauchen. Wenn man Nutzer danach fragt, wonach sie scannen, sagen sie normalerweise „Inhalt". Wenn sie „Inhalt" gefunden haben, sind sie bereit, diesen zu lesen. Bol hat das verstanden und bietet viele Möglichkeiten zum Scannen. Die volle Information wird erst am Ende ausgegeben, wenn der Nutzer auf einer Seite angelangt ist, die Informationen zu einem bestimmten, einzelnen Buch gibt.

Das Einkaufsvergnügen bei Bol.com

13.1.2
Browsen nach Kategorien

Browsen profitiert in großem Maße von klar definierten Kategorien, die jederzeit deutlich angezeigt werden. Damit erhält der Nutzer eine Übersicht über das Verkaufsangebot und hat die Möglichkeit, beliebig zu einer anderen Kategorie zu wechseln, wenn er nicht das finden kann, wonach er sucht. Das funktioniert nur dann gut, wenn die Kategorien dem Nutzer verständlich sind. Die Bezeichnungen der Kategorien und Unterkategorien müssen unverwechselbar sein, sie müssen vollständig sein, die Hierarchie muss deutlich sein, und die Bezeichnungen der Kategorien müssen zueinander passen.

Auf der Website von Bol ist bereits eine lange und vielfältige Liste von Kategorien zu sehen:

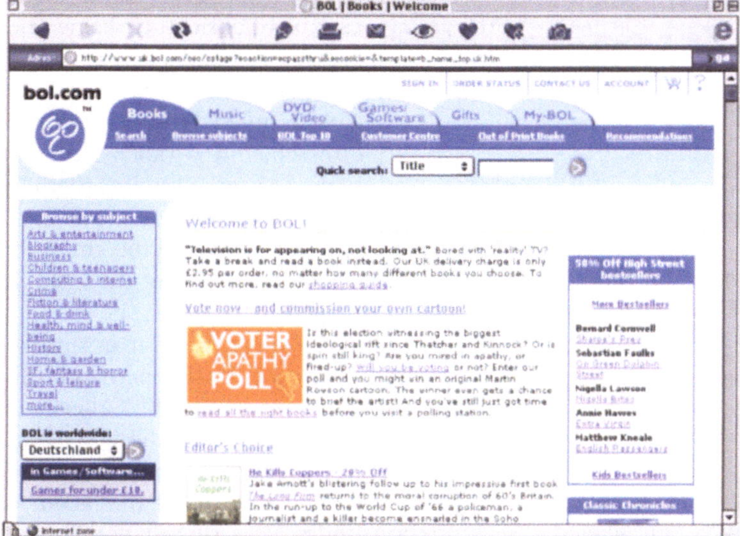

Die Kategorien sind deutlich unterschiedlich, ihre Bezeichnungen lassen wenig Spielraum für Vermutungen, und sie werden durch die Titelzeile „Browse by subject" gut eingeführt. Sie sind nur leider aufgrund des ganzen unterstrichenen Texts etwas schwer zu lesen. Eine Bezeichnung zieht sich gar über zwei Zeilen hin. Das ist verwirrend, wenn man diese Spalte schnell lesen möchte, was eigentlich jeder will. Wenn man eine Unterkategorie öffnet (Computing & Internet), wird es sogar noch unklarer:

Abb. 9

Computing & internet
Application software
Computer science & artificial intelligence
Computing & internet
Graphics, publishing & multimedia
Hardware
Information technology
Internet
Networking & telecommunications
Operating systems
Security, law & social issues
Software engineering

Hier laufen die meisten Bezeichnungen der Unterkategorien über mehr als eine Zeile, was das Lesen wirklich schwer macht. Eine der Unterkategorien hat die gleiche Bezeichnung wie die Kategorie selbst und stört damit die Hierarchie. Und was ist der Unterschied zwischen „Computing & Internet" und „Internet"?

Auf der Eröffnungsseite der Kategorie „Computing & Internet" wird auf der rechten Seite des Bildschirms eine weitere Liste von Kategorien angezeigt. Die Beziehung zwischen dieser Liste und der oben gezeigten Liste bleibt unklar.

Abb. 10

The BOL Computer bookshelf

- Editor's Choice
- Bestsellers
- Internet Guides
- Web Design
- Flash 5
- Linux
- Wired Culture
- Careers in Computing

Es gibt offensichtlich keine Hierarchie oder anderweitige Verbindung. Das ist verwirrend – der Nutzer muss durch beide Listen browsen, um wirklich sicher zu sein, dass er alles Erforderliche getan hat, um das gewünschte Buch zu lokalisieren.

In der Musikabteilung ergibt sich ein weiteres Problem, wenn man die Kategorie Rock & Pop aufruft. Hier besteht die Liste der Unterkategorien aus folgenden Einträgen:

Einige Kategorien scheinen zu fehlen, außer wenn man zum Bei-

Abb. 11

Rock & pop
General
Goth
Heavy metal
Oldies
Punk & new wave

spiel Grunge, Hard Rock, Speed und Brit Pop sämtlich unter „General" (Allgemein) einordnen würde. Künstler, die diesen Musikrichtungen angehören, sind in der Bol-Datenbank zwar vorhanden, man kann sie aber nur über die Suchfunktion finden. Das ist bedauerlich, weil Leute, die browsen, keinen Spontankauf von CDs dieser Künstler durchführen werden.

Es ist nicht einfach, eine angemessene Einteilung in Kategorien und Unterkategorien vorzunehmen, die dem Verständnis der Nutzer entsprechen. Wenn man diesem Verständnis entspricht, muss man die Einteilung regelmäßig aktualisieren, weil sich insbesondere in der Musik immer wieder neue Richtungen herausbilden. Der Nutzer wird sich bisweilen wundern, wo bestimmte Bücher oder CDs gespeichert sind. Und nicht alle Nutzer sind gleich, sie haben unterschiedliche Erwartungen. Das muss aber kein Problem sein, denn man kann einen Artikel in mehr als eine (Unter-)Kategorie stellen. Man muss lediglich sicherstellen, dass es nur eine Version der eigentlichen Informationsseite zum Artikel gibt, denn sonst könnten sich die Nutzer fragen, ob es sich um zwei unterschiedliche Artikel handelt. Es ist immer sehr hilfreich, den beim Browsen verfolgten Weg anzuzeigen, in diesem Fall die (Unter-)Kategorie, in der man sich befindet. Bol tut das, wenn die komplette Information zu einem Artikel auf seiner eigenen Seite angezeigt wird, aber auf eine Art, die schwer zu erkennen ist (siehe nachfolgende Beschreibung). Abschließend sei gesagt, dass man eben immer bereit sein muss, die Datenbank durch neue Kategorien zu erweitern.

13.1.3
Browsen durch Anschauen von Listen

Wenn man sich Listen anschaut – meistens handelt es sich um Listen zum Scannen – braucht man bestimmte Informationen, um eine Kaufentscheidung treffen zu können. Was ist der ideale Satz von Informationen? Jared Spool von User Interface Engineering hat herausgefunden, dass eine Website an Umsatz verliert, wenn sie in ihren Produktlisten zu wenig Informationen bietet und die Nutzer zwischen mehreren separaten Produktseiten und der Liste hin- und herspringen müssen.[3] Bol scheint eine ganz gute Vorstellung davon zu haben, welche Informationen in den Listen geboten werden sollen, ist aber noch nicht zu einer definitiven Entscheidung gelangt, da es mehrere Formate für die Darstellung von Bücherlisten gibt. Welche Form wird wohl für die besseren Umsätze sorgen?

Abb. 12

Das erste Format hebt sich deutlich vom Rest ab. Es wird auf allen Anfangsseiten der Kategorien verwendet. Es handelt sich um die ersten tatsächlichen Bücher, auf die man trifft, wenn man mit dem Browsen beginnt, abgesehen von den Artikeln auf der Homepage. Es wird eine ausführliche Beschreibung geboten, aber weder Autor noch Veröffentlichungsdatum oder Verlag werden genannt. Und es gibt keine Schaltflächen für den Einkauf. Selbst wenn einem das Buch gefällt und man es gerne bestellen möchte (was nach der ausführlichen Beschreibung ja durchaus möglich ist), muss man zu „More details…" weitergehen.

Abb. 13

In der Unterkategorie „Computing & Internet" gilt fast die gegensätzliche Methode, Informationen darzustellen. Hier gibt es keine Beschreibung, aber es werden viele Details genannt, unter anderem die Lieferzeit. Wenn man das Buch kennt, genügen diese Informationen, um es zu erkennen und sich für einen Kauf zu entscheiden. Bol ist sich dessen offensichtlich bewusst und bietet hier Schaltflächen für den Einkauf.

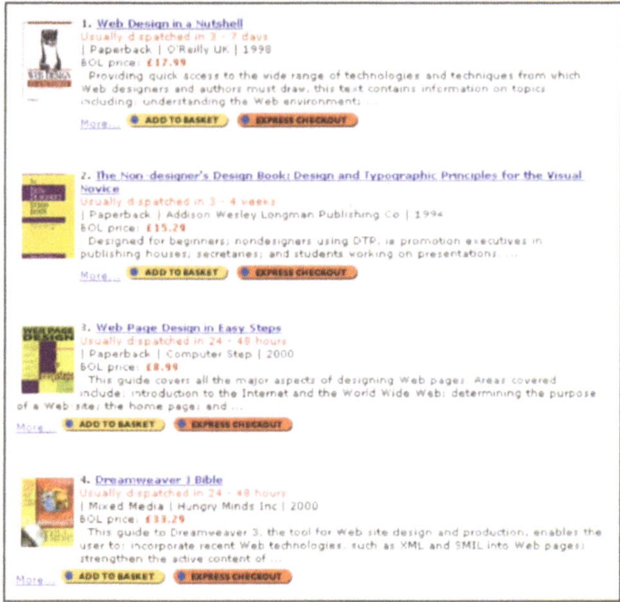

Bei der dritten Version handelt es sich um eine Kombination aus den ersten beiden. Man erhält eine kurze Beschreibung des Buches, es sind aber auch alle Details und die Schaltflächen für den Einkauf vorhanden. Dieser Abschnitt gehört zu der Seite „Computing & Internet", ist aber hierarchisch nicht mit den Unterkategorien von „Computing & Internet" verbunden.

Abb. 15

Noch eine andere Art der Darstellung wird bei den Suchergebnissen verwendet. Das ist die einfachste Methode mit der geringsten Informationsmenge. Diese Form ist dennoch wichtig, da nur eine sehr begrenzte Zahl aller bei Bol angebotenen Bücher allein durch Browsen aufgefunden werden kann. Auf die meisten Bücher kann man nur über die Suchfunktion zugreifen. Man muss das Buch wirklich kennen, um es anhand solch geringer Informationen ohne Bedenken dem Warenkorb hinzuzufügen.

Welche Version sorgt also für die besten Umsätze? Version eins ermöglicht keinen Einkauf, weil die dafür notwendigen Schaltflächen fehlen. Bei den Versionen zwei und vier fehlt die Buchbeschreibung. Das ist zwar kein Problem, wenn man genau weiß, wonach man sucht, aber das ist beim Browsen selten der Fall. Version drei (die Webdesign-Seite) scheint am geeignetsten, weil sie alles aufweist, was ein Nutzer beim Browsen braucht: eine Beschreibung, alle Details und die Schaltfläche für den Einkauf. Man fragt sich, warum dieser ganze Aufwand zur Entwicklung der verschiedenen Listendarstellungen betrieben wurde, statt Energie in die Erstellung einer idealen Listenform zu legen.

13.2
Vergleichen, auswählen ... und weitergehen

13.2.1
Vergleichen

Ein Vergleich wird von Bol nicht unterstützt. Die Nutzer müssen auf Tricks zurückgreifen, die nur sehr erfahrenen Nutzern bekannt sind. Ein Trick ist, mindestens ein weiteres Fenster zu öffnen und zwischen den Fenstern hin- und herzuschalten bzw. die Größe zu ändern und beide Fenster nebeneinander zu positionieren. Das ist allerdings eine eher umständliche Art des Vergleichens, da die Seiten durcheinander geraten, wenn man die Fenster so klein macht. Die andere Option für erfahrene Nutzer ist, alles in den Warenkorb zu legen, die einzelnen Artikel zur Überprüfung und zum Vergleich anzuklicken und später die Artikel zu löschen, die man nicht möchte. Daran denken unerfahrene Nutzer nicht, oder sie trauen sich nicht, denn sie sind sich nicht immer bewusst, dass man Artikel später auch wieder aus dem Warenkorb entfernen kann.

13.2.2
Auswählen

Wenn man ein interessantes Buch gefunden hat, kann man es sich bei Bedarf genauer ansehen. Es ist immer besser, wenn man das nicht machen muss, wenn also der Überblick bereits für ausreichende Informationen zur Kaufentscheidung gesorgt hat. Bol unterstützt diese Funktionen, indem auf fast allen Listen die Schaltflächen „Add to basket" und „Express checkout" angeboten werden. Manchmal braucht man allerdings die zusätzlichen Informationen, um eine Entscheidung zu treffen. Nachfolgend ist das Ergebnis einer Suchanfrage zu sehen:

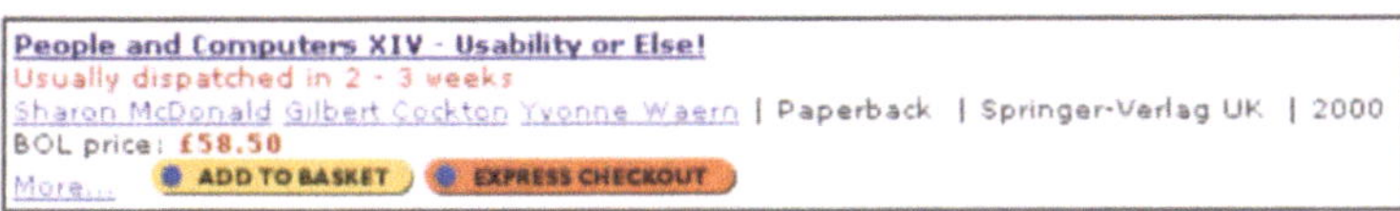

Abb. 16

Und das sieht man, wenn man auf den Link „More..." klickt:

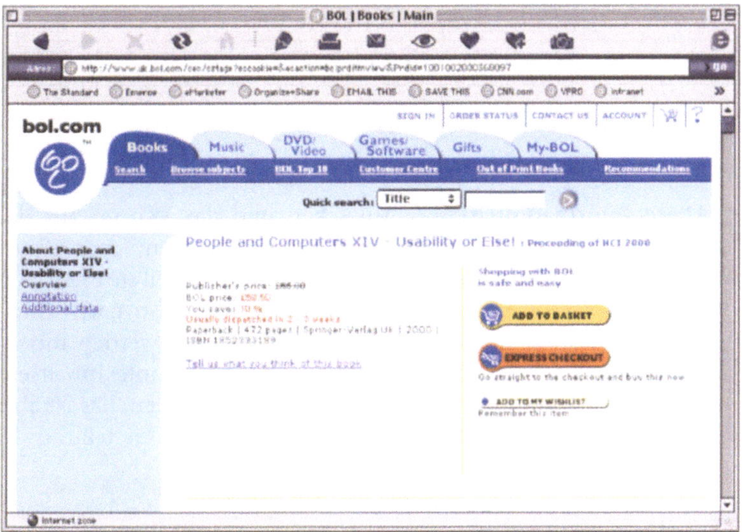

Abb. 17

Das sieht nicht nach sehr viel mehr Informationen aus. Ist das alles? Erst wenn man nach unten scrollt, wird das angezeigt, wonach man eigentlich gesucht hat:

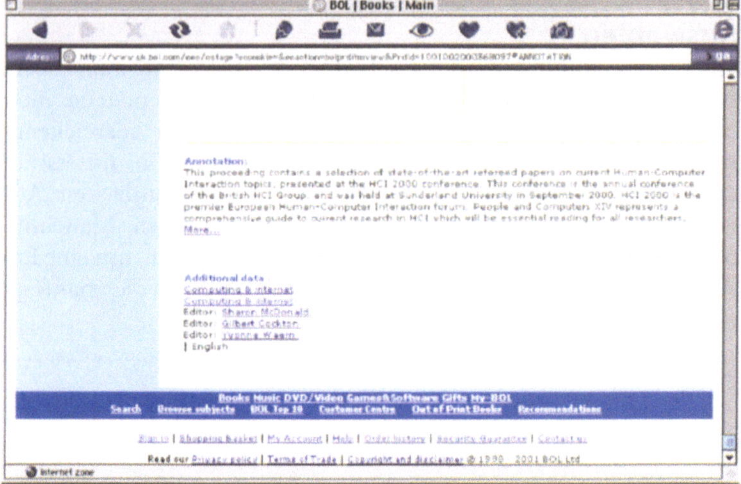

„More…" führt dann kaum zu mehr. Es führt zu genau 12 zusätzlichen Worten:

Diese Information ist das Anklicken und das Warten auf das Laden der nächsten Seite nicht wert. Und selbst wenn man es tut, werden einem diese 12 Worte wohl kaum auffallen, weil sie unterhalb des sichtbaren Fensterbereichs liegen. Man muss also nach unten scrollen. Das könnte natürlich problemlos vermieden werden, indem man den ganzen Inhalt auf eine Seite setzt. Bestimmte Inhaltselemente müssten dann unter Umständen gekürzt werden, das ist aber eher unwahrscheinlich, da auf den Seiten mit der Darstellung der Informationen zu einem Artikel noch viel Platz ist.

13.2.3
… und weitergehen

Am Ende der Seite gibt es noch einen weiteren Vorschlag, mehr über das Buch zu erfahren. Die Überschrift „additional data" ist sehr allgemein gehalten und sagt eigentlich nichts darüber aus, was einen erwartet. Zusätzliche Informationen zu dem Buch, das man sich gerade anschaut? Man wird enttäuscht sein. Diese Links zielen darauf ab, den Nutzer beim weiteren Browsen zu anderen, verwandten Büchern zu unterstützen. Mit einer anderen Überschrift könnte das problemlos klar gemacht werden.

Hier handelt es sich um eine eher verwirrende Liste von fünf Links mit dem Wort „English" hinter einem Vertikalstrich in der letzten Zeile. Niemand weiß, was diese letzte Zeile bedeutet, sie sollte also besser gar nicht vorhanden sein.

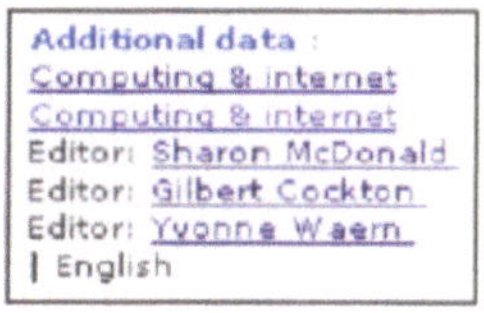

Abb. 20

Die oberen beiden Links sind nicht offensichtlich. Man muss ihnen folgen, um zu verstehen, was dahinter steht. Dann gelangt man nämlich zur Homepage der Kategorie „Computing & Internet" bzw. zur Unterkategorie mit der gleichen Bezeichnung. Wieder einmal wird deutlich, dass es verwirrend ist, Kategorien und Unterkategorien mit der gleichen Bezeichnung zu versehen, da die Nutzer sie dann nicht mehr unterscheiden können. Hier sind die Links identisch, die dahinter stehende Information allerdings ist unterschiedlich. Die zusätzlichen Informations-Links sind in der Tat die einzigen Indikatoren für die Kategorien und Unterkategorien, zu denen Bücher gehören. Es ist zwar eine gute Idee, diese Links hier anzubieten, weil sie das weitere Browsen zu themenverwandten Büchern unterstützen und dem Nutzer eine Vorstellung davon geben, wo auf der Site er sich befindet. Das volle Potential dieser Funktion wird allerdings nicht genutzt. Durch einige wenige zusätzliche Worte wie „Dieses Buch gehört zur Kategorie … und zur Unterkategorie …" wäre sich der Nutzer sicher, wohin diese Links führen.

Die nächsten drei Links, jeweils einer zu den Herausgebern, sind etwas verständlicher, aber auch nicht unmittelbar einleuchtend. Man muss ihnen folgen, um herauszufinden, was hinter ihnen steht. Sie führen zu den „most recent releases" (neueste Veröffentlichungen) des jeweiligen Herausgebers. Dadurch ergeben sich allerdings nicht immer neue Informationen, wenn keine anderen Bücher vom gleichen Autor im Bestand sind. In diesen Fällen ist es eine Zeitverschwendung, einen Nutzer dorthin zu führen. Stattdessen könnte er wirklich Bücher kaufen, denn dafür ist er ja eigentlich gekommen. Nutzer erwarten immer zusätzliche Informationen, wenn sie einem solchen Link folgen. Sie fangen daher an, genauer zu lesen, um etwas Neues zu finden, werden aber enttäuscht.

Abb. 21

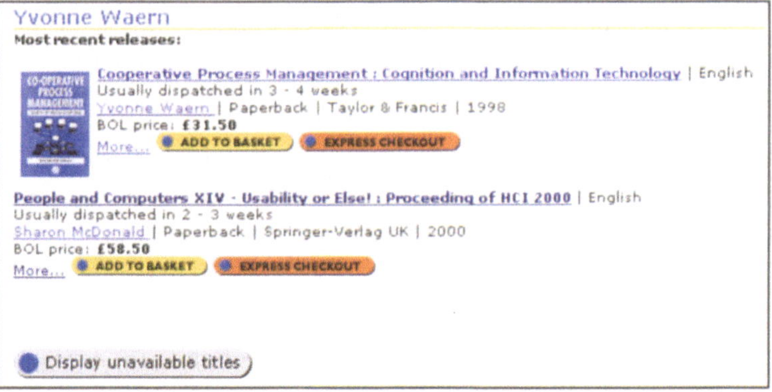

Auf dieser letzten Abbildung kann man sehen, dass man es auch richtig machen kann: Hier stehen tatsächlich zusätzliche Informationen. Man ist zu einer noch wieder anderen Darstellungsart einer Bücherliste gelangt: Ein Buch mit Bild und ein anderes ohne. Neu ist auch die Schaltfläche „Display unavailable titles". Diese Schaltfläche führt zu einem Buch der gleichen Autorin, das zurzeit vergriffen ist. So sollte es sein: kontextsensitive Navigation. Wenn es mehr Informationen gibt, dann biete einen Link an, wenn nicht, schick niemanden in die Irre.

Diese Art des nutzlosen Hindurchklickens durch Seiten kann bereits beim Aufbau der Website vermieden werden, wenn eine klare Vereinbarung zu allen inhaltlichen Elementen getroffen wird, bevor sie erstellt werden. Eine solche Vereinbarung sollte Bestandteil der konzeptuellen Vorgabe für die Website sein und Definitionen aller inhaltlichen Elemente enthalten, einschließlich ihrer Länge, ihres Stils, ihrer Anordnung in der Informationsstruktur, der Links zu anderen Inhaltselementen usw. Das Inhaltskonzept kann nur verfasst werden, wenn eine gründliche Untersuchung des bereits zur Verfügung stehenden Inhalts durchgeführt wurde. Inhalte, die erst später erscheinen, nachdem die Website aufgebaut wurde, werden sich wahrscheinlich nicht so in die Website einpassen, dass sie dem Nutzer logisch und nachvollziehbar erscheinen. Wenn man auf eine solche Situation stößt, sollte man die Website wahrscheinlich umfassend aktualisieren, um weiterhin eine gute Nutzbarkeit zu garantieren. Das Inhaltskonzept ist außerdem sehr nützlich für die technischen

Entwickler der Datenbank, die hinter einer E-Commerce-Website
steht. Sie müssen die Länge, die Struktur usw. von Einträgen kennen,
um eine Datenbank aufbauen zu können, die die Speicherung und
die Anzeige des gesamten neu erstellten und bereits vorhandenen
Inhalts unterstützt.

Bei einigen Büchern wird am Ende der Seite ein weiterer Vorschlag für zusätzliches Browsen gemacht:

Readers who have bought this book have also bought:
Design Patterns Erich Gamma
Web Design in a Nutshell Jennifer Niederst
Over Here Raymond Seitz

Abb. 24

Dabei handelt es sich um einen sehr nützlichen Vorschlag, der
auf das individuelle Verhalten bei der Auswahl dieses bestimmten
Buches zugeschnitten ist. Man darf vernünftigerweise annehmen,
dass sich die eigene Auswahl nicht grundlegend von der anderer
Nutzer unterscheidet. Es ist auch die richtige Stelle, um Vorschläge zu
machen: Wenn man sich alle Informationen zu einem bestimmten
Buch durchgelesen hat, ist man bereit, weiterzugehen und sich ein
anderes Buch anzuschauen. So bieten sich Vergleichsmöglichkeiten
mit der eigenen aktuellen Auswahl.

13.3
Suchen

Das Browsen bei Bol scheint eine gute Sache zu sein – mit all den kleinen Vorschlägen, den Toplisten, Bücherzusammenstellungen und
Bestsellern. Wenn man aber nichts findet, was einem gefällt, endet
man früher oder später bei der Suchmaschine. Immerhin bietet jede
Kategorie und Unterkategorie nur ungefähr 20 Titel, durch die man
browsen kann. Wenn man die Suchfunktion nutzt, merkt man, wie
eingeschränkt das Browsen bei Bol tatsächlich ist. Eine Suche kann
eine enorme Anzahl von Büchern zu praktisch jedem Thema ergeben (das Stichwort „Usability" zum Beispiel ergab 77 Treffer). Das
Ergebnis ist so umfangreich, dass man mit einem ganz neuen Browsen der Treffer aus der Suche beginnt. Leider unterstützt die Art, wie
Informationen hier aufgelistet sind, ein anwenderfreundliches Browsen nicht wirklich, wenn man nicht genau weiß, wonach man sucht,
wie wir weiter oben bereits gesehen haben. Die Suche bei Bol bietet
Tools, um die Suchergebnisse zu sortieren oder zu verfeinern. Das ist
zwar wichtig, aber kein Ersatz für das Browsen. Ich bin mir sicher,
dass diese Tools zwar kein Ersatz sein sollen, die Nutzer werden
sie letztendlich aber dennoch als solchen verwenden, da sie keine

andere Wahl haben. Die einzige Alternative ist, aufzugeben und die Website zu verlassen. Bol scheint dieses Problem erkannt zu haben und bietet eine Teillösung an, indem zwei Bücher hervorgehoben werden, bevor die eigentliche Liste der Ergebnisse beginnt. Das ist zu Beginn etwas verwirrend, weil man nicht mehr als eine einfache Liste der Suchergebnisse erwartet. Diese Liste beginnt gleich unter den zwei Vorschlägen. Nach einiger Zeit gefiel mir diese Lösung, da sie ein wirkliches „Extra" bietet, zwei Vorschläge über einer langweiligen, grauen Liste mit Suchergebnissen, die mühsam zu lesen oder zu scannen ist. Bei jeder Suche (nach dem gleichen Stichwort) werden andere Vorschläge gemacht, sie sind aber immer Bestandteil der Suchergebnisse.

Abb. 25

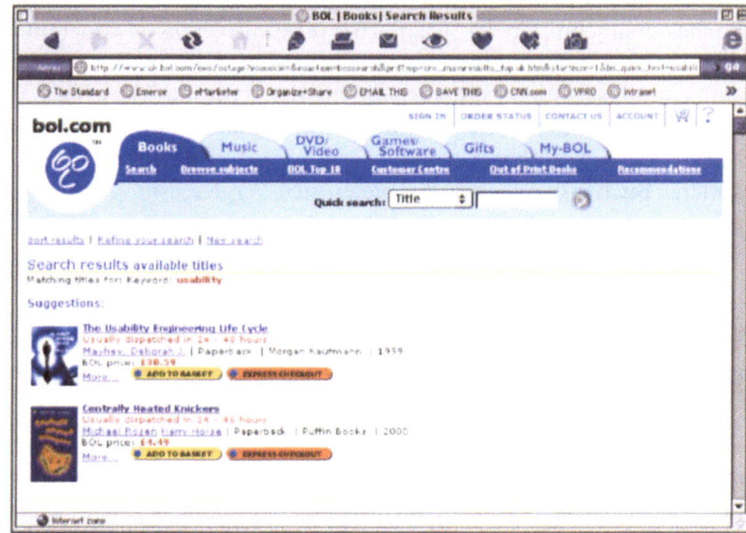

13.4
My Bol

Bei „My Bol" kann der Nutzer eine individuelle Homepage nach seinen Präferenzen bei Büchern, Musik und Filmen einrichten. Auf dieser Seite stellt Bol Produkte vor, die zu den Präferenzen des Nutzers passen. Das wird durch das Verfahren der Individualisierung möglich gemacht. Der Nutzer muss seine Präferenzen in eine Reihe von Masken eintragen, und Bol macht daraufhin Vorschläge für Produkte, die ihm gefallen könnten. Das ähnelt ein wenig den oben vorgestellten Vorschlägen unter „People who bought this book also bought …". Hier muss man allerdings selbst aktiv seine Präferenzen eingeben. Obwohl das einigen Aufwand bedeutet, sind die Nutzer bereit, die entsprechende Zeit zu investieren, da sie sich etwas davon erwarten: Vorschläge für Produkte, die sie auf andere Art nicht gefunden hätten.

13.4.1
Die Eingabe von Präferenzen

Der Ablauf beginnt damit, dass man seine Präferenzen eingibt. Bei „My Bol" werden dazu die gleichen Kategorien wie für das Browsen verwendet. Und es tauchen die gleichen Probleme mit Kategorien auf, denen die Nutzer auch beim Browsen begegnen. Kategorien und Unterkategorien müssen eine klare Struktur bilden. Die Bezeichnungen müssen unverwechselbar sein, und wenn es keine Unterkategorien gibt, dürfen auch keine angeboten werden, wie bei „Soundtracks, Film & TV".

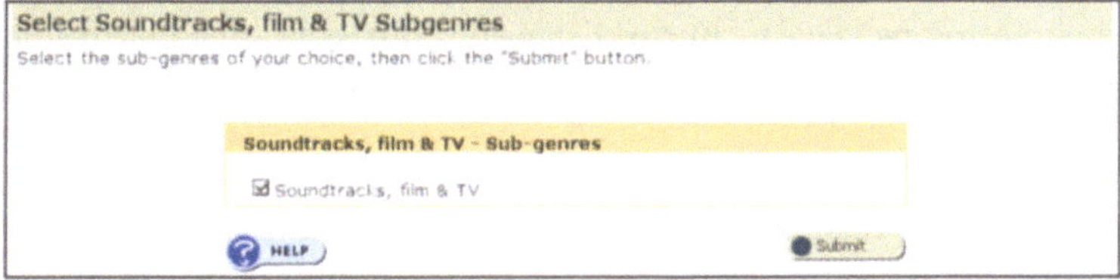

Abb. 26

Bei der Auswahl von Künstlern kann es vorkommen, dass der gleiche Künstler mit mehr als einem Eintrag in der Datenbank vertreten ist. Als Beispiel habe ich John Williams ausgesucht. Offensichtlich gibt es viele Leute mit dem Namen John Williams, es ist also nicht überraschend, dass auch mehr als einer im Musikgeschäft vertreten ist. Derjenige allerdings, nach dem ich gesucht habe, tauchte viermal auf der Liste auf. Die Datenbank hat offenbar mehrere Einträge für den gleichen Künstler, was aus Nutzersicht sehr unangenehm ist. Aus Sicht eines Datenbankprogrammierers handelt es sich um ein fürchterliches Durcheinander.

Andere Probleme sind, dass Künstler, die nicht auf der Liste verzeichnet sind, später bei den Ergebnissen der Suchmaschine auftauchen. Außerdem ist es nicht möglich, bei den Präferenzen bestimmte Alben einzugeben, das schließt also Zusammenstellungen verschiedener Künstler auf einer CD aus. Hier ist es, wie auch bei der Besprechung des Browsens, besonders wichtig, dass der Nutzer aus einer klaren Struktur von Kategorien wählen kann, die zu einem umfangreichen System mit vielen Einzelheiten führt.

Nach dem Aufwand, die persönlichen Präferenzen einzugeben, ist es höchste Zeit, Ergebnisse zu sehen. Aber die Ergebnisse bei „My Bol" sind enttäuschend. So wird Musik aus gänzlich anderen Kategorien als den in den Präferenzen genannten vorgeschlagen, wahrscheinlich weil es sich um die aktuell beliebtesten CDs handelt. Man bekommt allerdings eine zweite Chance, indem man die Vorschläge von „My Bol" bewertet. Dann aber wird offensichtlich, dass die Bewertung mehrerer Vorschläge nicht wirklich weiterhilft, selbst nicht nach einer halben Stunde, die man damit verbringt, „My Bol" zu sagen, was man mag und was nicht.

Es ist sehr schade, dass „My Bol" nicht mit guten Vorschlägen aufwarten kann. Die Eingabe von Präferenzen und die Bewertung von Vorschlägen kann Spaß machen, wenn man damit gute Ergebnisse erzielt. Dabei kann es sich um eine hervorragende Möglichkeit zum Browsen durch eine E-Commerce-Website handeln, weil Produkte zum Vorschein kommen können, an die man nicht selbst gedacht hätte. Bei „My Bol" bedarf diese Funktion allerdings noch einiger Arbeit.

13.5
Das Einkaufsvergnügen

Bol scheint vorrangig für Leute vorgesehen zu sein, die bereits wissen, was sie wollen, bevor sie auf die Website kommen, Leute, die das, was sie wollen, so schnell und effizient wie möglich bekommen möchten. Für diese Klientel funktioniert Bol gut. Nicht so gut für Bol allerdings ist, dass viele Leute, die im Internet einkaufen, nicht genau wissen, was sie wollen, oder sich einfach nur umschauen und Ideen für interessante Einkäufe bekommen möchten. Laut den UIE-Tests werden 40 % des Umsatzes auf E-Commerce-Websites mit Spontaneinkäufen gemacht. Diese Leute treffen ihre Entscheidungen aufgrund der Ideen, die sie auf den Websites bekommen, durch die sie browsen. Die Bol.com-Website bietet auch für diese Käufer Möglichkeiten. Aber diese Möglichkeiten führen nur zu einer begrenzten Auswahl aller verfügbaren Bücher, Musik und Filme. Und das schränkt den Gewinn, den diese Site erzielen könnte, erheblich ein. Auf die große Mehrheit des Angebots von Bol kann man nur über die Suchmaschine zugreifen. Die Verwendung einer Suchmaschine ist allerdings eine Tätigkeit, die nicht zur Vorstellung einer angenehmen Einkaufserfahrung passt. Eine angenehme Einkaufserfahrung beinhaltet das Scannen und Browsen durch viele Bestsellerlisten, Tipps, Vorschläge und Kategorien. Das sind die Tools, mit denen Käufer Ideen für ihren Einkauf bekommen. Idealerweise müsste das gesamte Angebot über Browsen und Scannen zugänglich sein. Das könnte man damit erreichen, dass die Kategoriestruktur erweitert wird oder indem mehr Querverweise eingefügt werden wie „People who bought this book also bought …“.

Die Website bietet eine hohe Effizienz, aber für das Anwendervergnügen könnte noch eine Menge getan werden. Mit steigendem Einkaufsvergnügen werden sich auch die Gewinne der Website steigern, weil mehr Spontaneinkäufe getätigt werden.

Literatur

1 „What causes customers to buy on impulse?“, E-Commerce-Weißbuch von User Interface Engineering (www.uie.com), 2001.

2 „E-Commerce User Experience“, Nielsen Norman Gruppe (www.nngroup.com/reports/ecommerce/), März 2001

3 „Are Product Lists On Your Site Reducing Sales?“, E-Commerce-Weißbuch von User Interface Engineering (www.uie.com), 2001.

Claudia Frese, Alexander Artopé

14 datango und eBay –
Fallstudie zum Einsatz einer
innovativen Self-Service-Lösung

14.1
Die Herausforderung „Kunde"

Nachdem in der zweiten Hälfte der neunziger Jahre das Wort „E-Commerce" oftmals gerne als „Revolution" beschrieben wurde, hat spätestens mit der jüngsten Konsolidierung die Erkenntnis eingesetzt, dass für den Vertrieb von Waren und Dienstleistungen im Internet im Wesentlichen die gleichen Gesetze gelten wie für alle Formen des Verkaufs – mit einem kleinen, aber signifikanten Unterschied.

Die Nutzung des Mediums Internet ist für den Großteil der Kunden ungleich schwieriger als das Blättern in einem Katalog. Potenzielle Käufer müssen nicht nur die Basisfunktionalitäten ihres Computers beherrschen, sondern sich auch in zunehmend komplexen Anwendungen zurechtfinden. Erst langsam setzt sich die Erfahrung durch, dass erfolgreiche E-Shops die Bedürfnisse der Kunden in den Mittelpunkt stellen müssen.

Die Erwartung des Kunden ist eine Konstante: Er möchte sich beim Einkauf wohl fühlen, schnell und einfach zum Ziel kommen, dem Anbieter vertrauen und sich sicher sein, eine gute Kaufentscheidung getroffen zu haben. Für den E-Commerce sind die Faktoren Usability und Service deshalb von entscheidender Bedeutung, insbesondere wenn es um kritische Faktoren wie Bestell- oder Registrierungsprozesse geht.

Es ist deutlich geworden, dass Internet-Angebote vor einer großen Herausforderung stehen: Dem Online-Shopper mangelt es an persönlicher Ansprache und Hilfestellung, dadurch oft auch an Vertrauen. Es müssen leicht bedienbare, ansprechende Kaufumgebungen geschaffen werden, wo bisher das Diktat der Technik herrscht. Denn gerade im E-Commerce werden moderne Web-Seiten in der Regel durch komplexe Software-Applikationen gesteuert. Die Konsequenz: Die Bedienoberflächen der Shops gleichen selbst komplexen Applikationen, die nicht nach Usability-Regeln optimiert sind und auf denen die Nutzer sich häufig nur schwer zurechtfinden.

Der Mehrheit der Nutzer, die heute neu ins Internet kommen, fehlt aber nicht nur die Erfahrung im Umgang mit der Komplexität der Anwendungen. Ihnen fehlt vielmehr das Interesse, sich mit der Technologie auseinander zu setzen. Web-Seiten nach Usability-Kriterien zu optimieren ist deshalb zur Grundvoraussetzung für den Erfolg im E-Commerce geworden.

Guido Weishaupt, Sprecher des Portalbereiches der T-Online International AG, auf dem über 50.000 Produkte zum Verkauf angeboten werden, fasst das Problem wie folgt zusammen:

„Die Menschen, die heute online gehen, sind immer mehr Menschen wie du und ich. Nicht die Sorte Leute, die schon vor fünf Jahren ihre eigene Website gebaut haben. Diese Menschen müssen erst einmal an die Möglichkeiten des Internets herangeführt werden. Sie haben ja in der Regel noch nie online eingekauft."*

Es mutet seltsam an, dass Anbieter Unsummen für ihre Web-Infrastruktur ausgeben und dabei den wichtigsten Faktor für ihr Unternehmen vergessen: den Kunden. Seiner Erwartungshaltung gerecht zu werden ist oberstes Ziel des Unternehmens. Es ist zu wenig, Daten zu generieren und eine anschließende Analyse des Kundenbesuchs zu machen. Wer sich allein darauf verlässt, kommt genau einen Schritt zu spät. Wenn der Kunde sich nicht einfach zurechtfindet, sich nicht persönlich angesprochen und betreut fühlt, wird es einen zweiten Besuch kaum geben.

14.2
Neue Wege der Kundenansprache

Die datango AG, gegründet im Frühjahr 1999 in Berlin, ermöglicht mit der Softwareplattform datango navigation suite den Einsatz von sprachgeführten Touren. Diese versetzen Unternehmen in die Lage, auf ihren Webseiten eine automatisierte Selbstbedienung zur Erläuterung wichtiger Prozessschritte wie „Anmelden", „Einkaufen" etc. anzubieten. datango Touren erhöhen die Bedienerfreundlichkeit einer Web-Seite, bauen Nutzungsbarrieren ab und erschließen zusätzliche Kundenpotenziale.

---

* Auf einer Pressekonferenz der datango AG in Berlin am 15.02.2001

datango und eBay – Fallstudie zum Einsatz einer innovativen Self-Service-Lösung

Abb. 1
Key Visual der Technologie ist das „Go"-Icon.

datango bietet seinen Kunden die dazu notwendige Technik, die Kreativleistung sowie laufenden Support und Reporting an.

Das Softwarepaket datango navigation suite besteht aus drei Komponenten: dem datango recorder PRO, dem datango server und dem datango navigator. Endkunden erleben datango Touren über den datango navigator. Sie klicken auf einen Link, den datango mit einem blauen „Go"-Icon kennzeichnet. Die client-seitig auf Javabasierende Software von datango wird nach dem Anklicken eines Links automatisch gestartet und ruft die jeweilige Tour von den Servern von datango ab. Es ist weder ein Download noch ein Installationsprozess erforderlich. Die Produktion von datango Touren erfolgt über den datango recorder PRO.

Abb. 2
Aufbau der Softwaregruppe

Mit datango Touren können Anbieter ihren Kunden Erläuterungen und „Probefahrten" über ihre Web-Seiten und zu einzelnen Produkten zur Verfügung zu stellen. Diese Führungen werden von einer menschlichen Stimme moderiert. Sie erklären einprägsam und zielgerichtet wichtige Funktionen, Navigationselemente und Prozessschritte.

Auf diese Weise bieten datango Touren den Kunden dort persönliche Hilfe an, wo sie erforderlich ist: direkt auf den Web-Seiten. Die Touren machen komplexe Sachverhalte durch die Kombination von gesprochenem Text und visuellen Highlights leichter verständlich – ähnlich den Ausführungen eines Touristenführers in einer fremden Stadt erhalten die Besucher einer Internet-Seite punktgenau die Informationen, die sie zum ersten Verständnis benötigen. Im Ergebnis fühlen sich Online-Kunden besser beraten und zeigen höheres

Vertrauen in den Anbieter – und das zu erheblich geringeren Kosten als mit Hilfe konventioneller, personalintensiver Services wie Call Centern oder E-Mail-Hotlines.

Einer der wichtigsten Kunden der datango AG ist das Internet-Auktionshaus eBay. Sowohl mehrere europäische Tochtergesellschaften als auch die US-amerikanische Muttergesellschaft setzen die Software „datango navigation suite" ein, um ihre Web-Seiten durch den Einsatz von geführten Touren nutzerfreundlicher zu machen. Weitere namhafte Kunden sind T-Online, die HypoVereinsbank, Aral, Payback, die Scout24-Gruppe, Paybox und die Bundesregierung.

In dieser Fallstudie wird beleuchtet, warum eBay – eines der erfolgreichsten Internet-Unternehmen weltweit – sich für die Technologie von datango entschieden hat und wie der Einsatz der Software in den verschiedenen Landesgesellschaften gehandhabt wird.

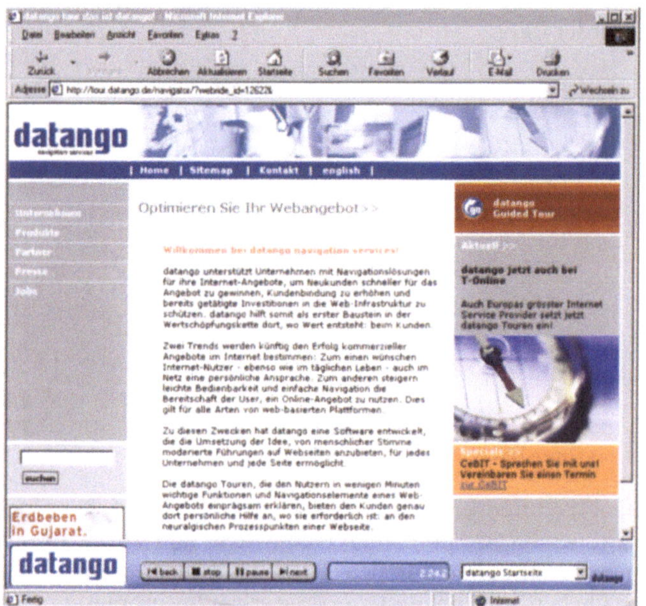

14.3
eBay – weltweiter Marktführer
für Auktionen im Internet

Die Idee des direkten Handels zwischen einzelnen Internet-Nutzern – mittlerweile bekannt unter dem Schlagwort „person-to-person" – machte vor drei Jahren auch in Deutschland Furore. Sie war einfach, aber genial, denn sie kam sowohl den technischen Gegebenheiten des Internets als auch den Gewohnheiten seiner Nutzer entgegen. Was bis dato lediglich auf der Ebene von Garagen-Verkäufen und Zweiter-Hand-Magazinen vonstatten ging, wurde nun im Internet angeboten – dezentraler, transparenter und dadurch einfacher zugänglich als bisher.

Online-Auktionen sind eine der erfolgreichsten Person-to-Person Applikationen. Im Oktober 2000 schätzte das amerikanische Marktforschungsunternehmen eMarketer das Marktvolumen für das laufende Kalenderjahr auf 6,5 Mrd. US-Dollar. 1998 waren es noch 650 Millionen Dollar gewesen. Der Markt hat sich also binnen zwei Jahren verzehnfacht. Er macht derzeit etwa 17 % des Umsatzes im b-2-c-Sektor aus.

Es gibt über 1.000 Internet-Handelsplattformen im amerikanischen Internet, die Online-Auktionen durchführen. Allerdings dominiert eBay den Markt mit großem Abstand. Gemäß einer Studie des Marktforschungsinstituts Odyssey nutzten 76 % aller Online-Shopper die Seiten von eBay mindestens einmal im Laufe eines halben Jahres. Zum Vergleich: Die Web-Seiten von Yahoo und Amazon sind mit 12 % und 8 % wesentlich hinter diesem Wert zurück.

1995 gegründet, hat sich eBay binnen fünf Jahren zum weltweit größten Online-Marktplatz entwickelt. Privatpersonen und Unternehmen bieten jeden Tag in Tausenden von Kategorien Millionen von Artikeln an. Der Handel findet global und auf vielen nationalen bzw. regionalen eBay-Online-Marktplätzen statt. eBay ist in den USA, in Großbritannien, Irland, Frankreich, Italien, Deutschland, Österreich, Schweiz, Kanada, Südkorea, Japan, Australien und Neuseeland mit eigenen länderspezifischen Seiten vertreten.

Die Idee von eBay fand in kürzester Zeit eine erstaunliche Anzahl von Anhängern. Im März 2001 verkündete das Unternehmen den erfolgreichen Abschluss der 500-millionsten Auktion seit der Gründung. Als das Unternehmen im September 1998 zum ersten Mal an der New Yorker Technologiebörse NASDAQ gelistet wurde, hatte eBay.com bereits eine Million registrierte Nutzer. Bereits knapp ein

Jahr später ging die deutsche Website von eBay unter diesem Namen online.

Heute beschäftigt eBay weltweit etwa 2.200 Mitarbeiter. Zu den kuriosesten Artikeln, die bei eBay bislang angeboten wurden, zählen ein Schiffsfriedhof, die Boxschuhe von Muhammad Ali, ein funktionsfähiges U-Boot sowie die wertvollste Baseball-Sammelkarte der Welt.

 datango und eBay – Fallstudie zum Einsatz einer innovativen Self-Service-Lösung

14.4
Usability bei eBay

Die deutsche eBay-Seite profitiert von dem breiten Erfahrungsschatz der US-amerikanischen Mutter. Obwohl vor allem im Hinblick auf die Struktur des Angebots nationalen Unterschieden Rechnung getragen wird, ist das Design der verschiedenen internationalen eBay-Web-Seiten sehr ähnlich.

Abb. 6/7:
Die Web-Seiten von eBay in USA und Deutschland

Neben der Wiedererkennbarkeit des Corporate Designs bleiben die zentralen Designelemente wie Seitenstruktur, Navigation sowie Link- und Schriftfarben gleich. Alle Rubriken sind über gut gegliederte Text-Links erreichbar. Grafische Elemente werden sparsam verwendet, sodass sich die Seite auch bei einer Wählverbindung zügig aufbaut.

In „Web Usability 2000", einer Studie von Modalis Research Technologies aus San Francisco, die die Usability der Seiten mit dem höchsten Traffic in den USA, Deutschland, Großbritannien, Frankreich und Schweden untersuchte, wurden auch die eBay-Seiten auf Herz und Nieren getestet. Die Studie untersuchte die Usability anhand von sieben Standards: intuitive Navigation, funktionelles Design, Effizienz im Umgang mit unterschiedlich erfahrenen Nutzern, minimalistisches Design, Fehlermanagement, Hilfe- und Dokumentations-Funktionalitäten sowie Systemmeldungen des Systems an seine Nutzer. eBay erzielte in seiner Kategorie, Web Services, Top-Resultate.

Die Basisregeln der Usability hat der Marktführer also bereits auf seinen Web-Seiten angewandt. eBay ist wie Yahoo! eine der Web-Seiten, die die Seh- und Surfgewohnheiten im Internet entscheidend geprägt haben. Wo also können bei einer so bekannten und erfolgreichen Seite wie eBay Ansätze zur Optimierung liegen?

Um diese Frage zu beantworten, muss weniger die Web-Seite von eBay als die Unternehmensstruktur des Handelsplatzes untersucht werden. Insbesondere bei reinen E-Commerce-Anbietern spiegeln die Prozessschritte, die ein Nutzer auf der Web-Seite durchläuft, einen großen Teil der internen Struktur des Unternehmens. Auktionen über das Internet abzuwickeln erfordert dabei Prozessschritte, die in dieser Form völlig neuartig und dem Kunden unbekannt sind. In den USA veranstaltet eBay deshalb unter dem Titel „eBay University" regelmäßig Kundenschulungen, in denen der Auktionsprozess erklärt und trainiert wird. Als die Gespräche zwischen eBay Deutschland und datango im Herbst vergangenen Jahres begannen, lag der Fokus deshalb insbesondere auf den Bereichen Online-Training und Customer Care.

14.5
Die Problemstellung

Bei eBay Deutschland arbeiten etwa die Hälfte der Mitarbeiter im Servicebereich. Sie beantworten Anfragen der Kunden, die sie per E-Mail, per Telefon, Fax oder über die Feedback-Angebote auf der Web-Seite erreichen. Die Serviceangebote, die eBay seinen Kunden zur Verfügung stellt, stellen für das Unternehmen einen konstant hohen Kostenfaktor dar, denn die Anzahl der zu bearbeitenden Kundenanfragen steigt linear mit der Anzahl der Kunden.

Im vierten Quartal 2000 veröffentlichte eBay Rekordergebnisse. Im Vergleich zum Vorjahr war die Anzahl der registrierten Nutzer um 125 % gestiegen, die Zahl der Angebote hatte sich um 94 % und die Summe des Handelsvolumens um 79 % erhöht. Die Anzahl der Anfragen, die ein Mitarbeiter im Laufe eines Arbeitstages bearbeiten kann, ist hingegen eine Konstante.

eBay.de wurde im März 2001 von mehr als 2,5 Millionen Nutzern besucht. Diese halten sich im Durchschnitt 108 Minuten auf der Seite auf.* Eine erstaunliche Zahl, wenn man bedenkt, dass neben

---

* Mediametrix Report, März 2001

der Reichweite eines Internet-Angebots die durchschnittliche Verweildauer oder „stickiness" der wichtigste Erfolgsfaktor im E-Commerce ist. Denn je länger ein Besucher auf einer Web-Seite verweilt, umso wahrscheinlicher ist es, dass er auch etwas kauft. Damit ist eBay in Deutschland unangefochtener Marktführer.

Der Abbau von Serviceleistungen war aus Marketing-Gesichtspunkten für den Marktführer eBay.de keine Option. Um die Effizienz des Servicebereichs und damit die Profitabilität des Unternehmens zu steigern, blieb somit nur die Alternative, Kundenfragen zu kanalisieren.

Über statistische Auswertungen der Anfragen wusste eBay.de, dass sich ein Großteil der Kundenfragen auf drei Kernthemen eingrenzen lässt:

- Wie melde ich mich an?
- Wie kann ich auf eBay kaufen und verkaufen?
- Wie garantiert eBay meine Sicherheit bei kaufen und verkaufen?

14.6
Was bewirken sprachgeführte Touren?

Der wachsende Einfluss des Mediums Internet hat zu einer Neuorientierung im Marketing geführt. Insbesondere die Regeln des Branding werden durch das interaktive Medium neu definiert. Die Idee des „experience-brandings" postuliert, dass die Erfahrung des interaktiven Produkterlebnisses wesentlich intensiver ist und länger erinnert wird als frontal wahrgenommene Werbebotschaften. Direkt- und Dialogmarketing-Ansätze, ehemals die Stiefkinder der Marketingentscheider, erfreuen sich aus diesem Grund zunehmender Beliebtheit. Noch wichtiger wird allerdings die Erhöhung der Service-Levels gegenüber dem Kunden, da diese das Produkterlebnis maßgeblich positiv beeinflusst.

Auch die Wahrnehmung von datango Touren durch die Internet-Nutzer folgt im Wesentlichen den bekannten Regeln der Wahrnehmungspsychologie. Da die Touren ein völlig neues Format darstellen, sind sie nicht mit anderen Werbeformen zu vergleichen. Sie vereinen die Lean-back-Haltung des TV-Konsumenten mit der interaktiven Führung, wie sie etwa durch einen Call-Center-Agenten erfolgen kann.

Das wichtigste Kriterium für die Beurteilung der Touren durch den Nutzer – und damit für das Maß, in dem Touren die Usability der Web-Seite steigern – ist der Grad, in dem sie sich nach Anschauen der Tour informiert fühlen. Je zielgenauer die Touren die Fragen des

Nutzers beantworten, desto positiver bewertet er sie. Dies ist zwar bei allen anderen Arten der Kommunikation im Internet gleich. Der Lerneffekt durch Touren ist aber ungleich höher. Aus der Wahrnehmungspsychologie ist bekannt, dass die Kombination von Hören und Sehen zu einer durchschnittlichen Erinnerungsrate von 50 % führt, während gesehene Informationen alleine nur zu 20 % erinnert werden, gehörte zu 30 %.

Wenn die in der Tour kommunizierte Information für den Nutzer relevant ist, steigt die Wahrscheinlichkeit, dass die in der Tour beschriebenen Leistungen in Anspruch genommen werden, signifikant an.

Die optimale Tourenlänge liegt etwa bei zwei bis drei Minuten. Qualitative Marktforschung von datango hat ergeben, dass sowohl Männer als auch Frauen die Tendenz zeigen, weibliche Sprecher zu bevorzugen. Ob der Sprecher männlich oder weiblich sein sollte, hängt aber stark vom Kunden und der Zielgruppe ab. Das Sprechtempo ist langsam mit zahlreichen Sprechpausen, da Touren viele Informationen enthalten und der Nutzer Zeit haben muss, die gezeigten Internet-Seiten wahrzunehmen. Anders als zum Beispiel Werbespots bebildern datango Touren nicht den Sprechtext, sondern setzen mit visuellen Effekten und Ton auf den Prozessen von existierenden Internet-Seiten auf. Im Idealfall soll der Nutzer die Touren auch ohne Ton verstehen können – allein durch die Gestaltung der visuellen Highlights.

14.7
Einsatz von Touren auf eBay.de

Bereits im Dezember 2000 fanden erste Gespräche zwischen eBay.de und datango statt, in denen ausgelotet werden sollte, ob der Einsatz der Lösung von datango zur Verringerung der gestiegenen Servicekosten bei eBay.de beitragen kann.

Gemeinsam diskutierten eBay.de und datango die Grundlagen für die Zusammenarbeit. Man analysierte die Zahlen, die eBay.de aus den Analysen seines Servicebereichs generiert hatte. Der Handlungsbedarf lag auf der Hand, da eBay.de eine Möglichkeit der Kostenreduktion suchte und datango einen neuen Ansatz hierzu anbieten konnte.

eBay.de und datango einigten sich auf eine Testphase von einem Monat, während derer der Einsatz der Lösung auf der deutschen Auktionsseite erfolgen sollte. Nach Ablauf der Testphase würde eine Analyse der von datango gelieferten Reports erfolgen. Bei erfolgreichem Nachweis der Kostenreduktion durch datango während der Testphase würde eBay.de die Technologie als Serviceerweiterung auf seiner Web-Seite einsetzen.

Der erste Prozessschritt, der durch eine datango Tour erläutert werden sollte, war die Frage nach der Anmeldung bei eBay.de. Ziel dieser Tour ist es, den Erstbesuchern die Schwellenangst zu nehmen. Es geht darum, ihnen zu zeigen

- wie der Anmeldeprozess funktioniert
- dass die Anmeldung schnell geht und einfach ist
- was sie tun können, wenn sie die Anmeldung durchgeführt haben (insbesondere Artikel suchen und bei Auktionen mitbieten)

Der erste Schritt zur Gewinnung eines Neukunden besteht bei eBay in der Registrierung. Neu registrierte Nutzer müssen dann davon überzeugt werden, dass es für sie einfach und vor allem ohne jedes Risiko ist, bei Auktionen mitzubieten. Wichtige Bedenken der Kunden sind die Angst, nicht permanent online zu sein und deshalb den Zeitpunkt für Gebote zu verpassen oder am Ende bei einer Auktion mehr auszugeben als ursprünglich beabsichtigt.

In der Anmelde-Tour, die datango für eBay.de produzierte, wird deshalb speziell auf den Bietagenten eingegangen. Über diesen Agenten können Gebote abgegeben werden, auch wenn der Nutzer nicht online ist. Durch Angabe eines Maximalgebots kann die Höhe der Gebote aber eingegrenzt werden.

Noch erfolgreicher als die Tour zum Thema Anmeldung ist die Tour, in der erklärt wird, wie der Verkauf über eBay.de funktioniert. Sie führt den Nutzer Schritt für Schritt durch die Formulare, die ausgefüllt werden müssen, um einen Artikel einzustellen, und zeigt an den schwierigen Punkten des Formulars auf, wo weitere Informationen abgerufen werden können. Da eBay sich über die Mitgliedergebühren der Auktionsanbieter finanziert, beinhaltet diese Tour neben dem Aspekt der Hilfestellung auch einen werblichen Aspekt, da sie erklärt, wie Verkäufer die Aufmerksamkeit der eBay-Besucher auf ihre Angebote lenken können.

Die dritte während der Testphase produzierte Tour behandelt das Thema Sicherheit bei eBay.de. Sie zeigt dem Nutzer die Mechanismen auf, anhand derer eBay.de für den reibungslosen Ablauf der Auktionen sorgt. Ziel ist es, das Vertrauen der Kunden zu fördern, bzw. ihre Vorbehalte gegenüber dem anonymen Handel auf einem Internet-Handelsplatz durch aufklärende Informationen aufzulösen. Dazu werden insbesondere der Umgang mit persönlichen Daten und das sichere Bezahlsystem über ein Treuhandkonto hervorgehoben.

14.8
Die Auswertung der Testphase

Im Rahmen des Testprojekts hatten eBay.de und datango verein-
bart, dass nach Ablauf des Monats Dezember eine ausführliche Auswertung der Abrufzahlen und der Logfiles erfolgen sollte. Zudem
wollte eBay.de die Akzeptanz der Touren nicht nur quantitativ, sondern auch qualitativ beurteilen. Zu diesem Zweck erstellte datango
für jede Tour am Ende einen Fragebogen, auf dem die Besucher
die Tour anhand drei kurzer Ja-/Nein-Fragen beurteilen sollten und
zudem in einem Freitextfeld die Möglichkeit hatten, einen Kommen-
tar abzugeben.

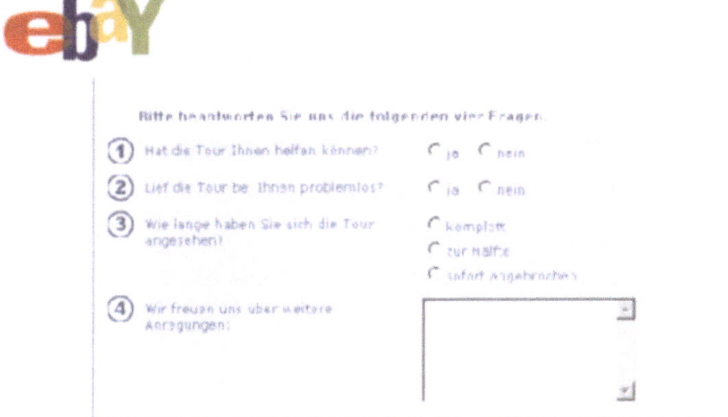

Abb. 9
Fragebogen am
Ende der Tour

Die Auswertung dieses Fragebogens erwies sich als sehr positiv.
Insgesamt wurden die Touren in einem Monat über 35.000 Mal
abgerufen. Die Nutzer zeigten eine hohe Akzeptanz des Formats.
Über 80 % gaben an, die Touren haben ihnen gefallen. Auch die
Anregungen, die über das Freitextfeld generiert wurden, waren sehr
interessant. Ohne dies explizit geplant zu haben, erwies sich die
Feedback-Möglichkeit als Form der Marktforschung. Nutzer kom-
mentierten damit nicht nur die gesehene Tour, sondern auch die
Seite. Zusätzlich ging eine Flut von Anregungen ein, wie eBay.de
sein Angebot weiter ausbauen und optimieren könnte. Die Mehrzahl
der Kunden wünschte mehr Detailinformationen, zum Beispiel zu
den Kosten der Versteigerung oder zu der Abwicklung eines Verkaufs
nach einer Auktion. So konnte eBay.de wichtige Informationen für
die Verbesserung des Navigationsprozesses gewinnen.

14.9
Ausbau der Zusammenarbeit

Der Report, den datango nach Abschluss der Testphase vorlegte, überzeugte eBay.de, mit dem Einsatz der datango Technologie Lösungsansatz gefunden zu haben, der bei gleichzeitiger Kostenreduktion den Service-Level und die Usability verbessert. Im Frühjahr unterzeichneten die Partner einen Anschlussvertrag. Neben dem Schwerpunkt Kundenservice nutzt eBay.de die Touren auch verstärkt für die Promotion seiner Zusatzangebote für Verkäufer. Bei einem Klick auf den Bereich Service zeigen mehrere Go-Icons dem Nutzer auf einen Blick, zu welchen Themen er Online-Hilfe durch Touren abfragen kann.

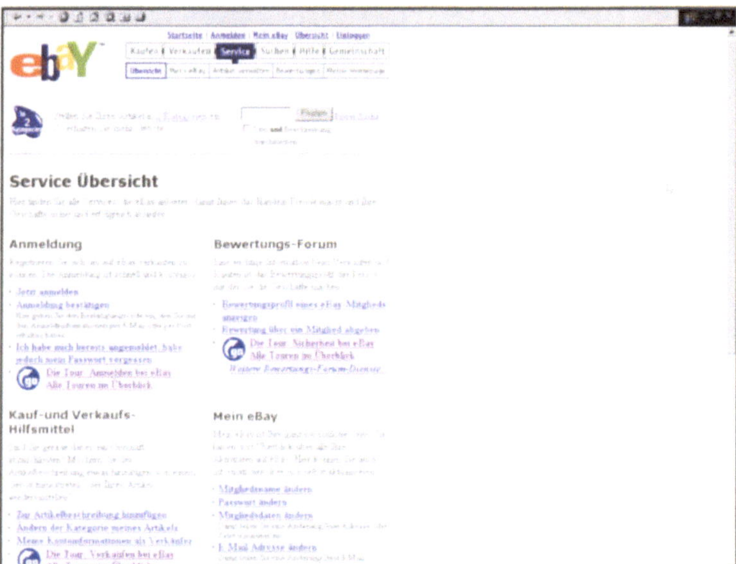

Abb. 10
Go-Icons zeigen,
wo Online-Hilfe
angeboten wird.

Der Erfolg der Maßnahme für eBay Deutschland führte dazu, dass auch andere Landesgesellschaften und die US-amerikanische Muttergesellschaft Interesse am Einsatz der Lösung von datango zeigten. Im April 2001 wurden Vertreter von eBay.com in Berlin im Umgang mit dem datango recorder PRO geschult. Der Einsatz auf dem US-amerikanischen Portal erfolgt bereits seit Anfang Mai 2001. In absehbarer Zeit wird der Einsatz bei weiteren europäischen und internationalen Landesgesellschaften erfolgen.

datango und eBay – Fallstudie zum Einsatz einer innovativen Self-Service-Lösung

14.10
Fazit

Eine der Wachstumssparten der Internet-Wirtschaft ist das so genannte „eCRM" – kurz für „electronic customer relationship management". eCRM-Systeme automatisieren bei großen Anbietern die Mehrzahl der E-Mail-Anfragen und steuern ihre Call Center. Da eine schnelle Bearbeitung der eingehenden Anfragen für den Erfolg der E-Commerce-Anbieter unerlässlich ist, ist der Einsatz solcher Systeme ein Muss.

Das Problem dabei ist, dass eCRM-Systeme an einem Punkt greifen, der für einen Großteil der Kunden zu spät kommt. Sie nehmen sich nicht die Zeit, eine E-Mail aufzusetzen und dann noch auf die Antwort des Anbieters zu warten!

Infratest Burke fand in einer Studie heraus, dass Ungeduld und Ärger die häufigsten Gründe dafür sind, dass Online-Shopper doch nicht im Internet einkaufen. 56 % der Befragten gaben an, sie würden eine Website einfach verlassen, wenn sie nicht sofort fänden, was sie suchten. Anbieter von Seiten, die nicht nach Usability-Kriterien optimiert wurden, verspielen so die Chance, mit potenziellen Kunden in den Dialog zu treten

Das eigentlich Prekäre an dieser Tatsache ist, dass potenzielle Kunden, frustriert über die mangelnde Usability einer Web-Seite, gedanklich die Marke des Anbieters mit dem Verweis „gute Idee, aber schlecht realisiert" verknüpfen. Andere Informationen, wie etwa die Besonderheiten des Angebots oder das Design der Seite, bleiben nicht im Gedächtnis.

Dies ist kein Zufall. Untersuchungen amerikanischer Marktforscher haben gezeigt, dass die direkte Interaktion mit Internet-Angeboten einen wesentlich stärkeren Branding-Effekt als die Wahrnehmung von indirekten Werbebotschaften hat. Und: Branding ist bekanntlich eine der wichtigsten Voraussetzungen für die Differenzierung vom Wettbewerb und damit für die Kundenbindung. Insofern zahlt sich die Investition in Maßnahmen, die die Bedienerfreundlichkeit einer Webseite verbessern, nicht nur in Umsatzsteigerungen aus, sondern wirkt gleichzeitig stark imagebildend.

Einen Lösungsansatz, der nach Usability-Kriterien optimiertes Design unterstützen und flankieren kann, bietet das wachsende Segment der Self-Service Solutions. Dieser Unterbereich des eCRM fasst Softwarelösungen zusammen, anhand derer es dem Nutzer einfach gemacht wird, auftauchende Fragen oder Probleme direkt auf einer Web-Seite zu klären. Sprachgeführte Touren anzubieten ist eine solche Möglichkeit des Self-Service. Die Touren sind Bestandteil des Customer Interaction Centers, also der Summe aller Interaktionen mit dem Kunden, seien diese direkt per E-Mail oder Telefon oder indirekt über eine Web-Seite . datango bietet in diesem Bereich einen innovativen Ansatz, der – gezielt eingesetzt und gut durchdacht – zur Kostensenkung und zur Verbesserung des Kundenservice führt.

Markus Beier

15 Usability und die Legende von der Raketenwissenschaft!

Der Stoff, aus dem die Träume sind, ist in der aktuellen Ausgabe über 200 Seiten dick, auf allerfeinstem Hochglanzpapier gedruckt und von den Designertischen der stilbewussten Trendsetter nicht mehr wegzudenken: Die Rede ist vom englischen Magazin „Wallpaper", das mit einem geschmackvollen Mix aus Fashion, Lifestyle und Kultur es wie kein zweiter Titel versteht, Impulse zu setzen. Doch den zunehmend „vernetzt" denkenden Stilisten erwarten in der Hoffnung auf weitergehende Information auf den Anbieterseiten im Internet oft eine Reihe von Enttäuschungen, Mühseligkeiten oder gar Frustrationen.

So liegt beim Anblick der neuen Herbstkollektion des italienischen Labels „Miu Miu" nahe, einmal online nach Möglichkeiten zu suchen, diese in Berlin anzuprobieren. Doch nach Eingabe von www.miumiu.de begrüßt Sie nur ein „Opening soon". Noch den motivierend tollen Anzug aus der „Wallpaper"-Anzeige im Kopf, probieren Sie die www.miumiu.com-Adresse und landen auf einer Seite, die zwar schon mal vom Logo und drei kleinen Bildern geziert wird, aber damit ist dann auch schon Schluss. Der Klick aufs Logo bringt genauso wenig wie das „Anklicken" der Bilder. Diese Site muss sich noch im Aufbau befinden, nur leider verrät es Ihnen niemand. Kein einziger Satz ist auf der Site zu lesen. Gratulation! Schneller ist es kaum möglich, jemanden zu verärgern. Dabei hätte es sicherlich keine zehn Minuten Mehraufwand bedeutet, einen Text zu verfassen, der den Besucher vertröstet und ihm anbietet, nach Eingabe einer E-Mail-Adresse ihn über den Launch der Website zu informieren.

Statt „Miu Miu" soll es dann halt der „Prada"-Anzug werden. Doch halt, Sie kennen das ja bereits. Weder die prada.de- noch die prada.com-Website sind bereits gelauncht worden.

Letzter Versuch: Es soll das Hemd von „Hugo" werden: Sie geben tapfer die Adresse www.hugo.com ein: Ein schwarzer Browser starrt Sie an und fordert geradeheraus von Ihnen „Where are you?". Sehr freundlich das Ganze. Vielleicht ist das Zielpublikum von „Hugo" ja den etwas direkteren Umgangston gewohnt. Nach der eingeschüchterten Auswahl „Germany" geht die militärische Direktheit aber in Form eines riesigen Pop-up Windows weiter. Der geübte Web-Surfer kennt dies ja schon als nervige Alternative zu Bannern von anderen kommerziellen Sites. Ungewöhnlich ist es aber schon, ein Format zu wählen, das fast den kompletten restlichen Inhalt der Website verdeckt. Während der Text im separaten Fenster noch gelesen wird, krächzen die Lautsprecher unerwartet. Im Hintergrund muss sich ein Flash-Film geladen haben, der sich mit einem geräuschvollen Soundloop bemerkbar macht. Quo vadis, User?

Soll die Aufmerksamkeit nun dem Pop-up gewidmet oder etwa doch dem tönenden Locken der Homepage gefolgt werden?

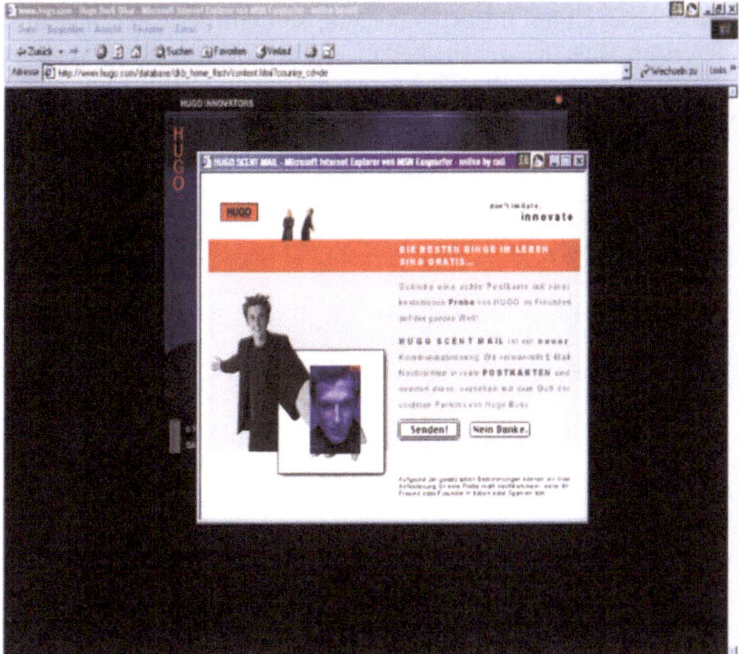

Abb. 2
www.hugo.com

Genervt wird die Lautstärke abgedreht und dem Pop-up die unge-
teilte Aufmerksamkeit zuteil. Interessiert daran, eine Gratis-Duft-
probe per Post zu verschicken, wird auf „Senden" geklickt, mit dem
Ergebnis, dass ein weiteres Pop-up nach Benutzername und Kennwort verlangt. Bingo.

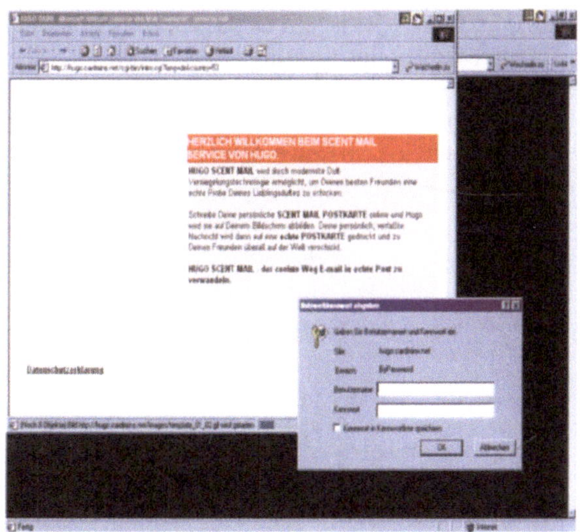

Abb. 3
www.hugo.com

Erraten Sie bitte
Ihr Passwort

Wie bitte schön, liebes Hugo.com, soll ein Besucher, der zum allerersten Male die Website betritt, ein Kennwort kennen? Verstört wird auf „Abbrechen" geklickt, um nun noch restlos verwirrt zu werden:

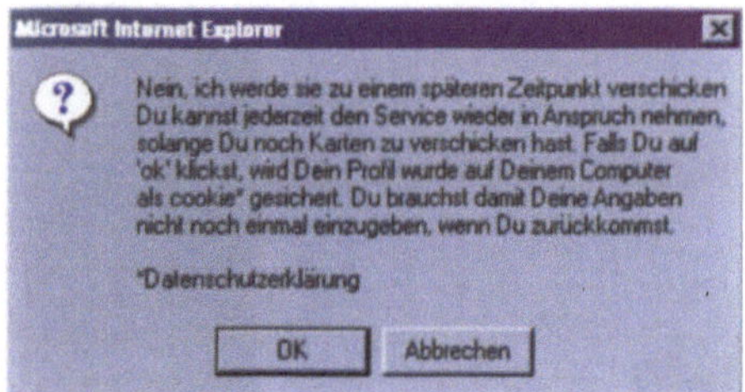

„… Falls Du auf „ok" klickst, wird Dein Profil wurde auf Deinem Computer als cookie (Datenschutzerklärung) gesichert …". Ja, Sie lesen richtig. So ganz genau scheint die Meldung sich nicht sicher zu sein, ob denn nun ein Profil gesichert wurde oder wird. Und wenn sich ein Pop-up noch nicht einmal selbst sicher ist, was denn nun genau geschieht, wie soll es dann erst der verwirrte User sein?

Texte wie diese helfen nicht sonderlich, die Berührungsängste im Umgang mit Cookies zu nehmen. Ganz das Gegenteil ist oftmals der Fall. Die plötzliche Proklamation, dass „etwas" gespeichert wurde oder wird, macht den Surfer, mit aller Bequemlichkeit und scheinbarer Anonymität gesegnet, plötzlich gläsern und verwundbar. Anders vielleicht als in Print- oder in reinen Broadcast-Medien, wird die Interaktion auf der Marken-Website zur Brand Experience. Die Online-Erfahrung im Umgang mit der Marke geht über das Logo „Hugo", über die Typographie, über den Einsatz von Farben etc. hinaus. Markenerfahrung im WWW ist ein umfassenderes Erlebnis, ist bestimmt von der Interaktion, der Kommunikation mit und des Feedbacks und Service durch die Marke.

Insofern ist die schlechte Usability einer Marken-Site immer auch ein schmerzhafter Verlust in der Konsumentengunst und dem Konsumentenvertrauen.

15.1
Awards für die Konkurrenz – Umsatz für Sie

Die beschriebenen Beispiele sind mit Sicherheit nicht die Ausnahme, zum Glück aber auch nicht die Regel. Nehmen Sie sich einfach einmal eine knappe Stunde Zeit, und surfen Sie die Marken-Websites an, die Ihnen spontan in den Sinn kommen. Aber bitte Ausdauer, Geduld und Verständnis mitbringen.

„Hallo, ich bin die kreischend-bunte Flash-Animation, die Sie erst einmal fünf Minuten von Ihrem eigentlichen Interesse ablenken möchte", schreit es Ihnen entgegen. „Ach, Sie haben aber schnell den Button zum „Skip Intro" gefunden! Nun gut, dann verwirre ich Sie halt noch ein bisserl auf der Homepage mit der kryptischen Navigation …"

Es scheint fast so, als ob jeden Morgen ein anderer Kreativer die schicken Agenturräume in der festen Absicht betritt, seinen Kunden von einem „funky" Design, einer „slicken" Navigation oder einem „compelling" Content zu überzeugen. Da werden dann gerne die Navigationselemente mit szene-gerechten, englischen Titeln geschmückt, die auf den ersten Blick zwar schön aufeinander abgestimmt alle mit „E" oder „A" oder „I" anfangen und wunderbar ins Design integriert sind, doch sagen sie halt oftmals dem Erstbenutzer der Site rein gar nichts. Vertrauen Sie nicht darauf, dass Ihr User gerne und ohne Murren auf alles klickt, was da „Active"[1], „Exite" oder „Station"[2] sich nennt.

Gehen Sie auch nicht davon aus, dass Ihr User systematisch mit der Maus sämtliche Elemente des Screens abfährt, nur um die tollen „Roll-over"-Effekte quasi per Zufall zu entdecken. Es ist schön, was alles mit DHTML, Flash und Java möglich ist, doch zwingen Sie bitte Ihren Nutzer nicht, dies alles selbstständig entdecken und erlernen zu müssen. Lassen Sie sich auch nicht gleich von jedem neuen Feature von Browser oder Plug-in anstacheln, gelernte Benutzerpfade zu verlassen. Interaktionselemente, die man mit gedrückter Maustaste per „Drag & Drop" irgendwo ablegen muss, nur um zur nächsten Information zu gelangen, differenziert Sie zwar vielleicht etwas von Ihrem Wettbewerb, doch nutzen sich solche Spielereien oftmals schneller ab, als Sie die Agenturrechnung begleichen konnten.

Eine Website ist kein Abenteuerspielplatz. Ihre Nutzer haben in der Regel wenig Zeit und ein festes Ziel im Auge, und dem sollten Sie mit der Usability der Website entgegenkommen. Falls Sie denken, dass all dies Ihnen in der Site-Erstellung nie passieren könnte oder dass Ihre Website gar perfekt ist, wird Ihnen ein einfaches „Speaking-out-Loud"-Szenario oft schnell die Augen öffnen. Ganz ohne Usability-Labor und aufwendige Testmethoden gibt bereits ein Nutzer, der all das ausspricht, was ihm beim Benutzen der Website in den Kopf kommt, wertvolle Hinweise, wo überall Usability-Tücken lauern könnten. Wählen Sie einen Probanden, der der Zielgruppe entspricht, die Sie mit der Site erreichen wollen, und der die Site noch nie gesehen hat. Geben Sie ihm wenige Aufgaben, und bitten Sie ihn, wirklich all das auszusprechen, was ihm auffällt und was er vorhat. In der Beobachtung wird Ihnen bereits eine Menge möglicher Stolpersteine bewusst, die Sie vor lauter „Projektblindheit" nicht erkannt haben.

Denken Sie immer daran, dass Sie als Entwickler einen Strukturbaum der Site im Kopf haben, Sie wissen genau, was sich hinter kryptischen Navigationselementen verbirgt, und Sie wissen auch, warum es sich für den Nutzer lohnen sollte, auf einen 300 Kb großen Flash-Film zu warten. Es weiß halt nur der User in der Regel nicht, und dieses Buch und die darin vertretenen Aspekten der Usability einer Website sollen Sie davor bewahren, es erst schmerzlich in den Statistiken Ihrer Website, in schleppenden Verkaufszahlen und wenigen regelmäßig zurückkehrenden Stammnutzern zu bemerken.

15.2
„Design with the user in mind!"

Was sich so unglaublich lapidar liest und auch gerne im Boardroom als die universale Antwort auf Design-Credibility fällt, hat es im Detail dann doch teuflisch in sich:

„Design with the user in mind!"
Gestalte im Hinblick auf den Nutzer!

Gestaltung nicht nur als Selbstzweck, sondern abgestimmt auf die Bedürfnisse, Erwartungen und den Geschmack eines Nutzers, den Sie erst einmal kennen und verstehen müssen.

Die häufigsten Fehler in diesem Zusammenhang:

15.2.1
Der Nutzer fühlt sich nicht verstanden
Zugeben mag das keiner, aber sind Sie wirklich in der Lage, exakt Ihre Zielgruppe bestimmen zu können? Kennen Sie den Kontext, in dem sich Ihr Kunde bewegt? Seine Interessen, Vorlieben, Neigungen? Die Inhalte einer Website schießen oftmals deswegen an Ihrer Intention vorbei, weil der Nutzer sich nicht darin wiederfindet. Da wird ein

vermeintlich witziges Shockwave-Spiel dem Nutzer angeboten, der es dann nur „kindisch" findet. Es wird mit einer Vielzahl von News aufgewartet, die er als nicht relevant betrachtet. Ein scheinbar innovatives Design gewinnt vielleicht auch einen Award und setzt sich vom direkten Wettbewerber ab – der Betrachter fühlt sich davon aber wenig angesprochen etc. Benutzerinteressen liegen immer in einem Kontext, und je mehr Sie von diesem Kontext wissen, desto besser können Sie sich in Tonalität, Funktionalität und Design darauf einstellen und die Site „sinnlicher" und „nützlicher" gestalten. Kurz: Die Site wird „sticky" gemacht!

15.2.2
Der Nutzer wird durch eine überfrachtete Homepage überfordert

Die ersten Sekunden sind kritisch in Hinsicht darauf, ob ein Nutzer Ihrer Site Sympathie und Interesse entgegenbringt oder eben nicht. Das Auge sucht Orientierung und Einstiegsmöglichkeiten. Kein leichter Job, wenn vier animierte Banner blinken und zeitgleich ein Flash-Film abspielt, während sich die restliche Site noch vollständig laden muss. Und bitte auch etwas Feingefühl in der Auswahl von Soundloops, Hintergrundmusik oder Interaktionsgeräuschen. Unnötigen Audioballast verzeiht der Modem-Nutzer selten, noch freut sich der Kollege im Großraumbüro, wenn bei jeder Mausbewegung Erinnerungen an ein Atari-Videospiel aus den frühen Achtzigern aufkommen.

Führen Sie sich immer selbst vor Augen, wie viele Interaktionsmöglichkeiten auf der Site bestehen. Oftmals ist weniger eben mehr.

15.2.3
Einstiege werden nicht gefunden

Machen sie sich klar, welche Motivation jemanden zum Besuch Ihrer Website animieren kann und spiegeln Sie dies entsprechend wider. Ein häufiger Fehler ist, dass in Print-, Online- oder TV-Anzeigen auf die Website verwiesen wird und sich dann auf der Homepage keinerlei Bezug zur Werbekampagne auf den ersten Blick entdecken lässt.

Auf einer Corporate Website könnten Bewerber auf der Suche nach Stellenanzeigen sein, Analysten nach dem Jahresbericht, Konsumenten nach Produktinformationen, und jeder dieser Interessenten sollte die für ihn relevante Information in wenigen Mausklicks erreichen.

Sind Sie abhängig von der Vermarktung und müssen entsprechend Banner, Sponsoring-Partner oder Sonderwerbeformen unterbringen, dann berücksichtigen Sie dies bitte auch in der Gestaltung.

Web-Seiten sieht man sehr oft an, dass das Design ohne Rücksicht auf die bunte und animierte Konkurrenz durch integrierte Banner entwickelt wurde. Machen Sie im Funktionsmodell sich und entsprechend dann in letzter Konsequenz auch Ihrem User verständlich, wo die Elemente der Interaktion, der Vermarktung, der Unterhaltung und der Information stehen. Die gebräuchlichsten und häufigst verwendeten Bereiche sollten Sie klar erkennbar im sofort sichtbaren Bereich anordnen. Beim User beliebt ist ein „Quick-Links"-Feld, das sich leicht in eine Top-Navigation integrieren lässt und durch einfachen Klick den Zugriff auf eine Vielzahl von möglichen Schwerpunktinteressen ermöglicht.

15.2.4
Nutzer werden ausgeschlossen

Sie schätzen sich in der glücklichen Lage, dass Ihre Zielgruppen sehr technikaffin, mit schnellem Internet-Zugang gesegnet sind, über neueste Hard- und Software verfügen und sehr erfahrene Web-Nutzer sind? Glückwunsch! Toben Sie sich in der Konzipierung und Gestaltung Ihres Web-Auftritts richtig aus, und bieten Sie Ihren Nutzern ein adäquates Online-Vergnügen.

Wenn Sie aber beispielsweise auf Nutzer angewiesen sind, die hauptsächlich in großen Unternehmen am Arbeitsplatz Ihre Web-Seiten aufsuchen, dann berücksichtigen Sie, dass diese User sich sehr häufig hinter einer Firewall und einem Proxy-Server befinden. Wegen fehlender Administrationsrechte ist es ihnen dann oft nicht möglich, Plug-ins zu installieren. Vorsicht also beim Einsatz von exotischeren und noch nicht häufig verbreiteten Technologien, wie Superscape[3], Beatnik[4] etc.

Auch dem Genuss von Streaming-Media-Angeboten wird oft durch Proxy und Firewall ein Riegel vorgeschoben. Selbstredend sollten auch die ca. 10 % der Nutzer bedacht werden, die einen Apple Computer besitzen.

Die Kardinalsfrage stellt sich jedes Mal beim Thema Ladezeiten. In der Skala an Unzufriedenheit steht die Ladezeit einer Website mit Sicherheit an oberster Stelle. Einmal mehr kann hier keine allgemeine Empfehlung ausgesprochen werden, sondern nur aufgefordert werden, sich sehr intensiv mit den relevanten Nutzergruppen auseinander zu setzen. Macromedia Flash ist beispielsweise ein hervorragendes Element, um Emotionalität und eine hohe visuelle Qualität zu erzeugen. Was ärgert, sind aber 400 Kb große Filme, auf die gewartet werden muss, bis sie sich vollständig geladen haben, oder Filme, die nicht zu unterbrechen oder zu überspringen sind. Ebenfalls ärgerlich ist, wenn durch den Einsatz von Flash oder Vergleichbarem der Interessent in seiner Zielstrebigkeit nach einer bestimmten

   Usability und die Legende von der Raketenwissenschaft!

Information regelrecht gehindert wird. Versuchen Sie doch einfach einmal, unter www.hielscher.de in wenigen Sekunden die Telefonnummer der Videoproduktionsfirma herauszufinden. Ich wünsche viel Geduld!

Sind Sie sich über Bandbreite und Performance-Verlangen Ihrer Nutzer nicht im Klaren, können Sie sich einfach behelfen: Entweder Sie optimieren alles auf den kleinsten gemeinsamen Nenner in Form eines 56K-Modem-Benutzers oder Sie überlassen die Auswahl dem Nutzer einfach selbst.

Wie das auch unterhaltsam geschehen kann, zeigt die amerikanische Website www.heavy.com:

Abb. 5
www.heavy.com

„Darf es ein bisschen mehr sein?"

15.2.5
Speed is god. Time is devil

Zeit ist wirklich etwas, von dem niemand ernsthaft behaupten kann, dass er zu viel davon besitzt. Insofern ist jedes Design, jede Technologie, jede Navigation oder jede Interaktion, die mich als Nutzer behindert, ins Leere führt oder gar abweist, ein Grund zur Verärgerung. Eine Navigation sollte als solche auch erkennbar sein, und die Bedeutung von Navigationselementen sollte sich nicht erst durch den Mausklick erschließen lassen. Natürlich muss sich eine Site nicht immer an dem wirklich „Dümmst anzunehmden User" (DAU) orientieren, aber setzen Sie auch nicht voraus, dass Ihr Nutzer das große Latinum oder gar hellseherische Fähigkeiten besitzt. Im Bezug auf die Verwendung von Icons stellt sich oft die Frage, woher denn ein Nutzer wissen soll, was das pixelige Häufchen am Seitenrand bedeutet.

Findet sich auf den ersten Überblick nicht der erhoffte Content, wird in der Regel eine Suchfunktion oder eine Sitemap bemüht. Bieten Sie beides funktional sinnvoll an. Besteht die Möglichkeit, auf ein existierendes Call-Center zurückzugreifen, kann durch Callback- oder Live-Chat-Funktionalität zusätzliche Hilfestellung gegeben werden. Agententechnologien faszinieren, stecken aber ganz offensichtlich noch in den Kinderschuhen. Riskieren Sie hierbei lieber nicht, einen Nutzer in einen surreal oder gar dadaistisch anmutenden Dialog mit einem Avatar zu verstricken und eventuell sogar hierbei zu verlieren.

15.2.6
Es wird Erlerntes nicht berücksichtigt

Eine Primär- und Sekundärnavigation hilft dem User, sich zu orientieren. Auf vielen populären Websites lernt der Nutzer, dass wenn er beispielsweise in der Top-Navigation einen bestimmten Themenbereich auswählt, in einer sekundären Navigation darunter oder am linken Seitenrand zwischen entsprechenden Unterpunkten weiter auswählen kann. Dies ist ein Gebrauchsmuster, das der Nutzer auf vielen seiner Stationen durchs Web kennen und schätzen lernt. Entsprechend leicht fällt es ihm, ähnliche Navigationskonzepte auf einer für ihn völlig neuen Website schnell zu adaptieren. Machen Sie sich bewusst, dass Sie, wenn Sie mit Ihrer Navigation davon bewusst oder auch unbewusst abweichen, den Nutzer zwingen, dieses veränderte Navigationsverhalten erst mühsam für sich erschließen zu müssen. Ähnliches gilt für den Einsatz von Icons und anderen Stilelementen.

Ein ebenfalls gelerntes Muster ist der Umgang des Nutzers mit Online-Werbeformen. So wird in Usability-Test-Umgebungen immer wieder festgestellt, dass Pop-up Windows – in der festen Meinung, dass es sich um Werbung handelt – häufig geschlossen werden, bevor sie sich vollständig geladen haben. Entsprechend schlecht, wenn Sie das Instrument Pop-up Window nutzen wollen, um Neuigkeiten oder bestimmte Bereiche Ihrer eigenen Website zu promoten und der Nutzer es mit Fremdwerbung verwechselt und ignoriert. Gewohnt ist auch, dass Banner ein bestimmtes Format (z. B. 468 x 60 Pixel) aufweisen und dass auf Mausklick die beworbene Website aufgesucht und die eigentlich angesteuerte Website verlassen wird. Entsprechend riskant ist es, mit eigenen Gestaltungselementen eine Verwechslungsgefahr zu Bannern zu produzieren. So zeigt sich in Testszenarien immer wieder, dass Elemente, die in Größe oder Gestaltung an Werbung erinnern, gerne ignoriert werden.

Der Nutzer sollte bei der Integration von Sponsoring-Partnern oder Partner-Content ebenso klar erkennen können, ob er bei Interaktion die Site verlässt.

15.2.7
Mangelnde Konsistenz

Gerade bei Corporate Websites, die über eine Reihe von eigenständigen Business-Bereichen verfügen, macht sich dies im Web schnell durch inkonsistente Navigations- oder Designelemente bemerkbar. Denken Sie daran, dass der Nutzer im Regelfall nicht Ihre Organisationsstruktur kennt, und erwarten Sie entsprechend nicht von ihm, dass er Verständnis für eigenwillige Interpretationen ihrer Töchter-Websites und Überraschungen in Funktionalität, Design oder Inhalte aufbringt. So wird die Orientierung auf der Sony-Website[5] zur wahren Entdeckungsreise. Ständig wechseln Layout und Navigation, und bereits nach wenigen Mausklicks weiß der Interessent nicht mehr, woher er kam, geschweige denn, was er eigentlich wollte. Wie gesagt: Niemand kennt Ihre Organisation besser als Sie selbst. Nur denken Sie immer daran, dass ein Nutzer im Regelfall nicht weiß, in welchem Ihrer Organisationsbereiche er den gewünschten Content vorfinden wird. Er hat ein Sony, eine Marke im Kopf und erwartet entsprechend, dass er über die Corporate Website schnell fündig wird.

Ebenfalls sollten Navigationselemente konsistent genutzt werden. So bietet sich das omnipräsente Logo als Navigation zur Homepage an. Doch dann bitte konsequent auf allen Seiten verlinken.

15.3
Von anderen lernen

Das Web ist voll von ermutigenden, inspirierenden oder abschrecken-
den Beispielen für Usability. Hier nur eine kleine Auswahl.

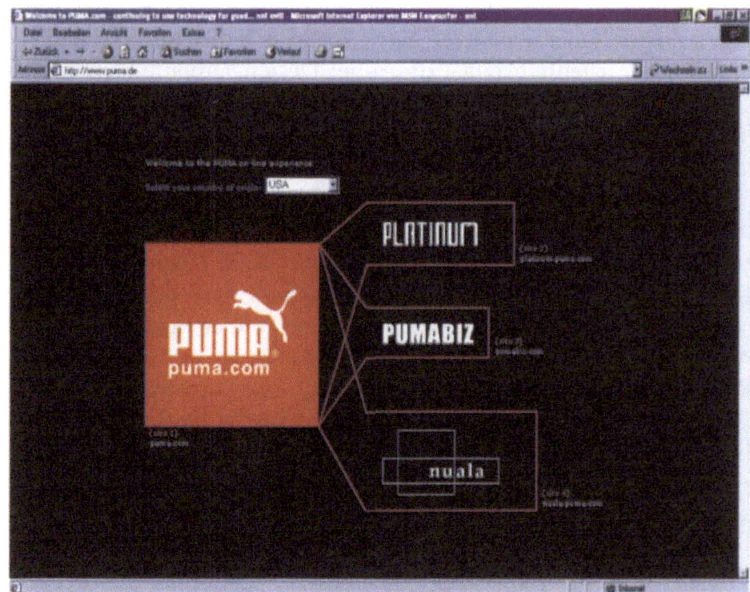

Obwohl der Nutzer mit www.puma.de offensichtlich Interesse
an der deutschen Länder-Site von Puma zeigt, erscheint eine komplett auf Englisch gehaltene Website. Wird im Eingabefeld das Land
„Germany" ausgewählt, passiert nichts. Es wird weder eine deutsche
Site gestartet, noch erscheint ein Interaktionselement. Wie bereits
betont, ist die Frage der Einstiegsmöglichkeiten immanent wichtig
für die Nutzerfreundlichkeit. Beim gezeigten Beispiel ist es nicht
ersichtlich, für was beispielsweise ein „Pumabiz", ein „Platinum" oder
ein „Nuala" steht. Bereits diese eine Seite könnte mit wenigen Änderungen wesentlich nutzerfreundlicher gestaltet sein. So sollte nach
Eingabe einer länderspezifischen URL, wie „.de", nicht unbedingt
ein englischer Screen kommen. Ferner sollte darauf geachtet werden,
dass wenn „Pull-Down"-Menüs angeboten werden (wie in diesem
Fall bei der Länderauswahl), es ersichtlich ist, ob sich nun etwas
automatisch ändert oder noch eine Interaktion vom Nutzer erwartet
wird. Andernfalls ist es sehr frustrierend, wenn auf eine Aktion nicht
auch eine Reaktion folgt. Die abstrakten Begriffe, wie „Nuala", könnten mit einer weiteren Textzeile oder Roll- over-Elementen leicht verständlicher gemacht werden. Insgesamt fragt sich eine Mehrzahl der

User mit Sicherheit, wo sie nun klicken soll, um die gewünschte Information zu erhalten.

Der Eindruck setzt sich auf der eigentlichen Homepage fort. Eine Vielzahl von kleinen Animationen kämpft um Aufmerksamkeit, wobei die größte nicht einmal interaktiv, sondern reine Zierde ist. Obwohl die URL weiterhin standhaft signalisiert, dass dies eine „.de"-Website ist, herrscht nach wie vor die englische Sprache. Eine Möglichkeit der Sprachauswahl wird nicht geboten.

Wie es wesentlich besser geht, zeigt der direkte Konkurrent Adidas.

Abb. 7
www.adidas.de

Die Eingabe der .de-URL führt direkt auf die deutsche Website, wobei der Navigationspunkt „Choose Your Country" auch eindeutig und schnell den Wechsel zu anderen Länder-Sites ermöglicht. Das Design ist zurückhaltend, und die Navigationsinhalte sind schnell erfassbar. Corporate-Inhalte, wie Kontaktmöglichkeit oder Informationen zum Unternehmen, grenzen sich klar von Produktinformationen, mit Sicherheit im Hauptinteresse der meisten Besucher, ab. Die Navigation über „Sportart", „Produkte" oder „Athleten" ist auf den ersten Blick verständlich, der eigentliche Kern, die Produktdatenbank, intuitiv bedienbar und performant.

Ein Highlight in Sachen Bedienbarkeit, ist mit Sicherheit der Auftritt der International Herald Tribune[6]

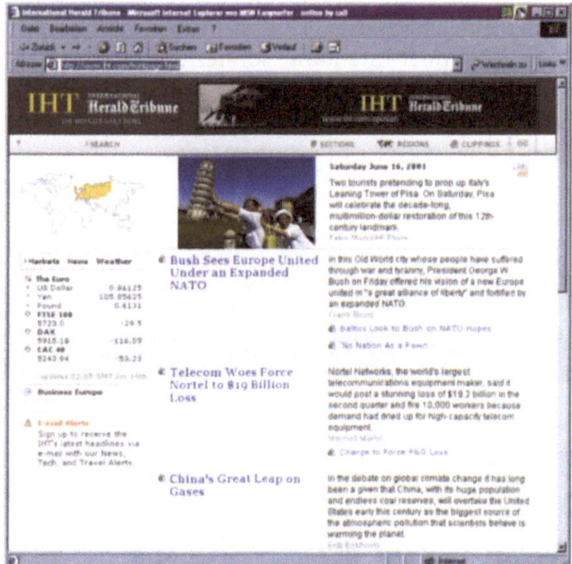

Bannerwerbung ist strikt von den Inhalten getrennt und auch klar als solche erkennbar. Die Navigationsleiste scrollt automatisch mit nach unten, sodass selbst bei sehr langen Seiten der schnelle Zugriff auf die Suchmaske oder bestimmte Sektionen sehr schnell und komfortabel möglich ist. Die Navigation ist intuitiv zu bedienen und indiziert durch einen eindeutigen Roll-over-Effekt, welche Auswahl getätigt wird. Eine sehr nützliche Funktion ist das „Clipping" von Artikeln. Durch Anklicken eines verständlichen Symbols wird der Verweis auf den Artikel in einem persönlichen Clipping-Ordner abgelegt. Dabei wird die Anzahl der Artikel indiziert. Das Clipping ist insofern sehr praktisch, da so der User beispielsweise die Homepage schnell auf für ihn aktuelle, relevante Artikel scannen kann und zur Vertiefung „clippt", ohne sofort die Homepage verlassen zu müssen. Im „Article Index" erhält er eine komplette Übersicht aller tagesaktuellen Artikel, die er ebenfalls mit Hilfe des Clippings schnell zur persönlichen Zeitung zusammenstellt. Schneller und einfacher kann eine Personalisierung kaum geschehen.

Der großen Herausforderung, dass am Computer-Monitor nicht gern und lang gelesen wird, wird mit Hilfe einer Reihe nützlicher Funktionen begegnet.

 ■ *Usability und die Legende von der Raketenwissenschaft!*

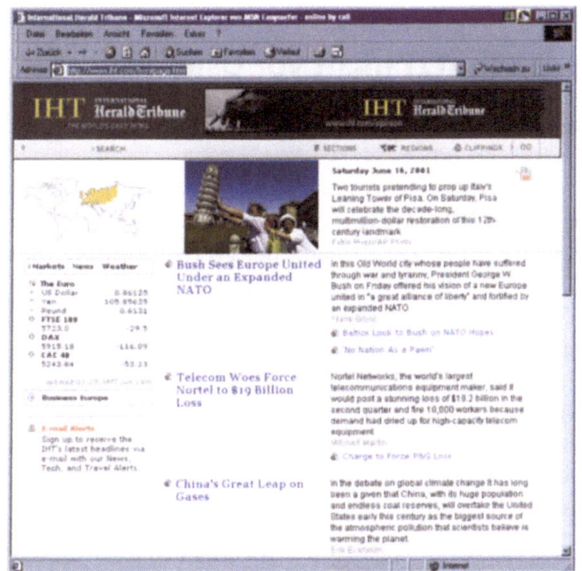

Abb.9
www.iht.com

Dreispaltiges Layout zur besseren Erfassung des Textes

Der Nutzer kann selbst bestimmen, ob er ein- oder dreispaltig und sogar in welcher Schriftgröße er den Artikel lesen möchte. Ein Druckersymbol macht zudem unmissverständlich klar, dass diese Seite auch einfach auszudrucken ist. Seitennummerierungen helfen auch, den Umfang schnell abzuschätzen, und geben Orientierung. Ebenfalls sehr nützlich und bekannt von anderen Content Web-Sites, wie www.wired.com, ist die Funktion, den Artikel an Bekannte zu verschicken. Nutzerfreundlich ist hierbei, dass der Leser die Site mit dem Artikel hiermit nicht verlässt, sondern nur ein kleines Pop-up Window gestartet wird, in dem Name und E-Mail-Adresse eingegeben werden. Ebenfalls schnell, praktisch und ohne mühsame Eingabe eines langen Datensatzes geschieht die Abonnierung eines E-Mail Newsletters. Dabei erfreut die Tatsache, dass in der Fußzeile jeder E-Mail ein Link zum direkten „Unsubscribe" enthalten ist. Jeder, der einmal versucht hat, einen E-Mail-Dienst abzubestellen, weiß, wie mühsam es sonst unter Umständen werden kann. Die Hinweise auf „Privacy" und Kontaktmöglichkeiten sind vorbildhaft präsent.

Größtmögliche Benutzbarkeit für den User muss nicht bedeuten, in der Website-Gestaltung dem Beispiel von Google[7] zu folgen. Der schwedischen Firma Anoto gelingt auf ihrer Corporate Website[8] die Gratwanderung zwischen ansprechendem und stark emotionalisierendem Design, hoher Informationsfülle und gleichzeitiger intuitiver Navigation, einfachster Bedienung und vielen nützlichen Features, wie einer gelungenen Sitemap, die Möglichkeit, sehr einfach relevante Inhalte auszudrucken etc.

15.4
Unwissenheit schützt nicht vor Usability

Abschließend und zusammenfassend einige wenige Empfehlungen:

15.4.1
Betreiben Sie User Research

Vertrauen Sie nicht Ihrem Instinkt oder einer groben Ahnung und auch nicht Ihrer teuer erkauften Marktstudie aus dem Jahr 1986, sondern versichern Sie sich in der Recherche, was Ihre Nutzer wirklich interessiert, in welchem kulturellen Kontext sie sich bewegen, was die Motivation zum Aufsuchen der URL sein kann etc. Nehmen Sie dies als Grundlage und Basisparameter für die Konzeption. Schrecken Sie bitte auch vor dem Wort Recherche nicht zurück. Erste und bereits brauchbare Ergebnisse erhalten Sie auch in kurzer Zeit mit wenigen Probanden und entsprechend geringem Budget.

15.4.2
Betreiben Sie Usability-Studien

Nutzen Sie nun das Wissen innerhalb Ihrer Firma, bei Ihren Kunden und bei externen Dienstleistern, ein Web-Projekt zu optimieren. Denken Sie auch immer daran, dass Usability Testing ein iterativer Prozess ist. Mit den ersten Ergebnissen können Sie im fortlaufenden Projektstatus Ihre Methoden verfeinern.

15.4.3
Nutzen Sie das Feedback durch den Nutzer

Ob aktiv, durch Polls, Fragebögen, Foren oder E-Mail, aber auch passiv durch User Tracking und Auswertung der Site-Statistiken: Nutzen Sie das gewonnene Wissen über den Nutzer, um das Erlebnis auf Ihren Seiten zu optimieren.

Prüfen Sie kritisch das gewonnene Zahlenmaterial aus den Server-Statistiken. Wie hat sich der Besucherstrom verteilt? Wann und wo verlässt er die Site? Wird der teuer eingekaufte Content gelesen? Wie viele qualifizierte Adressen hat das Gewinnspiel generiert?

15.4.4
Sehen Sie alles aus der Perspektive Ihrer Nutzer

Es mag redundant klingen, aber die Sicht des Users ist und bleibt
der alles entscheidende Faktor. Sie kennen die Struktur der Site, alle
Inhalte, und entsprechend leicht fällt es Ihnen, darin zu navigieren.
Für Sie mag die Navigation sehr intuitiv und klar wirken, aber bitte
denken Sie daran, dass eben genau dieses Hintergrundwissen dem
Nutzer im Regelfalle fehlt.

15.4.5
Usability ist keine Raketenwissenschaft

Weder brauchen Sie 500.000,– DM Usability Budget noch sechs
Monate Usability-Labor, um Ihre Web-Seiten zu verbessern und zu
optimieren. Sie brauchen in allererster Linie eines: Verständnis für
den Nutzer und Mut, den Kreativen auch einmal Einhalt zu gebieten
;-)

15.5
Ein neues Medium fordert neue Spielregeln

Das Web erfindet sich stetig neu. Aus den Anfängen im studentischen
Umfeld zum „Jedermann"-Medium, vom übertriebenen Dot.Com
Hype hin zum rasanten Niedergang vieler „New-Economy"-Träume
– das Web ist mit Sicherheit das Medium, das sich am schnellsten
ändert und immer wieder neue Herausforderungen, aber auch Chan-
cen bietet. So rasant sich die Web-Landschaft verändert, so rasant
unterliegen auch die Anforderungen an den Web-Auftritt neuen
Parametern. War es gestern noch das Optimieren für 56K-Modem-
Nutzung und PC-Screen, ist es eventuell schon übermorgen die High-
speed-Verbindung über 3G-Netze und die mobilen End Devices, wie
dem PDA mit Sprachsteuerung.

Unternehmen mussten in ihren Web-Aktivitäten einiges an Spielregeln lernen:

- Die Konkurrenz ist nur einen Mausklick entfernt.
- Auch im „neuen" Medium gelten die „alten" Regeln der Wirt-
  schaft.
- Im Umgang mit Marken herrschen eine Reihe von Besonder-
  heiten im Netz, wie die Interaktion, der direkte Dialog und die
  „Erfahrung" mit der Marke.

Nun gilt es, auch die „neuen" Spielregeln im Umgang mit den
E-Nutzern online zu erlernen!

Mit der wachsenden Verbreitung von Breitband-Zugängen und nicht PC-basierenden Internet-Zugängen über Web-Appliances, wie Webpads, Handys, PDA etc., aber auch mit der Einführung von schnellen, mobilen Zugängen, wie über UMTS, werden neue Anforderungen an die Usability gestellt. Aber auch wenn sich die Größe des Interface ändert, auch wenn der Zugang wesentlich schneller wird und neue Technologien innovative Navigationsszenarien ermöglichen – eines wird sich nie ändern: Die Macht geht vom User aus! Er allein entscheidet, ob Interaktion oder Reaktanz, ob Interesse oder Ablehnung, ob einmaliger Besuch oder regelrechte Bindung. Entsprechend sollte alles unternommen werden, bestmöglich in seinem Interesse zu designen – und hierbei spielt Usability eine essentielle Rolle.

Links

1 www.faz.net
2 www.bravo.de
3 www.superscape.com
4 www.beatnik.com
5 www.sony.com
6 www.iht.com
7 www.google.com
8 www.anoto.com

Autorenangaben

Alexander Artopé, Jahrgang 1969. Doppel-Studium (BWL und Publizistik) in München und Berlin. Während des Studiums Tätigkeit als Marketing-Consultant für die Software- und Unternehmensberatung UBIS, Berlin. Internationale Erfahrungen beim Aufbau von Fernsehstationen für Time Warner International/HBO in New York und bei Warner Bros. International in Los Angeles. Nach dem Studium Managing Editor des European Communication Council in Berlin und im Silicon Valley. Co-Autor des Buches „Die Internet-Ökonomie-Strategien für die digitale Wirtschaft". Artopé gilt als einer der Sprecher der deutschen New Economy. Er gründete 1999 das Softwareunternehmen datango, dessen Vorstandssprecher er heute ist.
alexander.artope@datango.de

Mirjam Bartscherer, geb. 1969 in Hamburg, Studium der Arbeits-, Organisations- und Werbepsychologie an der FU Berlin, bis 1998 freiberufliche Tätigkeit als Management- und Medienberaterin. Von 1998–1999 Planung und Projektorganisation für das Babelsberg fxCenter, einem Infrastrukturzentrum für digitale Medien in Potsdam. Im Herbst 1999 als Key Account Managerin zu team in medias, Gesellschaft für multimediale Kommunikation in Aachen. Seit März 2000 bei bildbau ag neue Medien im Bereich Konzeption und Consulting, Betreuung interaktiver Medienprojekte u.a. für Budweiser Budvar, handwerk.de, ImmobilienScout24.
mirjam@bildbau.de

Markus Beier, Jahrgang 1972. Studium an der Universität Freiburg und der Medienakademie Friedrichshafen. Nach Tätigkeiten als Berater für Medienproduktionen Beginn bei der I-D Media AG im Sommer 1996. Von 1996–2000 Konzeption und Consulting in Web-Projekten für Swatch, Sony-Europe, Bertelsmann, Intel und Deutsche Telekom. Im August 2000 Wechsel in die Geschäftsleitung bei der MetaDesign AG, Berlin. Autor zahlreicher Fachbeiträge und regelmäßiger Sprecher auf Konferenzen.
markus@beier.com

Tanja Diezmann, Prof. Dipl.-Des., Jahrgang 1969, Studium der visuellen Gestaltung an der HFG Schwäbisch Gmünd und der HDK Berlin. 1994 erste Lehraufträge und Managementtrainings für Web- und Interface-Design. Von 1994–1998 Creative Director von Pixelpark und verantwortlich für die Konzeption und Gestaltung von modularen Interface-Systemen, Internetauftritten, CD-ROM-Titeln u.v.m. für Kunden wie adidas, Conrad Electronic, Lufthansa, Telekom u.a. Seit 1998 Professorin für Interface-Design an der Hochschule Anhalt (FH) in Dessau. Formulierung der „Navigable Structures" als neues Interface-Design-Prinzip.

2000 Gründung der pReview digital design GmbH, zusammen mit Tobias Gremmler. Mitentwicklung eines neuen Usability-Testverfahrens namens „pReact". Zahlreiche Tätigkeiten im Bereich Usability-Testing und -Engineering sowie Design Consulting für Kunden wie Entopia, HypoVereinsbank, Gate5, Merck u.v.m.
diezmann@preview-design.com

Sabrina Duda, Jahrgang 1968. 1990–93 Studium der Psychologie mit Schwerpunkt Kognitive Psychologie an der Universität Regensburg. 1994–98 Studium der Psychologie mit Spezialisierung Ingenieurpsychologie und Informatik an der Humboldt Universität zu Berlin. 1998–99 Lehr- und Forschungstätigkeit im Bereich E-Learning und Internet an der Technischen Universität Dresden. 1999–2000 Aufbau eines Usability Labs am Lehrstuhl Softwaretechnik, Fachbereich Informatik, Universität Rostock. Durchführung von Usability-Studien und Beratung von Firmen auf selbstständiger Basis. Im Jahr 2000 Gründung von eye square, einem auf Usability und Branding spezialisierten Marktforschungsinstituts. Veröffentlichungen von Fachartikeln und Tagungsbeiträgen.
duda@eye-square.de

Sven Ehmann, Jahrgang 1973. Studium an der FU Berlin (Nordamerikastudien, Film, Publizistik). Journalist, Fotograf und Konzepter. Ab 1996 bei Pixelpark/Berlin. Als Director Concept Development u.a. für Kunden wie adidas-Salomon AG, Sony, Lucent Technologies. Ab 1998 Aufbau des Bereichs Interactive Environments bei Pixelpark. Seit dem Frühjahr 2000 als Konzepter und Berater u.a. für Bertelsmann in New York und MetaDesign AG, Berlin. Mitbegründer des filesharing media_lab, berlin (www.filesharing.de), Kurator des filesharing | showroom, einer Galerie für die Arbeit junger, innovativer Gestalter. Veröffentlichungen u.a. Springer Verlag („Events und E-Commerce"), de:bug, FAZ.
ehmann@filesharing.de

Claudia Frese, Jahrgang 1971 in Köln. Interdisziplinäres Studium (Volkswirtschaft und Geschichte) an der Universität zu Köln und der Humboldt Universität Berlin. Werkstudentin im Marketing bei Robert Bosch in Berlin und São Paulo. Nach dem Studium Einstieg im Marketing der Kölner Multimediaagentur BKM Online, heute

Framfab Deutschland. Ab 1998 Marketing bei der Bertelsmann-Tochter mediaWays, Gütersloh. Seit 2000 verantwortlich für Produktmarketing beim Berliner Softwareunternehmen datango AG.
Claudia.Frese@datango.de

Marcel Fröhlich, Jahrgang 1971, Diplominformatiker. Studium an der Universität Tübingen und der Vrije Unversiteit Amsterdam. Seit 1992 tätig als freier IT-Berater mit Schwerpunkt im Bereich Dokumentenmanagement für Industie und Medien (z.B. DaimlerChrysler und Axel Springer Verlag). Seit der Gründung im Februar 2001 Vorstand der relevantive AG, Berlin.
mf@relevantive.de

Vittoria von Gizycki, Dipl.-Kffr., Dr.rer.oec. Promotion in Berlin am Lehrstuhl für Dienstleistungs- und Businessmarketing der Technischen Universität. Seit 1995 intensive Beschäftigung mit Medien- und Multimediamarketing. Ab 1997 Stellvertretende Geschäftsführerin des Internationalen Design Zentrums Berlin e.V. Von 1999 – 2001 Tätigkeit als Consultant für Strategische Kommunikation und Usability bei der MetaDesign AG. Lehrbeauftragte für Marketing an der Fachhochschule für Technik und Wirtschaft, Berlin, und Senior Consultant für strategisches Marketing bei Kirchner; Robrecht + Partner, Berlin.
vittoriavg@web.de

Jan Michael Hess (30) ist Gründer und CEO der Mobile Economy GmbH (www.mobileeconomy.de). 1990 – 96 Studium der Betriebswirtschaftslehre mit kultur- und sprachwissenschaftlichem Schwerpunkt an den Universitäten Mannheim und Barcelona. Anschließend arbeitete er von April 1997 bis August 1998 als strategischer Marketing Consultant und Projektmanager bei Pixelpark in Berlin und Hamburg. Von dort ging er bis April 1999 als Projektmanager zu Icon Medialab nach Hamburg. Head of Marketing & Sales bei ciao.com in München von September bis Dezember 1999. Seit Juni 2000 konzentriert sich Hess auf die mobile Wirtschaft und gründete im Oktober 2000 die Mobile Economy GmbH in Berlin. Gleichzeitig wurde das Online-Magazin mobiliser.org gestartet. Im April 2001 Veröffentlichung des ersten deutschsprachigen Mobile Usability Report in Kooperation mit Eye Square. Jan Michael Hess tritt außerdem als Redner und Moderator auf Konferenzen zur mobilen Wirtschaft auf und agiert als Pressesprecher der Initiative Mobiles Netz (www.i-m-n.de)
jansan@mobileeconomy.de

Tom Hynek, Jahrgang 1965. Studium am Institute of Design, Illinois Institute of Technology, Chicago. Von 1997–2000 arbeitete er bei dem Innovation-Planungsunternehmen Doblin Group in Chicago. Dort trieb er den Innovationsprozess für neue Produkte und Dienstleistungen mit einem tieferen Verständnis für alltägliches Verhalten und die Bedürfnisse von Benutzern voran. Als qualitativer Forscher und Design-Planer hat er Alamo Rent A Car, Hamburg Mannheimer, Motorola, Whirlpool Corporation, Zurich Financial Services und verschiedene Start-ups beraten.

Seit Juli 2000 ist er Consultant für User Experience Research bei MetaDesign AG, Berlin. Dort integriert er ethnographische Forschungsmethoden in den Online-Entwicklungsprozess.
thynek@metadesign.de

Borjana Kujumdshieva (Mitglied des Vorstands bildbau ag neue medien) – 1964 in Sofia (Bulgarien) geboren, kam Anfang der achtziger Jahre nach Deutschland und absolvierte eine Ausbildung zur Werbekauffrau. Nach einigen Jahren Berufserfahrung in der Produktion und Kundenberatung bei zwei deutschen Werbeagenturen studierte sie an der Hochschule der Künste in Berlin Gesellschafts- und Wirtschaftskommunikation. Während ihres Studiums arbeitete sie selbstständig als Projektleiterin u.a. für Schonert.Partner Agentur für Kommunikation, Berliner Festspiele, Bankhaus Löbbecke und Filmboard BerlinBrandenburg GmbH. Borjana Kujumdshieva erhielt 1987 den Schulpreis der Stadt Pforzheim für außerordentliche schulische Leistung in der Berufsausbildung und 1994 den Ersten Preis beim Wettbewerb „Jugend und Video". Sie ist an verschiedenen wissenschaftlichen Studien beteiligt, u.a. erschien 1999 in der Fachzeitschrift Somnologie (Heft 2, Mai 1999) der Artikel „Einfluss audiovisueller und Print-Medien auf den Informationsgewinn bei Patienten mit obstruktivem Schlafapnoe-Syndrom". Borjana Kujumdshieva ist Referentin auf zahlreichen Fachkongressen.
borjana@bildbau.de

Jan Mühlig, Jahrgang 1971, Soziologe. Studium in Regensburg, Mainz, Chicago und Lausanne. Seit 1995 in Werbewirkungsforschung, TV-Forschung, Marketing und Projektmanagement tätig. Zuletzt arbeitete er als Produktmanager für eine große Community-Plattform bei der I-D Media. Mitbegründer und Vorstand der relevantive AG, Berlin.
jm@relevantive.de

Sascha Prosek, Jahrgang 1972, konzentrierte sich während seiner Studien an der FH Schwäbisch-Gmünd, der London Guildhall University und der HdK Berlin stets auf Interaktive Systeme und Inteface-Design. Er arbeitete von 1997–1999 regelmäßig als Freelancer für On- und Offline-Projekte, zuerst für Pixelpark, später bei MetaDesign. Seit 1999 bei MetaDesign, begleitet er als Senior Designer vor allem Projekte mit integriertem Ansatz, mithin Auftraggeber, die von Beginn an bewusst Wert auf eine cross-mediale Positionierung der Marke legen. Sascha Prosek gehört darüber hinaus zu den Mitbegründern der Berliner Galerie für New Media www.filesharing.de. **sprosek@metadesign.de**

Bas Raijmakers, Jahrgang 1962, Masters Degree der Kommunikationswissenschaften an der Universität Amsterdam. 1993 Mitbegründer des ersten holländischen New-Media-Unternehmens mit Schwerpunkt Content Creation und Usability Research, der Firma ACS-i. Im Jahre 2000 wurde ACS-i Mitglied der Lost Boys group, einer internationalen New Media Company mit 700 Mitarbeitern in acht Ländern. Bei Lost Boys zeichnet Bas Raijmakers heute für Usability Research verantwortlich.

Er untersuchte zahllose große Websites international agierender Unternehmen, z. B. Philips, KLM (National Carrier der Niederlande), KPN (Königliche Niederländische Telekom) und verschiedene Verlagshäuser. Im Jahre 2000 organisierte er in Holland erste Seminare zu „Internet Usability" – zusammen mit Jakob Nielsen, Brenda Laurel, Don Norman, Bruce „Tog" Tognazzini und Ben Shneiderman. **bas.raijmakers@lostboys.nl**

Michael Schießl, Jahrgang 1971. 1993–95 Studium der Philosophie, Soziologie und Kulturwissenschaften an der Hochschule für Philosophie München und an der Humboldt Universität zu Berlin. 1995–99 Studium der Psychologie an der Technischen Universität Berlin. 1998 Forschungsaufenthalt an der Yale University, New Haven. 1999 Psychologie-Diplom mit Auszeichnung (Erwin Stephan Preisträger). 1997–2001 Lehr- und Forschungstätigkeit zu Themen der Medienpsychologie, Imageforschung und Usability an der Technischen Universität Berlin. Erstmalige Anwendung und Etablierung eines Verfahrens zur Messung der unbewussten Einstellung (Implicit Association Test) in der Marktforschung. Im Jahr 2000 Gründung von eye square, einem auf Usability und Branding spezialisierten Marktforschungsinstitut. Veröffentlichungen von Fachartikeln und Tagungsbeiträgen und Durchführung von Seminaren. **schiessl@eye-square.de**

Tim Schumacher, Jahrgang 76, Diplom-Kaufmann. Studium der Betriebswirtschaft mit Schwerpunkten Medienmanagement, Finanzierung und Statistik an der Universität zu Köln und an der Stockholm School of Economics. Arbeitete während des Studiums an diversen Internet-Projekten mit. Seit 2001 geschäftsführender Gesellschafter der Sedo GmbH (www.sedo.de), Europas führender Handelsplattform für Domainnamen.
tim@sedo.de

Sabine Stoessel studierte Informationswissenschaft und Germanistik in Saarbrücken und Berlin. Während ihres Studiums schrieb sie als freie Journalistin über IT-Themen und arbeitete von 1998 bis 2000 als Redakteurin beim Tagesspiegel Online in Berlin. Ihre Diplomarbeit über Informationsarchitekturen im Internet führte sie als Spezialistin für User-Interaktion und mobile Services zu der Münchner Multimedia-Agentur die argonauten. Seit Oktober 2001 betreut sie Internet-, Intranet- und Wireless-Projekte als freier Interface Consultant.
S.Stoessel@argonauten.de

Sonja Sulzmaier, Dr. rer. pol., Dipl.-Kffr. univ., Jahrgang 1970. Seit März 2001 Consultant bei Platinion GmbH, IT-Tochter der Boston Consulting Group. Von 1998–2001 Dozentin für Strategisches Marketing am Competence Center Strategie & Marketing der Privaten Universität Witten/Herdecke gGmbH, Lehrauftrag für Online-Marketing an der Hochschule der Künste Berlin. Von 1995–1998 Wissenschaftliche Assistentin am Lehrstuhl für Quantitative Betriebswirtschaftslehre, Universität Witten/Herdecke.

Zahlreiche Publikationen und Beratungsprojekte in Fragen des strategischen Business Designs und Marketing-Managements, Mitglied der Jury des gdi e-shop awards. Neben Studium an der Universität Regensburg, der University of Wales und der Universität Witten/Herdecke Tätigkeiten in Verlagen, Media- und Werbeagenturen.
sulzmaier.sonja@platinion.de

Sascha Weiland, Jahrgang 1974. Nach Ausbildung zum Bankkaufmann Studium an der FHTW-Berlin mit den Spezialisierungen Marketing und Personal. Seit September 2001 Diplomand bei der Dr. Ing. h. c. F. Porsche AG.
sascha.weiland@porsche.de